Ludwig Delp

Kleines Praktikum für Urheber- und Verlagsrecht

LUDWIG DELP

KLEINES PRAKTIKUM FÜR URHEBER- UND VERLAGSRECHT

5., aktualisierte Auflage

VERLAG C.H. BECK MÜNCHEN 2005

Der Autor ist promovierter Jurist und Diplom-Volkswirt, Rechtsanwalt in München und Honorar-Professor für das Fachgebiet Buchwissenschaft an der Universität Erlangen-Nürnberg. Von ihm sind im gleichen Verlag erschienen

Der Verlagsvertrag. Handbuch für die Praxis des Urhebervertragsrechts mit Vertragsmustern, Erläuterungen und den Gesetzen über das Urheberrecht und das Verlagsrecht sowie sonstigen vertragsrechtlichen Bestimmungen. 7. Aufl. 2001, mit Nachtrag vom März 2002

Das Recht des geistigen Schaffens in der Informationsgesellschaft, Medienrecht, Urheberrecht, Urhebervertragsrecht. 2. Aufl. 2003

Außerdem ist der Verfasser Herausgeber des seit 1952 bei Luchterhand, seit 1986 in der jetzigen Verlagsgruppe Hüthig Jehle Rehm GmbH, München, erscheinenden fünfbändigen Lose-Blatt-Werks Sammlung Delp – RdPubl: Das gesamte Recht der Publizistik, 2. Aufl. 1979 ff.

Verlag C.H. Beck im Internet:
beck.de

ISBN 3 406 53127 X

Wilhelmstr. 9, 80801 München

Druck und Bindung: Nomos Verlagsgesellschaft
In den Lissen 12, 76547 Sinzheim
Satz: Fotosatz H. Buck, 84036 Kumhausen

Gedruckt auf säurefreiem, alterungsbeständigem Papier
(hergestellt aus chlorfrei gebleichtem Zellstoff)

Meinem unvergessenen Lehrer

Professor Dr. jur.
WILHELM DIESS

geboren am 25. 6. 1884 in Höhenstadt bei Passau,
gestorben am 13. 9. 1957 in München,
dem Erzähler unter den Urheberrechtlern
gewidmet

Inhaltsübersicht

Inhaltsverzeichnis

Abkürzungen

Abs.	Absatz
a. F.	alte Fassung
Bek.	Bekanntmachung
BGB	Bürgerliches Gesetzbuch vom 18. 8. 1896
BGBl.	Bundesgesetzblatt
BGH	Bundesgerichtshof
HGB	Handelsgesetzbuch vom 10. 5. 1897
KUG	Gesetz, betreffend das Urheberrecht an Werken der bildenden Künste und der Photographie vom 9. 1. 1907
LUG	Gesetz, betreffend das Urheberrecht an Werken der Literatur und der Tonkunst vom 19. 6. 1901
n. F.	neue Fassung
UrhG	Gesetz über Urheberrecht und verwandte Schutzrechte (Urheberrechtsgesetz) vom 9. 9. 1965
UWG (a. F.)	Gesetz gegen den unlauteren Wettbewerb vom 7. 6. 1909
UWG (n. F.)	Gesetz gegen den unlauteren Wettbewerb vom 3. 2. 2004
VerlG	Gesetz über das Verlagsrecht vom 19. 6. 1901
ZPO	Zivilprozeßordnung vom 30. 1. 1877

Als Vorwort

Die Münchener Jungbuchhändler sagten jedesmal, wenn wir nach mehrstündiger Diskussion über urheberrechtliche und verlagsrechtliche Fragen auseinandergingen, daß dies die interessantesten und spannendsten Abende des Arbeitskreises gewesen seien. Später erlebte ich wortwörtlich das gleiche, als ich meinen Universitätsstudenten in Erlangen – Germanisten, Slawisten, angehende Musikwissenschaftler usw. – das Recht des geistigen Schaffens nahezubringen versuchte. Ich war froh, damit das Märchen von der angeblich so trockenen Juristerei widerlegt zu haben; denn es ist doch einfach schrecklich, immer wieder zu einem Berufsstand gerechnet zu werden, in dem es nur verknöcherte Paragraphenschuster geben soll. Mindestens sind Dürre und Trockenheit, Lebensferne und ähnliche Dinge bei genauerer Betrachtung in gleichem Maße in den nichtjuristischen Berufen vertreten; sie figurieren dort nur meist unter anderer Bezeichnung.

Juristerei, wo man hinsieht

Wie uns die Luft umgibt, die wir atmen, wie uns die Sonne bescheint oder der Regen durchnäßt, ohne daß wir alsbald physikalische und chemische Betrachtungen über diese an sich bemerkenswerten Naturvorgänge anstellen, so leben wir in menschlichen Gemeinschaften, die durch das Recht geordnet und in Ordnung gehalten werden müssen. Dies gilt für die normalsten wie die kompliziertesten Vorgänge, ob es sich um das Anbieten einer Tasse Kaffee oder den Erwerb eines Grundstücks handelt, ob dem hoffentlich geneigten Leser dieses Büchleins dasselbe von einem Freunde geliehen wurde oder ob er es sich zu des Verlages und des Verfassers und vielleicht auch zu seinem eigenen Nutz und Frommen käuflich erworben hat. Ist es nicht nahezu erregend und vielleicht bedrückend zu wissen, daß an sich alles, was immer es geben mag, rechtlich geregelt ist? Läßt sich doch so dank logischer Ableitung vieles abstrahieren, ordnen und registrieren, vorausberechnen und retrospektiv betrachten, was ohne hinreichende Rechtsordnung wirr, unübersichtlich, wenn nicht chaotisch wäre.

Dies zeigt uns die Kulturgeschichte der Frühzeit deutlich. Als der Nomade seßhaft wurde, den Pflug zu bedienen lernte, ein festes Haus für sich und die Seinen errichtete und erlebte, wie andere das gleiche taten, wurde der Zwang zur Gemeinschaft, zur Scheidung des Rechts vom Unrecht und zur Abgrenzung von Mein und Dein deutlich. Heute sind, um nur ein Beispiel für viele zu nennen, die sumerischen Städte im südlichen Mesopotamien unscheinbare Trümmerhügel, inmitten einer öden, dunstigen Wüste. Sie wurden es, seit die Stadtgemeinschaft in sich zerfallen oder von außen vernichtet war, die Bewässerungskanäle versandeten und der Boden rings um die Stadt verdurstete. Die nach Stunden, Tagen und Wochen genau geregelte Arbeitsteilung hatte aufgehört zu bestehen. Diese Ordnung war ein Teil des in Worte gesetzten Rechts, aufgeschrieben auf handflächengroßen Täfelchen aus weichem Ton, von der Sonne und später im Brennofen hart gebrannt und so auf uns überkommen. Als die sumerische Keilschrift wieder gelesen werden konnte, erkannte man, wie nahe die Probleme dieser frühen Hochkultur den unseren verwandt waren, oder auch, wie die Prinzipien unserer so modernen Zeit im Grunde die gleichen waren wie damals. So spannt sich ein Bogen über die Geschiche von mehr als einhundertfünfzig Menschheitsgenerationen bis in unsere Zeit. Recht und Gesetz begleiteten die Blütezeit einer Kulturepoche. Rechtsmißbrauch leitete nicht selten ihren Verfall ein, der schließlich in Chaos und Untergang mündete. Und irgendwo formierte sich eine neue Gemeinschaft, schuf glanzvolle Zeugnisse und schrieb ihr Gesetz. Und was geschrieben stand, galt uneingeschränkt. Daran hat sich, jedenfalls was das Gesetz betrifft, bis heute nicht das geringste geändert.

Das ist die eine Seite. Die Juristerei ist aber andererseits eigentlich die lebendigste Wissenschaft; denn sie hat es mit Menschen zu tun. Wer sich nur theoretisch mit ihr beschäftigt oder sie gar für überflüssig hält, der schadet sich selber. Wer dagegen in ihr das Leben erkennt, für den kann sie nicht nur interessant, sondern sogar spannend sein wie ein Kreuzworträtsel, ein Schachspiel oder ein Kriminalroman.

Das Urheber- und Verlagsrecht im Schnittpunkt künstlerischer, wissenschaftlicher, wirtschaftlicher und rechtlicher Wirkungen

Um wieviel mehr muß dies gelten, wenn die auftauchenden Rechtsfragen den einzelnen ganz unmittelbar angehen und z. B. eine Antwort darauf verlangen, ob etwa die Fotokopie eines Zeitschriftenaufsatzes, die Wiedergabe eines geschützten Textes im Internet oder sein Downloading erlaubt oder unerlaubt ist, ob der Verleger eines schöngeistigen oder wissenschaftlichen Werkes zu Recht oder Unrecht Textkorrekturen an dem ihm vorgelegten Manuskript vornimmt, ob die Erben eines vor Jahrzehnten verstorbenen deutschen Dichters unautorisierte Nachdrucke in dem einen oder anderen ausländischen Staat dulden müssen oder ob sie hiergegen mit Erfolg protestieren können – kurz gesagt: Im Schnittpunkt künstlerischer, wissenschaftlicher und wirtschaftlicher Wirkungen kann die rechtliche Komponente gewiß nicht langweilig oder gar überflüssig erscheinen. Der Schriftwechsel Goethes mit Cotta, der oft nur um wirtschaftliche und, wenn man so will, rechtliche Dinge ging, ist heute ein literarisches und historisches Dokument. Die Zornesausbrüche Martin Luthers über die Nachdrücker, die dazu noch die Originale verfälschten, waren durchaus unjuristisch gedacht und enthalten trotzdem grundlegende Gedankengänge, die sogar in unser modernes Urheberrecht Eingang fanden. Rundfunk und Fernsehen, Schallplatte, Tonband und Fotokopie, Video-, Computer- und Internetaufzeichnung und -verbreitung oder digitale Fotografie, um nur einige der gegenwärtigen und künftigen neuen Medien zu nennen, sind nicht nur technische Phänomene, sondern erzeugen mit ihrem Auftreten als Transporteure oder Verbraucher künstlerischen oder wissenschaftlichen Schaffens Rechtsprobleme, um deren Lösung nach wie vor gerungen werden muß.

Diskussionen und kein Ende schien es um die Reform des deutschen Urheberrechts zu geben. Über drei Jahrzehnte lang bemühte man sich darum, das *„Gesetz betreffend das Urheberrecht an Werken der Literatur und der Tonkunst"* vom 19. Juni 1901 (LUG) und das *„Gesetz betreffend das Urheberrecht an Werken der bildenden Künste und der Photographie"* vom 9. Januar 1907 (KUG) zu vereinheitlichen und den vielfältigen Neuerungen anzupassen, die von dem atemberaubenden Tempo herrührten, mit dem die Nutzung des Geistesgutes technisiert worden war. Massenkommunikation, ein heute schon abgegriffener Begriff, der an Massenkommunion erinnern soll, selten aber über Massenkonsum hinausführt, war den Gesetzgebern der Wende zum 20. Jahrhundert alles andere als geläufig. Die Rechtsprechung hatte Vorbildliches zu leisten, um über das oftmals veraltete Gesetz hinaus neues Recht zu setzen und dem Urheber den Zins zu sichern, der des Urhebers ist. Aber ohne kodifiziertes Recht war der Boden für Ratgeber und Beratene schwankend geworden, eben weil man nicht voraussehen konnte, wie die letzte Gerichtsinstanz über eine Frage entscheiden werde, zu der das Gesetz schwieg.

Die Urheberrechtsgesetze auf deutschem Boden

Fast schien es so, als wären nur noch Reformen an der Reformarbeit zu einem neuen deutschen Urheberrechtsgesetz möglich. Nach vielen Vorentwürfen entstand aber schließlich doch der Regierungsentwurf vom 23. März 1962, der – obschon bald wieder ebenso heftig befürwortet wie bekämpft – dank der üblichen Hetze vor Ende der Legislaturperiode im Sommer 1965 und nach einigen Hürdensprüngen im Rechtsausschuß des Bundestages und im Bundesrat als *„Gesetz über Urheberrecht und verwandte Schutzrechte (Urheberrechtsgesetz)"* (UrhG) am 9. September 1965 im Bundesgesetzblatt verkündet wurde. Ein wichtiger Schritt war vollzogen, zum Schutze des Urhebers von Werken der Literatur, Wissenschaft und Kunst, des Herausgebers wissenschaftlicher oder nachgelassener Werke, des ausübenden Künstlers, des Herstellers von Tonträgern, des Sendeunternehmens, des Filmherstellers – alle diese Schutzbereiche waren unter dem Dach des einheitlichen Gesetzes in 143 Paragraphen wohlgeordnet versammelt und dazu bestimmt, vom Neujahrsmorgen 1966 ab in unserem Kulturleben wirksam zu werden.

Im Spiegelbild unserer politischen Situation erschien dem Westdeutschen das zweite deutsche *„Gesetz über das Urheberrecht"* vom 13. September 1965, das im anderen Teil unserer Heimat die alten Reichsgesetze über das Urheberrecht ablöste und den Urheber in seinen Rechten und Pflichten als Mitglied der sozialistischen Gemeinschaft reglementierte:

„Die kulturelle Grundaufgabe beim umfassenden Aufbau des Sozialismus ist die geistige Formung des Menschen der sozialistischen Gesellschaft und die Entwicklung der sozialistischen Nationalkultur …

Das Urheberrecht trägt zur Entwicklung, Förderung und zum Schutz des internationalen Kulturaustausches auf der Grundlage der Gegenseitigkeit bei."

Das waren die Worte der Einleitung zu diesem anderen Urheberrechtsgesetz, das uns einen Schritt weitergebracht hatte, weiter und weg von der Einheit der Deutschen. Um so glückhaft überraschender war der Beitritt der Deutschen Demokratischen Republik zur Bundesrepublik Deutschland mit dem Vertrag vom 31. August 1990 und mit der Vereinbarung vom 18. September 1990. Nun wurde kraft Gesetzes vom 23. September 1990 das Recht der Bundesrepublik Deutschland auch jenseits der Linie anwendbar, die seither der Eiserne Vorhang gezogen hatte. In umfangreichen Anlagen zum Einigungsvertrag wurden die Rechtsüberleitungen festgelegt. Abschnitt II 2 im Sachgebiet E „Gewerblicher Rechtsschutz, Recht gegen unlauteren Wettbewerb und Urheberrecht" bestimmte die Anwendbarkeit des bundesdeutschen Urheberrechtsgesetzes auf die vor dem Wirksamwerden des Beitritts geschaffenen Werke, auch für solche, deren Schutzfrist nach dem seitherigen DDR-Urheberrechtsgesetz schon abgelaufen war. Um für die gutgläubigen Nutzer solcher bisher schutzfreien, nach dem westdeutschen Urheberrechtsgesetz aber noch geschützten Werke eine pragmatische Lösung zu finden, wurde die weitere Nutzung für zulässig erklärt, allerdings nun gegen Zahlung einer angemessenen Vergütung; Voraussetzung war die vor dem 1. Juli 1990 begonnene Nutzung, weil man dann Spekulationen auf den allmählich sichtbarer werdenden Wiedervereinigungsprozeß glaubte verhindern zu können. Bereits übertragene Nutzungsrechte sollten sich im Zweifel auf die längere Urheberschutzfrist nach dem Urheberrechtsgesetz der Bundesrepublik erstrecken, auch hier gegen angemessene Vergütung. Durch diese und andere Maßnahmen war man bemüht, das 25 Jahre lang geltende sozialistische Urheberrecht in das soziale der Bundesrepublik zurückzuführen.

Als soziale Maßnahme soll man auch die Bemühungen der Kommission der Europäischen Union verstehen, der inzwischen mächtig herangewachsenen Computerindustrie, aber auch den hier tätigen Urhebern besonderen Schutz zu verleihen. Zunächst war die ultima ratio des Urheberschutzes das Vorliegen einer „persönlichen geistigen Schöpfung". Mangels Begreifbarkeit im wahren Sinne des Wortes rutschten *Computerprogramme* durch dieses Sieb des Urheberrechts. Den Nachahmungen waren Tür und Tor geöffnet, bis der Deutsche Bundestag in Erfüllung der entsprechenden EG-Richtlinie durch das Gesetz vom 9. Juni 1993 „besondere Bestimmungen für Computerprogramme“ als Achten Abschnitt in das Urheberrechtsgesetz einfügte, gesetzestechnisch mit der Verlegenheitsbezifferung der §§ 69a bis 69g.

Ein nämlicher Grund führte etwa ein Jahr später zu einer wesentlichen Änderung des schon mehrfach geänderten Urheberrechtsparagraphen über die Vergütungspflicht für Aufnahmen von *Funksendungen auf Bild- oder Tonträger* durch eine umfangreiche Erweiterung mit den §§ 54 bis 54h, wo alles nun im einzelnen geregelt werden soll, was mit der Vergütungspflicht für Bild- und Tonaufzeichnungen, für Fotokopien und mit der Bereitstellung entsprechender Gerätschaften, mit der Vergütungshöhe, mit Melde- und Auskunftspflicht und mit den in diesem Zusammenhang zuständigen Stellen zu tun haben könnte.

Auch sonst blieb in den zurückliegenden fast 40 Jahren das Urheberrechtsgesetz von Änderungen nicht verschont, was die Übersichtlichkeit für den Laien nicht gerade verbesserte, aber umso mehr Neuauflagen unseres Kleinen Praktikums erforderte. So gab es am 23. 6. 1995 das Dritte Gesetz zur Änderung des Urheberrechtsgesetzes, das der Umsetzung der EWG-Richtlinie Nr. 92/100 zum Vermietrecht und Verleihrecht sowie zu bestimmten dem Urheberrecht verwandten Schutzrechten im Bereich des geistigen Eigentums dient, aber auch der Umsetzung der Richtlinie 93/98 EWG zur Harmonisierung der Schutzdauer des Urheberrechts und bestimmter verwandter Schutzrechte. Änderungen gab es auch durch das Informations- und Kommunikationsdienste-Gesetz vom 22. 7. 1997 sowie durch das Vierte Gesetz zur Änderung des Urheberrechtsgesetzes vom 8. 5. 1998, das der Umsetzung der Richtlinie 93/83 des EWG-Rates zur Koordinierung bestimmter urheber- und leistungsschutzrechtlicher Vorschriften betreffend Satellitenfunk und Kabelweiterverbreitung dient. Weniger gravierende Änderungen erfolgten mit den Gesetzen vom 16. 7. 1998, 17. 12. 1999, 1. 9. 2000, 26. 11. 2001 und 13. 12. 2001.

Urheberrechtsänderungen körbeweise

Das Bundesjustizministerium eröffnete nun seine Urheberrechts-Reformbestrebungen gleichsam im Jahresrhythmus:

Am 22. 3. 2002 wurde das Gesetz zur Stärkung der vertraglichen Stellung von Urhebern und ausübenden Künstlern verkündet: Jetzt soll der Schutzbereich des Urheberrechts nicht nur auf die geistigen und persönlichen Beziehungen des Urhebers zum Werk beschränkt sein, sondern auch den Schutz der Nutzung des Werkes als Sicherung einer angemessenen Vergütung umfassen (§ 11). Die angemessene Vergütung steht im Mittelpunkt der Ansprüche des Urhebers, wobei gemeinsame Vergütungsregeln tarifähnlicher Art begünstigt werden. Im Juli 2003 beschloß dann der Gesetzgeber das Gesetz zur Regelung des Urheberrechts in der Informationsgesellschaft, um damit, wenn auch mit Verspätung, die Richtlinie 2001/29/EG des Europäischen Parlaments vom 22. 5. 2001 umzusetzen. Das Gesetz wurde am 10. 9. 2003 veröffentlicht und tritt, von wenigen Ausnahmen abgesehen, am Tag nach der Verkündung in Kraft. Nur die §§ 95b Abs. 2 (Durchsetzung von Schrankenbestimmungen unter besonderen Voraussetzungen) und 95d Abs. 2 (besondere Kennzeichnungspflichten bei Anwendung technischer Maßnahmen) nebst zugehörigen Bußgeldvorschriften nach § 111a Abs. 1 Ziff. 2 und 3, schließlich die mit dem Gesetz vorgenommenen Änderungen des Unterlassungsklagegesetzes, treten erst zum 1. 9. 2004 in Kraft. Die verbleibenden mehr als 50 Änderungen des Urheberrechtsgesetzes, fünf Änderungspositionen des Urheberrechtswahrnehmungsgesetzes und kleine Korrekturen der Strafprozeßordnung bemühen sich, auf der Ebene der Europäischen Union neben der Harmonisierung von Teilen des Urheberrechts auch die gemeinsame Ratifizierung des WIPO-Urheberrechtsvertrags und des WIPO-Vertrags über Darbietungen und Tonträger zu regeln. Das unter dem Zeitdruck der EG-Richtlinie stehende, ohnehin verspätete Gesetz vom 10. 9. 2003 ließ jedoch anderweitig als notwendig empfundene Gesetzesänderungen außer Betracht. Diese werden einem sogenannten „zweiten Korb" vorbehalten und in einem Zweiten Gesetz zur Regelung des Urheberrechts in der Informationsgesellschaft erfaßt. Dazu gehören Bestimmungen über die urheberrechtliche Vergütung für erlaubnisfrei zulässige private Kopien, über die individuelle Lizenzierung von Werken im digitalen Bereich, über Verfahren zur Schlichtung und gerichtlichen Prüfung von Streitfällen, aber auch über die Sanktionierung von Rechten für unbekannte Nutzungsarten, für die Inanspruchnahme von elektronischen Leseplätzen in öffentlichen Bibliotheken usw. Das Urheberrechtsgesetz wird erneut in 20 Punkten geändert, das Urheberrechtswahrnehmungsgesetz in sieben. „Was uns heute vorliegt, ist das Ergebnis eines – oft unfair verunglimpften – Versuchs, scheinbar unverrückbare Gegenpositionen zu versöhnen, was allen Unkenrufen zum Trotz auch nicht durchwegs misslang."* Über Einzelheiten wird später ausführlich zu berichten sein.

Urhebervertragsrecht und Bildrechte

Fast gänzlich hielt sich dagegen das *Gesetz über das Verlagsrecht* der beim Urheberrechtsgesetz feststellbaren Gesetzgeberhektik fern. In aller Stille wurde es 100 Jahre alt; immerhin stammt es aus der Zeit der Verkündung des LUG, nämlich vom 19. Juni 1901. Es hat einige wenige Änderungen, z. B. durch § 141 UrhG, erfahren, hat aber im übrigen die Zeitläufte gut überstanden. War es ursprünglich nur für Verträge über Werke der Literatur oder der Tonkunst zuständig, wurde es recht bald zum Modell für Verträge über alle sonstigen Werkarten, die man unter den Begriff „Urhebervertragsrecht" zusammenfaßte. Auch hier wurden Gesetzesreformen versucht, praktisch aber in der Erwartung aufgegeben, die sich gegenübertretenden Berufsgruppen des Medienwesens wie auch die einzelnen Verhandlungspartner würden im Rahmen des gesetzlich Zulässigen schon den rechten Weg finden. So geschah es denn auch in der Folgezeit in zahlreichen Verbandsempfehlungen, Musterverträgen und sonstigen Regularien. Damit kam die Praxis bisher ganz gut aus.

Das UrhG trat mit seinem Inkrafttreten auch an die Stelle des *„Gesetzes betreffend das Urheberrecht an Werken der bildenden Künste und der Photographie"* vom 9. Januar 1907 mit einer allerdings sehr wichtigen Ausnahme: Die in diesem frühen Gesetz enthaltene Regelung des *Rechts am eigenen Bild* – eine Vorahnung unseres heute grundgesetzlich verankerten *Persönlichkeitsrechts* – blieb mit den §§ 22 ff. dieses „Kunstschutzgesetzes" (KUG) weiterhin in Kraft und erfuhr auch zwischenzeitlich nur geringfügige Änderungen.

---

* Reto Hilty. In: Multimedia und Recht 2004, S. 713.

So wirft man vom Weltanschaulichen, vom Wirtschafts- und Kulturpolitischen, vom Informations- und Gesetzgebungstechnischen mehr als einen Blick in diesen ehemals beschaulichen Winkel der Jurisprudenz, der jetzt mitten im Arbeitsalltag der gewaltig angewachsenen Medienwirtschaft, erst recht natürlich im Tagesgeschäft des Autors, eine ständig wachsende Rolle spielt.

Die gestellte, teilweise autobiographische Aufgabe

Einen solchen Einblick soll und will dieses Büchlein geben. Es kann dabei auf die Gründlichkeit und Gewichtigkeit eines Lehrbuchs oder Kommentars verzichten; wir dürfen uns glücklich schätzen, immer wieder eine Reihe sehr wertvoller, grundlegender Werke namhafter Autoren empfangen zu haben.

Die mithin verbleibende Aufgabe, die ich dem Büchlein gestellt habe, ist immer noch groß genug: Es soll den Jüngeren in der Werkstatt des Buches für das Gebiet des Urheber- und Verlagsrechts erwärmen, es will mit dem Älteren rekapitulieren, es möchte allen zur selbständigen weiteren Betrachtung dieses Rechtsgebietes Anreiz sein und Anregungen geben. Dabei kann die Betrachtungsweise des Theoretischen und Rechtsdogmatischen nach dem Interesse der Praxis gerichtet werden, wie sie mir selbst im jahrzehntelangen Umgang mit Rechtsfragen dieser Art begegnete. Es mag daher nicht zum Nachteil des Lesers gereichen, hier sowohl Reihenfolge wie Auswahl, Schwerpunkt und Intensität der jeweiligen Stoffbehandlung ganz dem Plan des Erzählers zu überlassen.

An sich kann es kaum etwas Einfacheres geben, als ein solches Büchlein über das Urheber- und Verlagsrecht zu schreiben. Denn der Fall an sich, Entstehung des Manuskriptes, seine Überlassung an den Verlag, der Abschluß des Vertrages zwischen Verlag und Autor, Vervielfältigung und Verbreitung des Büchleins, Abrechnungen über das (hoffentlich nicht unbeachtliche) Autorenhonorar, Verlagswechsel, Vertragsaufhebung und -neuabschluß sowie viele andere Dinge ereignen sich eben stets dann, wenn man ein solches Büchlein verfaßt oder eine Neuauflage bearbeitet. Zwangsläufig hat diese Schrift daher teilweise ein wenig autobiographischen Charakter, dessen kleine Indiskretionen nur zeigen sollen, daß die Begegnungen mit den Paragraphen in Wahrheit Begegnungen zwischen Menschen sind.

VERTRAGSVERHANDLUNG UND VERTRAGSABSCHLUSS

Auch wenn es Unsystematik sein mag, beginne ich mit der Begegnung zwischen Verlag und Autor und den sich hieraus ergebenden Verhandlungen und Ergebnissen. Denn in diesem Augenblick wird zum ersten Male deutlich, daß sich rechtliche Vorgänge abspielen, die möglicherweise für lange Zeit Bindungen, Rechte und Pflichten erzeugen.

In aller Kürze folgende Binsenweisheiten:

Ein Buch ist geschrieben und schreit nach seinem vielfältigen Publikum, zunächst aber einmal nach dem Drucker. Dieser verlangt Geld, das der Verfasser meist nicht hat. Darum sucht er sich jemanden, der es ihm vorlegt. Findet er nun einen solchen Vorleger, der den Drucker bezahlt, dann ist der Autor über den Berg. Und wir haben die Uranfänge des Verlegerberufs kennengelernt, an dessen Wiege also der Kontrakt mit dem Autor stand. Womit – jedenfalls für das Verlagswesen – bewiesen wird, daß nicht das Wort der Anfang aller Dinge ist, sondern der Verlagsvertrag.

Wenn die Vorleger ihr Handwerk beherrschen, warten sie nun aber bekanntlich nicht ab, bis einer etwas drucken lassen will, sondern animieren selbst die Leute, Gereimtes oder Ungereimtes zu schreiben, damit sie ihr gutes Geld vorlegen – verlegen können. Was wieder der unwiderlegbare, für alle Zeiten gültige Beweis dafür ist, daß die Investition von Geld in von anderen geschriebene Bücher oft in der Hoffnung geschieht, daß es sich auch wirklich verlohne.

So war es auch zunächst in unserem Fall. Das heißt, der Gewinn des Verlags stand noch aus, gerade weil der als Mindestgarantie gewährte Honorarvorschuß schon verbraucht und die Druckrechnungen schon bezahlt waren, bevor sich die Lesermassen um die die Deckungsauflage übersteigenden Exemplare rauften. Bis dahin spricht man vom aleatorischen Charakter der Verlagsproduktion; „alea“ ist das Würfelspiel.

Nun endlich zur Sache, und die verhielt sich so:

Vertragsverhandlungen

Eines Tages meldete sich der Poeschel Verlag bei mir, nahm auf seine damals bestens eingeführte Buchreihe „Werkstatt des Buches“, herausgegeben von Horst Kliemann, Fritz Hodeige und Hermann Leins, Bezug und fragte nach meiner Bereitschaft, im Rahmen dieser Reihe ein Bändchen über Urheber- und Verlagsrecht zu veröffentlichen. Die Bedingungen seien die üblichen. Hierüber werde man sich sicherlich leicht einigen. Alle Einzelheiten sollten in einem schriftlichen Verlagsvertrag geregelt werden, worüber im Falle des grundsätzlichen Einverständnisses noch korrespondiert werden könne.

Jedermann weiß, daß durch diese erste Fühlungnahme zwischen Verlag und Autor ein Verlagsvertrag noch nicht zustandekommen konnte. Denn zum Abschluß eines Vertrages bedarf es eines genau detaillierten Vertragsantrages des einen Partners und dessen uneingeschränkter Annahme durch den anderen. Von einem detaillierten Angebot konnte noch keine Rede sein. Es wäre aber falsch, anzunehmen, diese Vorverhandlungen hätten keinerlei rechtliche Wirkungen für die eine wie die andere Seite gehabt, unabhängig davon, ob spätere Verhandlungen zu einer Einigung führten oder nicht. Durch die Aufnahme der Vorverhandlungen entstand nämlich ein vertragsähnliches Vertrauensverhältnis, das beiden Verhandlungspartnern bestimmte Sorgfaltspflichten auferlegte. So mußten selbstverständlich auch die in den Vorverhandlungen dem anderen gemachten Angaben wahrheitsgemäß, klar und eindeutig sein. Wenn zum Beispiel ein bestimmtes Prozenthonorar erörtert wird, dann muß der Verlag, sofern dieses vom Nettopreis und nicht vom Ladenpreis des Buches berechnet werden soll, das ausdrücklich angeben (wie es natürlich bei uns auch der Fall war). Würde sich ein Vertragspartner der Verletzung seiner Sorgfaltspflicht bei den Vorverhandlungen schuldig machen, so könnte der andere Teil den Ersatz des ihm nachweislich daraus entstehenden Schadens verlangen – wohlgemerkt unabhängig davon, ob auf die Vorverhandlungen ein Vertragsabschluß folgt oder etwa gerade wegen des schuldhaften Verhaltens der Vertragsabschluß unterbleibt.

Vertragsangebot

Diese Sorgen, wie gesagt, bewegten damals weder den Poeschel Verlag noch mich. Sein Bevollmächtigter unterhielt sich mit mir auf das liebenswürdigste. Genau wie abgemacht, kam kurze Zeit später der Brief des Verlages. Der Vertrag war zur Unterzeichnung beigefügt. Die Unterschrift des Verlags war bereits vollzogen. Sehr angenehm war mir, daß der Verlag die Ablieferung des Manuskriptes als nicht eilig bezeichnete und sich damit begnügte, daß wir unverbindlich den Sommer des nächsten Jahres hierfür in Aussicht nahmen. Weiter folgten in dem Begleitschreiben noch einige Hinweise auf den vorgesehenen Umfang des Büchleins und auf dessen inhaltliche Gestaltung.

Jetzt also lag ein spezifisches Vertragsangebot vor, das durch vorbehaltlose Annahme sofort mit allen vertragsrechtlichen Pflichten und Rechten zum Verlagsvertrag werden konnte. An dieses Angebot war der Verlag so lange gebunden, bis unter normalen Umständen mit der Annahme oder auch der Ablehnung dieses Vertragsangebotes gerechnet werden durfte. Der Verlag wäre z. B. von seinen Zusagen im Vertragsangebot wieder frei geworden, wenn ich zum besseren Überdenken des Vorschlages die Korrespondenz einfach liegen gelassen hätte.

Nun hatte ich aber zu dem Vertragsvorschlag des Verlages einige abweichende Wünsche. Diese teilte ich in meinem Antwortbrief dem Verlag mit der Bitte um freundliche Berücksichtigung mit, behielt aber die Vertragsausfertigung zunächst bei mir.

Hierzu sagt unser Gesetz (§ 150 BGB), daß die Annahme eines Vertragsangebotes unter Erweiterungen, Einschränkungen oder sonstigen Änderungen als Ablehnung verbunden mit einem neuen Antrage gelte. Jetzt also hatte ich mir alle von mir bereits akzeptierten Vertragsbedingungen des Verlags zu eigen gemacht und meine Änderungswünsche hinzugefügt. Die Gesamtheit dieser Vertragspunkte stellte nun meinerseits das Vertragsangebot an den Verlag dar, das dieser – wie zuvor ich – im ganzen ablehnen oder annehmen konnte. Immer noch nicht war der Vertrag zustande gekommen. Jeder Partner, dessen Angebot nicht alsbald angenommen war, hätte den neuerlich ihm vorgelegten Vorschlag und damit den gesamten Vertragsabschluß ablehnen können. Allenfalls wäre zu prüfen gewesen, ob ein verschuldetes Sabotieren der Vertragsverhandlungen Schadensersatzansprüche des anderen Teils ausgelöst hätte.

Der Verlag zeigte sich meinen Abänderungswünschen durchaus aufgeschlossen, akzeptierte sie in einem Punkte und machte für den anderen Punkt einen vermittelnden Gegenvorschlag.

Damit war der Spieß erneut umgedreht: Nun war mein Vertragsangebot abgelehnt und durch ein neues des Verlages ersetzt, zu dem ich nun meinerseits ja oder nein sagen konnte.

Vertragsabschluß

Der Vermittlungsvorschlag des Verlages entsprach nun aber auch meinen Vorstellungen, und so konnte ich den Vertrag in der endgültigen Form unterschreiben.

Jetzt erst und von diesem Zeitpunkt ab war der Verlagsvertrag zwischen dem Poeschel Verlag und mir zustande gekommen, und zwar nach den Bedingungen der endgültigen Fassung des schriftlichen Vertrages einerseits und – soweit der schriftliche Vertrag nichts Gegenteiliges regelte – andererseits und subsidiär nach den Vorschriften des *Gesetzes über das Verlagsrecht* – VerlG – vom 19. Juni 1901.

So umständlich braucht es natürlich nicht immer zu gehen. *Formvorschriften* für gewöhnliche Verlagsverträge gibt es nicht; auch mündliche Vereinbarungen gelten. Die Einsendung eines Manuskripts an den Verlag zur Prüfung und etwaigen Veröffentlichung und der wortlose Austausch der Korrekturfahnen zwischen Verlag und Verfasser haben einen wirksamen Verlagsvertrag zustande gebracht; auf gut deutsch nennt man das dann einen Vertragsabschluß durch konkludente Handlung. Ergänzend gilt hier erst recht das Verlagsgesetz, das den schriftlichen Vertrag ersetzt, wie auch andererseits der schriftliche Verlagsvertrag fast vollständig das Verlagsgesetz außer Kraft setzen kann. Daher rechnet man das Verlagsgesetz zum dispositiven Recht.

Notwendig für die Gültigkeit des Verlagsvertrages ist die *Schriftform* nur dann, wenn Vereinbarungen über unbekannte Nutzungsarten oder über *künftige Werke* eines Autors, also etwa über „die nächsten 10 Werke“ oder über „alle künftig entstehenden Gedichte“, getroffen werden (§§ 31a, 40 UrhG). Schriftform bedeutet bei einem Vertrag die eigenhändige Unterzeichnung auf derselben Urkunde oder, wenn mehrere gleichlautende Vertragsfassungen bestehen, die Unterzeichnung der für die jeweils andere Partei bestimmten Urkunde, aber auch, wenn kein anderer Wille der Vertragspartner anzunehmen ist, übereinstimmender Briefwechsel oder telekommunikative Übermittlung, wobei in diesen Fällen nachträglich eine Beurkundung verlangt werden kann (§§ 126, 126a, b, 127 BGB). Hat man die Wahrung dieser Form versäumt, ist der Vertrag nichtig.

Besser ist immer der schriftliche Vertrag. Man kann ihn getrost nach Hause tragen oder, wenn sich die Umgangsformen verschlechtern sollten, dem Richter auf den Tisch legen. Oft ist dann die Urkunde das bessere Beweismittel für die seinerzeitige Abmachung als der Eid des seinerzeitigen Kontrahenten und jetzigen Prozeßgegners.

Der Verlagsvertrag

Einige Grundzüge vorweg:

Das Hauptanwendungsgebiet des Verlagsvertrags ist der Rechtsverkehr zwischen dem Verlag und dem Autor *literarischer oder wissenschaftlicher Werke.* Verträge über *Musikwerke* werden zwar nach ähnlichen Gesichtspunkten abgeschlossen, doch gelten hier manche Besonderheiten. Nur mit großen Vorbehalten aber können einige Grundsätze des Verlagsrechts auf die Verträge zwischen Verlegern und *bildenden Künstlern* oder *Photographen* angewendet werden, da hier grundlegend andere wirtschaftliche und damit rechtliche Gesichtspunkte gelten. Hiervon soll erst später, S. 115 f., kurz die Rede sein, da sich dieses Büchlein zuerst mit dem Verlagsvertrag über literarische oder wissenschaftliche Werke zu befassen hat.

Welches sind nun die vereinbarten beiderseitigen Rechte und Pflichten, und welche Gründe bestanden dafür, diese gerade so zu regeln?

Die Hauptpflichten

der Partner eines Verlagsvertrages nennt bereits das Verlagsgesetz in § 1: Der Autor ist verpflichtet, dem Verleger das Werk zur Vervielfältigung und Verbreitung für dessen Rechnung zu überlassen; der Verleger seinerseits ist verpflichtet, das Werk zu vervielfältigen und zu verbreiten. Insbesondere die Vervielfältigungs- und Verbreitungspflicht des Verlegers – ausdrücklich oder stillschweigend übernommen – ist das typische Merkmal eines Verlagsvertrages. Wo sie fehlt, liegt regelmäßig kein Verlagsvertrag vor, sondern ein anderes Rechtsverhältnis (z. B. ein Lizenzvertrag – vgl. unten S. 83). Die hier vom Gesetzgeber vorgesehenen Pflichten gelten regelmäßig schon dann als übernommen, wenn der abgeschlossene Vertrag als „Verlagsvertrag“ bezeichnet wurde. Es bedarf also nicht stets der ausdrücklichen Regelung dieser für das Verlagsvertragsverhältnis selbstverständlichen beiderseitigen Verpflichtungen. Auch aus den sonstigen Umständen des Einzelfalles, etwa der Vorkorrespondenz, kann die Verpflichtung zur Vervielfältigung und Verbreitung des Werkes seitens des Verlegers und zur alleinigen Überlassung des Werkes an den Verleger für dessen Rechnung seitens des Verfassers nach Treu und Glauben geschlossen werden.

Verschaffung des Verlagsrechts

Regelmäßig verpflichtet der Verlagsvertrag den Verfasser, dem Verlag das Verlagsrecht an seinem Werk zu verschaffen. Was das Verlagsrecht ist, sagt der Gesetzgeber selbst in § 8 VerlG: das *ausschließliche Recht zur Vervielfältigung und Verbreitung* des Werkes. Ähnlich wie der Inhaber eines Eigentumsrechtes an einer Sache, schlicht also ein Eigentümer, jedermann den Zugriff auf den Gegenstand des Eigentums grundsätzlich verwehren kann, so soll das ausschließliche Recht zur Vervielfältigung und Verbreitung des Werkes den Verlag in den Stand versetzen, jeden anderweitigen Vervielfältiger oder Verbreiter des Werkes, selbst den Autor, zu belangen und von ihm Unterlassung zu fordern. Im Gegensatz zu den nur zwischen einzelnen Partnern bestehenden, relativen Rechten spricht der Jurist in solchen Fällen von absoluten, gegenüber jedermann wirksamen Rechten. Das Verlagsrecht gehört hierher. Es ist zeitlich oder örtlich beschränkbar (Verlag A erhält das Recht für die Deutsche Bundesrepublik, Verlag B das Recht für die USA). Es ist auch übertragbar, soweit dadurch nicht schwerwiegende Interessen des Verfassers verletzt werden (§ 28 VerlG).

Das *Verlagsrecht entsteht* mit der Ablieferung des Werkes an den Verleger und *erlischt* mit der Beendigung des Vertragsverhältnisses, sagt § 9 Abs. 1 VerlG. Das Verlagsrecht entsteht also nicht ohne weiteres mit dem Abschluß des Verlagsvertrages; erst recht nicht kann es vor dem Entstehen des vertragsfähigen Werkes durch einen Verlagsvertrag vom Autor dem Verleger verschafft werden. Hier bestehen Schwierigkeiten, die zu unangenehmen Überraschungen des Verlegers führen können.

Denkbar wäre zum Beispiel, daß der Autor mit dem Verlag A einen Verlagsvertrag abschließt, später über das gleiche Werk aber einen ihm günstiger erscheinenden Verlagsvertrag mit dem Verlag B; B erhält alsbald das Manuskript in Ausübung der zwischen dem Autor und B getroffenen Vereinbarung. Obwohl der Vertragsabschluß mit B für den Autor gegenüber dem Verlag A eine schwerwiegende und zum Schadenersatz verpflichtende Vertragsverletzung darstellt, wäre A in diesem Falle nicht ohne weiteres in der Lage, vom Verlag B zu verlangen, daß dieser zugunsten von A als dem früheren Vertragspartner des Autors auf die Herausgabe des Werkes verzichte. A kann sich in der Regel nur an den Autor selbst halten. Anders wäre es, wenn B von dem Sachverhalt Kenntnis oder gar – auch das hat es schon einmal gegeben – den Autor dazu angehalten hätte, sich über den ersten Vertrag einfach hinwegzusetzen. Dann wäre B an der fatalen Situation mitschuldig. B hätte in wohlerworbene Rechte des A, in dessen „eingerichteten und ausgeübten Gewerbebetrieb" schuldhaft eingegriffen. A könnte dann auch von B wegen dieser „unerlaubten Handlung" und wegen unlauteren Wettbewerbs (§ 823 Abs. 1 BGB: §§ 1 ff. UWG a. F., §§ 3 ff. UWG n. F.) verlangen, daß er weitere Eingriffe in diese Rechte insbesondere durch die Veröffentlichung des umkämpften Werkes unterlasse und A den entstandenen Schaden ersetze. Ist B auf diese Weise außer Gefecht gesetzt, so muß nun A, um endlich zum Zuge zu kommen, mit dem Autor um die Ablieferung des Manuskriptes ringen. Notfalls wird er den Gerichtsvollzieher bemühen, der dem Autor das Manuskript wegnimmt und ihm als dem rechtmäßigen Verleger übergibt (§ 114 UrhG, § 883 ZPO). Jetzt endlich hat der Verlag A, was er braucht, das Manuskript zum Druck und, was ebenso wichtig ist, das gegen jedermann wirksame Monopol zur Vervielfältigung und Verbreitung, das Verlagsrecht. Ob er damit und mit dem so errungenen Autor glücklich wird, steht auf einem anderen Blatt. Daher ist die ganze, recht gewaltsame Prozedur durchaus nicht die rechte Lösung, und A hätte nach all diesen unangenehmen Erfahrungen durchaus recht, wenn er dem Autor nicht nur etwaige Reste einstiger Freundschaft sondern auch den Verlagsvertrag aus wichtigem Grunde aufkündigt. Aber darüber später (S. 107 ff.) mehr.

Bei der Verschaffung des Verlagsrechts kann dem Verlag nur empfohlen werden, den hierfür maßgebenden Zeitpunkt möglichst früh anzusetzen. Wie die meisten Bestimmungen des VerlG kann auch § 9 Abs. 1 im Verlagsvertrag geändert werden, etwa so, daß das Verlagsrecht nicht erst mit der Ablieferung an den Verlag, sondern schon mit der Fertigstellung des Manuskriptes oder seiner selbständigen Teile entsteht. Denn von diesem Augenblick an ist ein verlagsfähiges Werk vorhanden, an dem Nutzungsrechte Dritten eingeräumt werden können. Vor der Fertigstellung ist dies naheliegenderweise nicht der Fall, und darum wäre es auch kaum möglich, den Rechtserwerb noch weiter vorzuverlegen, etwa auf den Zeitpunkt des Vertragsabschlusses bei einem erst noch zu schreibenden Werk.

Wenn sich also der Poeschel Verlag in seinem Verlagsvertrag mit mir „das alleinige Verlagsrecht" an dieser Schrift schlechthin „übertragen" ließ, dann war damit noch nicht die letzte Perfektion gelungen. Die Praxis zeigt, daß fast alle Verlagsvertragstexte in diesem Punkte ungenau sind. Dies ist an sich nicht weiter tragisch, da schon das alte BGB bestimmte, daß Verträge so auszulegen seien, wie *Treu und Glauben mit Rücksicht auf die Verkehrssitte* es erfordern (§ 157 BGB) und für „Willenserklärungen" – solche treten sich ja im Vertrag gegenüber – der wirkliche Wille zu erforschen und nicht an dem buchstäblichen Sinn des verwendeten Ausdrucks zu haften ist (§ 133 BGB). Wenn es nun ohnehin empfehlenswert ist, die Vertragsformulare von Zeit zu Zeit auf Aktualität zu überprüfen, sollte man auch solche Ungenauigkeiten in Ordnung bringen. Außerdem spricht das Gesetz von der *Einräumung von Nutzungsrechten* (§ 31 UrhG) und erklärt das Urheberrecht selbst grundsätzlich für unübertragbar (§ 29 Abs. 1 UrhG). Mit der Anwendung dieser Grundsätze wäre die wünschenswerte Präzision erreicht.

Nun – im Falle meines Verlagsvertrages war der Verlag Poeschel freilich bereits über dem Berge, denn er hatte mein Manuskript längst erhalten und damit auch im Sinne des § 9 Abs. 1 VerlG das Verlagsrecht hieran. Das Nutzungsrecht zur Vervielfältigung und Verbreitung war ihm also ordnungsgemäß eingeräumt, und er hatte hiervon auch, wie schon die Zweitauflage zeigte, regen Gebrauch gemacht.

Zusicherung der Verfügungsbefugnis

Regelmäßig läßt sich der Verlag vom Verfasser im Verlagsvertrag versichern, daß über das Urheberrecht am Werk weder ganz noch teilweise anderweitig verfügt sei, ferner, daß er zu der gegenwärtigen

Verfügung gegenüber Dritten berechtigt sei. Mein Vertrag mit dem Poeschel Verlag sagte das auch so ähnlich. Aber wir sahen schon: Durch eine solche Klausel allein ist die Gewähr noch nicht gegeben, daß das Verlagsrecht auch wirklich beim richtigen Verleger entsteht.

Die Auflagen

Wie fast alle anderen Verlagsverträge sah auch mein Vertrag mit dem Poeschel Verlag die Einräumung des alleinigen Verlagsrechts „für die erste und alle folgenden Auflagen" vor. Eine solche Regelung ist für den Verleger wichtig, wenn er mehr als eine einzige Auflage von 1000 Exemplaren veranstalten will. § 5 VerlG spricht nämlich kraft Gesetzes dem Verleger nur dieses Recht zu. Gerade diese gesetzliche Regelung, die der Kalkulation eines großen Teils der verlegten Literatur keineswegs gerecht wird, sollte unbedingt im schriftlichen Verlagsvertrag dahin geändert werden, daß die Auflagenanzahl und -höhe vom Verlag bestimmt werden kann. Möglich ist es natürlich auch, von vornherein das im Vertrag festzulegen.

Etwas mehr der gegenwärtigen Praxis entspricht die gesetzliche Regelung über die etwaige Verpflichtung des Verlegers zur Veranstaltung einer Neuauflage. Hatte sich der Verlag das Recht für mehrere Auflagen einräumen lassen, bestimmt § 17 VerlG, daß der so zu Neuauflagen autorisierte Verleger nicht verpflichtet ist, von diesem Recht Gebrauch zu machen. Zur Ausübung des Rechts kann ihm aber der Verfasser eine angemessene Frist bestimmen. Nach Ablauf der Frist ist der Verfasser berechtigt, von dem Vertrage zurückzutreten, wenn nicht die Veranstaltung einer Neuauflage rechtzeitig erfolgt ist. Der Bestimmung einer solchen Frist bedarf es nicht, wenn die Veranstaltung von dem Verleger verweigert wird. Natürlich kann nur dann eine Neuauflage in diesem Sinne verlangt werden, wenn die vorausgegangene Auflage bereits vergriffen ist oder wenigstens kurz vor dem restlosen Ausverkauf steht. Dies ergibt sich aus der Bestimmung des § 16 Satz 2 VerlG, die den Verleger im Rahmen seiner Vervielfältigungspflicht dafür verantwortlich macht, daß der Bestand an verkaufsfähigen Exemplaren der jeweiligen Auflage nicht vergriffen ist. Um hier Klarheit für alle Fälle zu schaffen, empfiehlt sich stets, die für die Veranstaltung einer Neuauflage wesentlichen Zeitpunkte und

Zeiträume im Verlagsvertrag einigermaßen zu umreißen, wie dies z. B. in meinem Vertrag mit dem Poeschel Verlag ausdrücklich erwähnt war:

Sinkt der Bestand der verkaufsfähigen Stücke unter 100, so kann der Verfasser vom Verleger eine Erklärung verlangen, ob er binnen angemessener Frist eine Neuauflage zu veranstalten beabsichtigt.

Mitunter geschieht es nun, daß zwar noch Restbestände beim Verlag vorhanden sind, der Verkauf aber so schleppend ist, daß sich der Vertrieb für den Verlag nicht mehr lohnt. Weil im Zweifel der Verleger auch zur *Ermäßigung des Ladenpreises* berechtigt ist, wenn nicht berechtigte Interessen des Verfassers verletzt werden (§ 21 VerlG), kann der Verlag versuchen, durch einen niedrigeren von ihm festgesetzten Ladenpreis den Absatz des Werkes zu beschleunigen. Ähnlich bestimmte das auch mein Vertrag mit dem Poeschel Verlag.

Was geschieht aber dann, wenn auch diese Maßnahme ohne nennenswertes Ergebnis bleibt? Mein Poeschel-Vertrag schwieg diskret zu dem nun einschlägigen Thema *„Verramschen oder Makulieren"*, von dem unten (S. 44) die Rede sein wird. Wie wirkt sich der vollständige Ausverkauf des Werkes aufgrund solcher Maßnahmen auf den Verlagsvertrag selbst aus? Grundsätzlich überhaupt nicht, wenn nichts anderes vereinbart ist. Die Lagerräumung könnte ja gerade zu dem Zweck veranlaßt gewesen sein, für eine *Neuauflage* des gleichen Werkes, etwa in neuer Bearbeitung oder in anderer Ausstattung, Platz zu schaffen; für diesen Fall benötigt der Verleger naturgemäß weiterhin das Verlagsrecht. Gewiß, das ist nicht der Normalfall, in welchem der Verfasser sich entweder mit der Beendigung des Vertriebs der letzten Auflage abfindet, die Rechte also beim Verleger beläßt, oder den Verleger auffordert, sich gemäß § 17 VerlG zu erklären, ob er eine Neuauflage veranstaltet. Verweigert er dieses, kann der Verfasser sofort vom Vertrag zurücktreten. Schweigt der Verlag, müßte der Autor ihm eine angemessene Frist für die Veranstaltung einer Neuauflage mit der Erklärung setzen, daß er nach ergebnislosem Ablauf der Frist vom Vertrag zurücktrete. Mit dem dann erklärten *Rücktritt* endet erst der Verlagsvertrag.

Nun gibt es für vernünftige Partner Ausnahmen von jeder vertraglichen Regelung, Ausnahmen, die auf verständnisvoller Übereinkunft beruhen. Als sich die Urheberrechtsform im Jahre 1965 abzuzeichnen begann, kamen der Poeschel Verlag und ich sofort überein, die erste Auflage dieses „Praktikum" durch eine Neuauflage zu ersetzen, und ich wette, daß keiner von uns hierzu die Vertragsbestimmungen über Neuauflagen bemühte. Ob die erste Auflage ohnehin zur Neige ging oder ob beim Verlag einfach der Gedanke vorherrschte, seine Leser up to date zu unterrichten – jedenfalls bedurfte es nicht erst der Erklärung des Verfassers. Wir einigten uns schnell auf den ungefähren Zeitpunkt für die Lieferung des neuen Manuskriptes. Auch hier gilt wieder der Kernsatz, daß der beste Vertrag derjenige ist, der nach der Unterzeichnung nicht mehr aus der Schublade geholt wird. Freilich weiß der Kundige, daß so etwas nicht allein am Vertrage liegt . . .

Änderungen am Manuskript

Hat sich der Verleger zur Veranstaltung einer Neuauflage entschlossen, so muß er, wenn nichts anderes im Verlagsvertrag geregelt wurde, dem Verfasser zur Vornahme von Änderungen am Manuskript Gelegenheit geben; allerdings sind Änderungen nur insoweit zulässig, als nicht durch sie ein berechtigtes Interesse des Verlegers verletzt wird (wobei – von extremen Ausnahmen abgesehen – die Mehrkosten der Änderungen nicht in Betracht kommen, selbst wenn diese die wirtschaftlichen Belange des Verlegers berühren). Dies regelt § 12 VerlG, wo auch dem Verfasser das Recht eingeräumt wurde, die Änderungen durch einen Dritten vornehmen zu lassen.

Die Verlagspraxis hat – jedenfalls in Verlagsverträgen über wissenschaftliche und fachliche Werke – das Bearbeitungsrecht bei Neuauflagen häufig in eine Bearbeitungspflicht umgewandelt, da sonst nicht leicht Handhaben gegeben wären, brauchbare Manuskripte für die Neuauflage eines durch die Entwicklung z. T. überholten Werkes zu erlangen. Zusätzlich wird auch daran gedacht, daß der Autor zu gegebener Zeit außerstande sein könnte, selbst die Neuauflage zu bearbeiten; für diesen Fall wird vertraglich nicht selten die Beiziehung eines anderen Bearbeiters – sei es durch den Verfasser oder durch den Verlag – vereinbart, wobei die dadurch entstehenden zusätzlichen Honorarkosten ganz oder teilweise vom Verfasser oder dessen Erben getragen werden müssen. Nach dem Vorbild verschiedener Musterverträge regelte diese Frage auch mein Verlagsvertrag mit dem Poeschel Verlag etwa in diesem Sinne:

Der Verleger hat dem Verfasser Gelegenheit zur Neubearbeitung des Werkes zu geben. Andererseits ist der Verfasser eines wissenschaftlichen Werkes, eines Lehr- oder Fachbuches verpflichtet, es den derzeitigen Verhältnissen und den Erfordernissen der Praxis anzupassen, beziehungsweise es auf den jeweiligen Stand der wissenschaftlichen Forschung zu bringen. Ist der Verfasser an der Bearbeitung verhindert, so hat er die Verpflichtung, eine geeignete Persönlichkeit damit zu betrauen. Nach dem Tode des Verfassers bleibt es dem Verleger überlassen, einen Bearbeiter zu bestimmen, für dessen Honorierung ein Betrag bis zur Hälfte des den Erben zustehenden Honorars verwendet werden darf.

Änderungsrechte und Änderungspflicht des Verfassers spielen auch sonst noch eine gewisse Rolle in den Verlagsverträgen. Bei der Veröffentlichung eines Werkes steht der gemeinsame Wunsch von Verfasser und Verlag, ein möglichst vollendetes Werk der Öffentlichkeit vorzulegen, im Widerstreit mit der technischen Notwendigkeit, vom Beginn der Vervielfältigungsarbeiten an keine diese störenden Änderungen am Werk mehr zuzulassen. Denn dann sind Änderungen kostspielig und beeinträchtigen u. U. empfindlich die verlegerische Kalkulation. Nach dem Gesetz (§ 12 VerlG) darf der Verfasser ungestraft Änderungen am Manuskript nur bis zum Beginn der Vervielfältigungsarbeiten vornehmen. Nach diesem Zeitpunkt bis zur Beendigung der Vervielfältigung muß er für die Kosten solcher Änderungen insoweit eintreten, als diese das übliche Maß übersteigen und nicht durch inzwischen eingetretene Umstände (z. B. plötzliche Änderung wissenschaftlicher Erkenntnisse) gerechtfertigt sind. Als Grenze für die üblichen Korrekturen des Autors in der Zeit der Herstellung des Werkes hat sich die Quote von zehn Prozent z. B. der gesamten Satzkosten in den Verlagsverträgen eingebürgert. Daher konnte ich auch unbesorgt die folgende Vertragsklausel des Poeschel Verlages unterzeichnen:

Für Änderungen, die auf Wunsch des Verfassers nachträglich im gesetzten Manuskript vorgenommen werden, haftet der Verleger nur bis zu einem Betrag von 10 % des gesamten Satzpreises. Etwaige Mehrkosten hat der Verfasser zu tragen.

Mit der Frage nach einem etwaigen *Änderungsrecht des Verlegers* am Manuskript wird zugleich das Problem der Einflußnahme des Verlages auf die inhaltliche Gestaltung des Manuskriptes aufgeworfen. Die meisten Verlagsverträge normaler Art enthalten keine wesentlichen, ins einzelne gehenden Bestimmungen hierüber. Allenfalls findet sich ein ganz knapper Hinweis auf Charakter und Gestaltung des geplanten Werkes im Vertrag selbst oder in der Begleitkorrespondenz. Insoweit also regeln sich die Ansprüche der Vertragspartner nach den allgemeinen Gesichtspunkten des Urheber- und Verlagsrechtes und des sonstigen Zivilrechts.

Die geistige Schöpfung ist eine Emanation ihres Schöpfers. Man kann sie auch etwas landläufiger seine Visitenkarte nennen. Die Persönlichkeit des Autors spiegelt sich in seinem Werk. Zum mindesten darf er davon ausgehen, daß seine Umwelt dies so sieht. Der Schutz der Persönlichkeit ist in unseren Verfassungen (vgl. z. B. das *Grundgesetz für die Bundesrepublik Deutschland* vom 23. März 1949, Art. 2) garantiert. Es ist ganz klar, daß sich der Persönlichkeitsschutz auch auf die Aussage der Persönlichkeit, deren schriftstellerisches oder künstlerisches Werk, erstreckt. Seit langem schon spricht man daher vom Schutz der Urheberpersönlichkeit und von einem *Urheberpersönlichkeitsrecht* als einem wesentlichen Bestandteil, gewissermaßen dem Kern des Urheberrechts.

Dem Schutze der Urheberpersönlichkeit entspricht es als selbstverständlich, daß das, was der Urheber konzipiert und zu Papier gebracht oder einem anderen Datenträger anvertraut hat, als sein eigenes Produkt unverfälscht der Öffentlichkeit übergeben wird, wenn er der Ansicht ist, daß eine solche Veröffentlichung verlohne. Darum steht nun auch das Urheberrechtsgesetz in § 39 auf dem Standpunkt, daß der Verleger grundsätzlich kein inhaltliches oder gestalterisches Einflußrecht gegenüber dem Verfasser habe. Nur so weit, als sich der Verfasser nach Treu und Glauben nicht dagegen versperren kann, darf der Verleger Änderungen am Manuskript und an seinem Titel vornehmen. Dazu gehören in erster Linie Ausbesserungen von Orthographie- und Satzfehlern, soweit diese nicht gerade als bemerkenswerte Eigenart des Verfassers (z. B. die Sprach- und Schreibvereinfachungen bei Stefan George) anzusehen und deshalb dem Einfluß des Verlegers zu entziehen wären. Im übrigen darf der Verleger nach dem eindeutigen Gesetzeswortlaut grundsätzlich an dem Werke selbst, an dessen Titel und an der Bezeichnung des Urhebers Änderungen nicht vornehmen.

Dies hat nichts damit zu tun, daß derjenige Verleger, der seine Aufgabe ernst nimmt, oft genug der Planer und Initiator eines Werkes ist, der das Thema vor dem Autor kannte und der es sich nicht nehmen läßt, in engem geistigem Austausch mit dem Verfasser an der Entstehung des Werkes mitzuwirken. Das wurde oben schon aus der Historie entwickelt (s. S. 23). Der Grad der Zusammenarbeit kann durchaus verschieden sein: Von dem echten Mit-Schreiben bis zur zurückhaltenden Äußerung bescheidener Wünsche und Anregungen sind natürlich viele Variationen denkbar. Inwieweit diese Einflüsse notfalls zwangsweise durchsetzbar sind, hat aber die vorstehende Betrachtung der durch das Gesetz geschaffenen Rechtslage gezeigt.

Auch in meinem Falle haben die Herausgeber und die Herren des Poeschel Verlages bei der Durchsicht des Manuskriptes nicht mit Hinweisen gespart. Ob aus Höflichkeit oder gar deswegen, weil Gesetz und Vertrag kaum rechtliche Handhaben böten, wie soeben gerade zu lesen stand, jedenfalls betonten die kritischen Herren trotz ihrer hervorragenden Sachkunde aber zu Anfang und am Schluß auf das Nachsichtigste, „daß es sich in allen Fällen um Fragen und Anregungen handelt"; nirgends sollte meiner, des Autors Entscheidung vorgegriffen sein . . .* – Da haben wir es also: das Urheberpersönlichkeitsrecht!

Kritik am Werk

Der Schutz der Urheberpersönlichkeit geht noch weiter: Selbst wenn der Verleger nach Prüfung des erst nach Abschluß des Verlagsvertrags geschaffenen Manuskriptes zu der Überzeugung gelangte, daß es in einer ihm *nicht zusagenden Weise gestaltet* wurde, so ist er gleichwohl verpflichtet, das Werk vertragsgemäß zu vervielfältigen und zu verbreiten, sogar dann, wenn nach seiner Überzeugung das Buch in der vorliegenden Gestalt von der Kritik schlecht aufgenom-

* Einige besonders interessante Einwendungen habe ich an den einschlägigen Stellen als Fußnoten vermerkt und meinen Kommentar angefügt. Vielleicht ist damit zu diesem Punkt eine Diskussion in weiterem Kreise eingeleitet und für andere Themen angeregt.

men werden würde. Bereits im Jahre 1913 vertrat das Reichsgericht den Standpunkt, daß abfällige Kritik des Werkes in der Öffentlichkeit den Verleger keinesfalls von seiner Vertragsverpflichtung befreien bzw. ihm Grund und Anlaß zu einer Auflösung des Verlagsvertrages geben könnte. Keineswegs darf also der Verleger angeblich oder tatsächlich „unmögliche Stellen" des Werkes selbst ändern oder ändern lassen oder vom Verfasser derartige Änderungen unter der Androhung verlangen, andernfalls das Werk nicht zu veröffentlichen. Nur dann, aber wirklich nur dann, wenn das Werk nicht *„von vertragsmäßiger Beschaffenheit"* ist, in der vorliegenden Gestaltung eindeutig den vertraglichen Vereinbarungen widerspricht, der Verfasser also etwas anderes als vereinbart geliefert hat, könnten solche Änderungen verlangt werden. In diesen Fällen kann sich der Verleger auch durch Rücktritt vom Verlagsvertrag von seinen sonst zweifellos auch hier bestehenden Verpflichtungen zur Vervielfältigung und Verbreitung des Werkes lösen (§ 31 VerlG).

Verstößt aber ein Manuskript beweisbar gegen die guten Sitten, gegen ein gesetzliches Verbot oder ist seine Verbreitung strafrechtlich untersagt, kann weder vom Verleger noch vom Verfasser die Erfüllung der Verpflichtungen aus dem Verlagsvertrag gefordert werden. Mit Sicherheit ist der Vertrag nichtig, wenn er gerade auf die Schaffung eines solchen *gesetzwidrigen Werkes* gerichtet war (§§ 134, 138 BGB).

Alles dies gilt freilich nicht für den *äußeren Zustand des abgelieferten Werkes.* Hierzu enthalten häufig die Verlagsverträge Vorschriften, wonach das Manuskript einseitig mit Maschine geschrieben oder auf Datenträger aufgezeichnet sein müsse, nur geringfügige Korrekturen enthalten dürfe usw. Das Gesetz (§ 10 VerlG) drückt sich allgemeiner aus und kommt damit der Verschiedenartigkeit der denkbaren Fälle näher, wenn es den Verfasser verpflichtet, dem Verleger das Werk „in einem für die Vervielfältigung geeigneten Zustand" abzuliefern. Geeignet im Sinne dieser Gesetzesbestimmung ist ein Manuskript stets dann, wenn der Setzer oder der sonst mit der Herstellung der Druckvorlage Beschäftigte ohne besondere Mühe die notwendigen Arbeiten ausführen, insbesondere den Text zügig verarbeiten kann. Daß nur dann ein Werk in einem für die Vervielfältigung geeigneten Zustand ist, wenn das Manuskript vollständig vorgelegt wird, dürfte sich von selbst verstehen. Allerdings mag es auch hier abweichende Vereinbarungen geben. Mancher Verleger wird mit dem Autor eines aktuellen, in möglichst kurzer Zeit fertigzustellenden Werkes auch die Ablieferung einzelner Manuskriptteile vereinbaren; die sonst an das Gesamtmanuskript zu stellenden Anforderungen müssen dann auch von den Teilmanuskripten erfüllt werden. Hat der Verfasser seine Verpflichtung zur Ablieferung in einem für die Vervielfältigung geeigneten Zustand verletzt, so kann der Verleger je nach Sachlage zur Nachholung des Versäumten auffordern, Schadensersatz verlangen, soweit ein Schaden nachweislich entstanden ist, u. U. auch den Verlagsvertrag fristlos kündigen oder vom Vertrag zurücktreten (§ 31 VerlG).

Ausstattung des Werkes

Die klare Kompetenzscheidung, wie sie bisher bei Betrachtung des etwaigen Einflußrechts des Verlegers auf die Gestaltung des Manuskriptes verfolgt werden konnte, findet ihre Parallele dort, wo es um die verlegerische Ausgestaltung des Werkes geht. Will man dem Autor lassen, was des Autors ist, so soll man auf der anderen Seite auch dem Verleger lassen, was des Verlegers ist. Der Verleger ist zwar verpflichtet, das Werk in der zweckentsprechenden und üblichen Weise zu vervielfältigen und zu verbreiten. Die Form und Ausstattung der Abzüge* wird aber unter Beobachtung der im Verlagshandel herrschenden Übung sowie mit Rücksicht auf Zweck und Inhalt des Werkes vom Verlag bestimmt (§ 14 VerlG).

---

* Hierzu zwei berechtigte Anmerkungen des Poeschel Verlages nach Durchsicht meines Manuskriptes (vgl. die Fußnote auf S. 35):

Was sind „Abzüge"? Der Verleger versteht darunter etwas anderes als der Verfasser des Verlagsgesetzes, nämlich Probe-, Fahnen- oder Korrekturabzüge, die ... schnell gefertigt werden, um einen Überblick über die Satzspalte zu bekommen. Das Verlagsgesetz verwendet das Wort „Abzüge" für „Exemplare des Werkes", meint also damit das ganze, fix und fertig gedruckte Buch.

Dann weist der Verlag darauf hin, daß er selbstverständlich besondere *Ausstattungswünsche* des Autors im Rahmen des Möglichen zumeist berücksichtigen werde – ein liebenswerter Zug des Verlages, gewissermaßen das Pendant zu dem oben, S. 35, erläuterten Wunsch, das eine oder andere zur Manuskriptgestaltung beitragen zu dürfen. Natürlich hat das hier wie dort nichts mit Rechtsansprüchen zu tun, sondern allenfalls mit gehobenen Umgangsformen.

Die Bestimmung des Ladenpreises,

zu dem das Werk verbreitet wird, steht für jede Auflage dem Verleger zu (§ 21 VerlG); es soll aber dann bei einem einheitlichen Ladenpreis für die Dauer des Vertriebes der Auflage bleiben (nebenbei bemerkt haben wir in dieser Gesetzesbestimmung eine Verankerung des Prinzips des festen Ladenpreises im Buchhandel vorliegen; es wäre nach wie vor einer besonderen Untersuchung wert, festzustellen, inwieweit etwa die Vernachlässigung des Ladenpreisschutzes seitens des Verlegers eine Verletzung des Verlagsvertrags gegenüber dem Verfasser darstellt).

Die Buchpreisbindung wurde am 2. 9. 2002 offizielles Gesetz und löste im wesentlichen die auf vertraglicher Basis zuvor geregelten Preisbindungsreverse ab (je ein Preisbindungstreuhänder für die beteiligten Verlage und für die mitwirkenden Buchhändler handelte die Regeln aus). Das neue Gesetz dient dem Schutz des Kulturgutes Buch. Die Festsetzung verbindlicher Preise beim Verkauf an Letztabnehmer soll den Erhalt eines breiten Buchangebots sichern und zugleich die Existenz einer großen Zahl von buchhändlerischen Verkaufsstellen fördern (§ 1 des Buchpreisbindungsgesetzes). Anzuwenden ist das naturgemäß auf Bücher, unter denen man ebenso auch Musiknoten, kartographische Produkte oder Reproduktionen solcher Erzeugnisse und kombinierte Objekte dieser Art versteht. Die Grundbedingung nennt § 3 des Gesetzes: Wer gewerbs- oder geschäftsmäßig Bücher an Letztabnehmer verkauft, muß die vom Verleger oder Importeur festgesetzten Preise einhalten. Natürlich gilt das nicht für antiquarische Bücher.

Für Zeitungen und Zeitschriften gilt noch die alte Methode. Hier kann der Verleger die Abnehmer dieser Erzeugnisse rechtlich oder wirtschaftlich binden, die von ihm festgelegten Preise bei der Weiterveräußerung vom Endabnehmer zu fordern. Weil das – wie auch die bisherige Reversbindung bei Büchern – dem grundsätzlichen Verbot von Preisvereinbarungen aus kartellrechtlichen Gründen widerspricht, achtet das Bundeskartellamt sehr darauf, daß bei dieser besonderen, immer noch auf vertraglicher Grundlage gehandhabten Preisbindung kein Mißbrauch eintritt oder sonstige absatzbeschränkende Auswirkungen entstehen (§ 15 des Wettbewerbsbeschränkungsgesetzes).

Zurück zum Verlagsrecht:

Die *Erhöhung* des Ladenpreises während des Vertriebes einer Auflage ist ohne Zustimmung des Verfassers nicht zulässig, eine Bestimmung, deren Berechtigung im Grunde fehlt, da sowohl das Interesse des Verfassers wie das des Verlegers auf eine flüssige Verbreitung des Werkes und nicht auf eine Blockierung des Absatzes durch überhöhte Ladenpreise gerichtet ist. Jedenfalls wollte das Gesetz eine derartige Absatzblockierung durch überhöhte Ladenpreise unterbinden. Erhöht der Verleger trotzdem ohne die erforderliche Zustimmung des Autors den Ladenpreis, begeht er eine zur Unterlassung und Schadensersatz verpflichtende Vertragsverletzung; der Verfasser kann ihn durch Gerichtsentscheidung zwingen, den ursprünglichen Ladenpreis wieder einzusetzen.

Bei der Ladenpreis*ermäßigung*, die von der Verramschung, also der Aufhebung des festen Ladenpreises zu unterscheiden ist (s. S. 44), darf der Verleger berechtigte Interessen des Verfassers nicht verletzen. Eine solche Interessenverletzung wäre aber nicht etwa schon darin zu erblicken, daß sich durch die Herabsetzung des Ladenpreises die Honorarhöhe des Verfassers verringert; tatsächlich kann das Honorar per Saldo sogar höher sein, wenn der ermäßigte Ladenpreis die Verbreitung des Werkes fördert. Der Gesetzgeber dachte vielmehr daran, daß die Ladenpreisermäßigung sich mit der Persönlichkeit des Verfassers und dessen Ansehen in der Fachwelt nicht verträgt. Die Fälle, in denen tatsächlich eine Verletzung berechtigter Interessen des Verfassers eintrat, sind selten und waren kaum jemals Gegenstand eines Streites.

Daher ist es regelmäßig vertretbar, wenn die Verlagsverträge dem Verlag das Recht zubilligen, den Ladenpreis nach pflichtgemäßem Ermessen festzusetzen und ihn, z. B. etwaigen Veränderungen des Geldwertes, anzupassen; die Preisgestaltung sollte man also nicht, wie das Gesetz es tut, auf die Dauer des Vertriebs einer ganzen Auflage fixieren.

Vervielfältigen und Verbreiten

Die *Vervielfältigungspflicht* des Verlegers ist, wie wir sahen, wesentlicher Teil seiner Pflichten aus dem Verlagsvertrag (§ 1 VerlG). Wir hatten auch schon kurz erwähnt, daß dies in zweckentsprechender und üblicher Weise zu geschehen hat (§ 14 VerlG).

Das Herstellungsverfahren muß also dem Zweck gerecht werden, dem das Werk dienen soll. Dazu gehört z. B. die Wahl des zweckentsprechenden Satz- und Druckverfahrens ebenso wie der zu verwendenden Papiersorte, die Anwendung der richtigen Illustrationstechnik für Abbildungen und der für das Werk richtigen Einbandmethode. Von selbst versteht es sich, daß im Rahmen seiner Vervielfältigungspflicht der Verlag auch auf eine sorgfältige Ausführung aller Herstellungsarbeiten, frei von technischen Mängeln, zu achten hat. Für Kleinauflagen wissenschaftlicher Werke (Dissertationen, Magisterarbeiten o. ä.) wird der Druck nach EDV-Ausdruck durchaus üblich sein, was für ein Werk anderer Art, insbesondere auch bei höheren Auflagen nicht angemessen sein müßte. Aber auch da sind die Übergänge, der technischen Entwicklung entsprechend, fließend. Eine Computerschrift kann durchaus höhere typographische Ansprüche erfüllen. Mancher Verleger wird es begrüßen, wenn er das Verfassermanuskript bereits auf Diskette als Satzvorlage erhält. Üblich ist es selbstverständlich auch, die Vervielfältigungsmethode nach dem Verhältnis des hierfür nötigen Kostenaufwandes zum Ertrag auszuwählen. Überläßt der Verfasser die Fragen im Zusammenhang mit der Vervielfältigung seines Werkes gerne dem als sachkundig angesehenen Verleger, so daß hierüber wenig Streitfälle bekannt geworden sind, geben (berechtigte oder auch unberechtigte) Zweifel an der richtigen Ausübung der *Verbreitungsverpflichtung* des Verlegers öfters Anlässe für Diskussionen.

Die *Verbreitung* muß ebenfalls in der zweckentsprechenden und üblichen Weise erfolgen (§ 14 VerlG). Dazu gehört zunächst einmal die Ankündigung des erscheinenden und des erschienenen Werkes, sodann die Versendung fertig hergestellter Werkexemplare, nicht zuletzt die Bereithaltung weiterer Exemplare, um den sonstigen Marktbedarf zu befriedigen.

Eine zweckentsprechende und übliche *Werbung* ist zunächst erforderlich, um dem Handel und dem Publikum das Erscheinen des Werkes anzukündigen und möglichst viele Bestellungen hierauf einzuholen. Wie der Verleger im einzelnen dieser Verpflichtung nachkommt, muß er nach eigenem freien Ermessen bestimmen. In der Regel gestatten die Verlagsverträge die Entnahme kleinerer Texte aus dem Werk für solche Werbezwecke, was zweckmäßigerweise auch auf die

Wiedergabe einzelner Abbildungen aus dem Werk erstreckt wird, wenn Differenzen wegen angeblicher Urheberrechtsverletzung in diesem Zusammenhang vermieden werden sollen. Immer wird ein kluger Verleger Wert darauf legen, vom Verfasser Hinweise auf bemerkenswerte, werbewirksame Einzelheiten seines Werkes und auf dessen Zielgruppe zu erhalten, vielleicht sogar die einzelnen Werbetexte mit dem Verfasser abzustimmen.

Zur Verbreitungspflicht des Verlegers gehört auch die Pflege des *Besprechungswesens.* Eine entsprechende Anzahl der Werkauflage ist für Rezensionszwecke vorzusehen und hierfür in Betracht kommenden Redaktionen, spontan oder auf Anforderung, zuzuleiten, üblicherweise zusammen mit einer die Einzelheiten des Werkes und die Daten des Verfassers zusammenfassenden Darstellung („Waschzettel"). Dabei kann der Verfasser mit der Angabe geeigneter Redaktionen oder Rezensenten aufgrund seiner speziellen Sachkunde dem Verleger behilflich sein. Auch hier bewährt sich die vertrauensvolle Zusammenarbeit. Für Verleger und Verfasser wichtig ist der Inhalt der veröffentlichten Besprechungen. Der Verleger kann daraus die weiteren Erfolgschancen des Werkes abschätzen und empfehlende Partner für die weitere Werbung gewinnen, während der Verfasser Hinweise für künftige Werkauflagen erlangt. Deshalb gehört es ebenso zur zweckentsprechenden und üblichen Verbreitungshandlung des Verlegers, dem Verfasser die im Verlag eingegangenen Besprechungen zur Kenntnis zu bringen.

Auch der *Vertrieb* wird auf dem zweckentsprechenden und üblichen Wege zu erfolgen haben, in der Regel durch Belieferung des Sortimentsbuchhandels, oft unter Einschaltung des Zwischenbuchhandels, insbesondere des verlegerischen bzw. buchhändlerischen Kommissionärs. Bestimmte Verlage betrachten den Direktvertrieb an den Endabnehmer als übliche Verbreitungsmethode ihres Hauses. Wußte das der Verfasser bei Abschluß des Verlagsvertrags, kann er diese Vertriebswege nicht beanstanden.

Bedenkenfrei ist auch die Verbreitung von Auflagenteilen an *Leihbüchereien,* die bekanntlich ihre Bestände an Privatkunden gegen Entgelt verleihen, also „vermieten". Allein schon weil Billigausgaben den Leihbüchereibetrieb weitgehend verdrängt haben, kann in der Belieferung einer Leihbücherei keine Verletzung der Verbreitungspflicht des Verlages gesehen werden.

Die Üblichkeit einer Vertriebsmaßnahme kann auch anhand der *„Verkehrsordnung im Buchhandel"* nachgewiesen werden, die in der gegenwärtigen Fassung als Empfehlung am 31. 8. 1989 vom Bundeskartellamt offiziell bekannt gemacht ist. Zusätzlich können auch die Wettbewerbsregeln des Börsenvereins des Deutschen Buchhandels e. V. in der Fassung vom Juni 1993 herangezogen werden, wenn Meinungsverschiedenheiten über Vertriebsmethoden zwischen Verlag und Verfasser entstehen sollten.

Nichts ist jedoch so klar, als daß nicht auch Meinungsverschiedenheiten über die Verbreitungspflicht des Verlegers entstehen könnten.

Dazu ein praktischer Fall: Eines Tages erhielt der Verfasser die Mitteilung des Verlages, sein Buch sei ausverkauft, ein Honorar falle nicht mehr an; da eine Neuauflage nicht vorgesehen sei, gingen die Rechte an den Verfasser zurück. Der Autor rechnete nach und stellte fest, daß zwischen der letzten Lagerbestandsmeldung und den seither abgerechneten Exemplaren eine Differenz von 405 Stück offen war. Als dies dem Verleger vorgehalten wurde, bestätigte er die Differenz, meinte aber, die Differenz erkläre sich aus mehrfachen größeren *Geschenksendungen* an Bibliotheksschulen. Der Verfasser entgegnete, vereinbarungsgemäß seien nur die zur Werbung, zu Besprechungen und zu ähnlichen Zwecken verwendeten Exemplare nicht honorarpflichtig, so daß Geschenksendungen nicht dazugehörten. Das fand der Verleger unverständlich, weil mit solchen Geschenksendungen doch ein zukünftiger Markt eröffnet werde. Er wolle aber wenigstens 150 der 405 Exemplare honorieren. Der Verfasser replizierte, von einer Werbung für sein Buch könne angesichts des Rückfalls der Rechte an ihn wohl kaum gesprochen werden, stellte die 405 Exemplare in Rechnung und trat den Honorargegenwert an eine gemeinnützige Einrichtung des Buchwesens ab. Die Sache endete friedlich: Der Verlag zahlte in der angegebenen Weise das Resthonorar an jene Einrichtung, aber der bedauerliche Mißklang zwischen Verleger und Autor blieb.

Die Vervielfältigungs- und Verbreitungspflicht des Verlegers ist die heilige Kuh des Verlagsrechts. Sie muß vom Eise geholt werden, wenn sie sich dort unbefugterweise aufhält; denn mit diesem Credo steht und fällt unser ganzes Urhebervertragsrecht.

Verramschen und Makulieren

Viel einschneidender für die Interessen des Verfassers wie des Verlegers ist die *Verramschung,* also die Aufhebung des Ladenpreises und die Abgabe der Werkexemplare zu Preisen, wie sie sich am freien Markt durch Angebot und Nachfrage bilden, wobei auch der Wiederverkäufer in gleicher Weise den Preis frei bestimmen kann. Die Verramschung ist oft die ultima ratio, um das Lager des Verlegers von Ladenhütern zu räumen. Häufig setzt die Verramschung den Schlußpunkt unter ein Verlagsvertragsverhältnis. Zwingend notwendig ist dies allerdings nicht. Es ist auch durchaus denkbar, daß unter Fortsetzung des Vertragsverhältnisses die Partner übereinkamen, die gegenwärtig vorliegende, vielleicht unmodern ausgestattete oder inhaltlich z. T. überholte Auflage rasch abzustoßen, um Raum für eine verbesserte Neuauflage zu schaffen.

Das schon erwähnte Buchpreisbindungsgesetz erlaubt Verleger und Importeur, durch Veröffentlichung in geeigneter Weise die Preisbindung für Bücher zu beenden, die zu einer vor mindestens 18 Monaten hergestellten Druckauflage gehören. Eine kürzere Frist ist dann möglich, wenn Bücher in einem Abstand von weniger als 18 Monaten wiederkehrend erscheinen oder deren Inhalt mit dem Erreichen eines bestimmten Datums oder Ereignisses erheblich an Wert verliert; allerdings muß auch dann ein angemessener Zeitraum seit Erscheinen beachtet werden (§ 8 des Gesetzes).

Das Verlagsgesetz sagt über die Aufhebung des Ladenpreises nichts außer in den allgemeinen, bereits besprochenen Regeln zur Verpflichtung des Verlegers, das Werk in zweckentsprechender und üblicher Weise zu verbreiten, wozu zweifellos nicht der Vertrieb im Wege des Verramschens zu rechnen ist. In jedem Falle hat sich die Übung entwickelt und meist auch ihren Niederschlag in den Vertragsformularen gefunden, daß dem Verfasser rechtzeitig von der Absicht der Verramschung Kenntnis zu geben und ihm Gelegenheit zu bieten ist, die Restbestände selbst zu erwerben, um dadurch die Verramschung auf dem offenen Markt zu verhindern; erst wenn der Verfasser auf diese Mitteilung hin schweigt oder die Abnahme der angebotenen Restbestände nicht wünscht, soll der Verleger unbesorgt zur Verramschung übergehen können. Selbstverständlich darf die Verramschung nicht zur Unzeit erfolgen, sondern nur dann, wenn auf den normalen Vertriebswegen ein nennenswerter Absatz für das Werk nicht mehr zu erzielen ist.

Die noblere Form, ein ungängiges Werk verschwinden zu lassen, ist die Verwertung der Restbestände als Altpapier, das *Makulieren.* Diese Maßnahme ist üblicherweise dann zulässig, wenn keine Aussicht auf Absatz im normalen Wege mehr besteht und die Verramschung als unmöglich oder als untunlich erscheint. Aus gleichen Gründen billigt man auch dem Verleger das Recht zu, einen *Teil* des Restbestandes einer Auflage zu makulieren, wenn er nur genügend Bestände übrig behält, um den zu erwartenden sporadischen Bedarf im Laufe der Zeit noch decken zu können.

Über die Berechtigung zum Makulieren oder zum Verramschen hat es leider zwischen den Verlegern und den Autoren schon viel Streit gegeben. Niemand sieht es gern, daß sein Produkt, sein eigenes geistiges Kind, als Pfennigware verhökert oder in die Papiermühle gebracht wird. Außerdem wirken sich diese Maßnahmen natürlich auf das Absatzhonorar des Autors aus. Alles dies sind Gründe, die den Autor noch weit weniger mit Makulierung oder Verramschung befreunden als etwa den Verleger, der über die investierten Herstellungskosten hinaus auch noch ständig nicht geringe Lagergebühren für solche Restbestände bezahlen muß. Da die verlagsrechtliche Literatur sich nicht absolut einig ist und überdies eine obergerichtliche Rechtsprechung zu den speziellen Fragen immer noch fehlt, ist eine entsprechende ausreichende Regelung im Verlagsvertrag sehr wichtig. Mein schon mehrfach zitierter Verlagsvertrag mit dem Poeschel Verlag enthielt keine Bestimmung darüber; da ich in diesem Falle aber die Autorenseite vertrat, brauchte wenigstens ich keine Bedenken zu haben, diesen Vertrag zu akzeptieren. Vielleicht sollte man aber folgendes in das Vertragsformular aufnehmen:

Läßt der Absatz einer Auflage ... Jahre nach ihrem Erscheinen so nach, daß sich der Vertrieb nach Ermessen des Verlages nicht mehr lohnt, so ist dieser berechtigt, den Restvorrat zu verramschen bzw. ganz oder teilweise zu makulieren. An dem etwa zu erzielenden Verramschungserlös ist der Verfasser/nicht/ mit ... Prozent/zu beteiligen. Der Verlag wird von dieser Absicht den Verfasser vorher verständigen, um ihm zu ermöglichen, die Vorräte ganz oder teilweise selbst zu erwerben.

Die Vertragsnormen für wissenschaftliche Verlagswerke, vereinbart zwischen dem Börsenverein des Deutschen Buchhandels und dem Deutschen Hochschulverband am 24. 3. 2000, schlagen in § 15 folgende Regelung vor:

1. *Der Verlag darf die Restauflage der Druckausgabe und/oder der Datenträgerausgabe verramschen und/oder die Nutzervergütung im Falle der Online-Nutzung des Werkes beliebig herabsetzen, wenn der Verkauf bzw. die Online-Nutzung in zwei aufeinanderfolgenden Kalenderjahren unter ... Exemplaren bzw. ... Online-Abrufen pro Jahr gelegen hat. Zur Verramschung einer Restauflage der Druckausgabe ist der Verlag höchstens nach ... Jahren ab Erscheinen des Werkes berechtigt. Der Verfasser ist am Ramscherlös des Verlages aus dem Verkauf der Restauflage und/oder an der herabgesetzten Nutzervergütung je Abruf in prozentualer Höhe des normalen Auflagenhonorars beteiligt.*
2. *Erweist sich nach Ablauf der in Abs. 1 Satz 1 genannten Frist ein Verramschen und/oder eine Herabsetzung der Nutzervergütung als undurchführbar oder wirtschaftlich nicht sinnvoll, so darf der Verlag die jeweilige Restauflage ganz oder teilweise makulieren bzw. das zur Online-Nutzung bereitgehaltende Werk aus dem eigenen oder fremden Speichermedium, insbesondere einer Datenbank, löschen bzw. löschen lassen. Zu einer Teilmakulierung in einem der Absatzentwicklung der jeweiligen Restauflage angemessenen Umfang ist der Verlag jederzeit berechtigt.*
3. *Der Verlag ist verpflichtet, den Verfasser rechtzeitig vor einer Verramschung oder Makulierung der jeweiligen Restauflage und/oder vor einer Herabsetzung der Nutzervergütung oder vor der Löschung seiner diesbezüglichen Absicht zu unterrichten und ggf. dem Verfasser die zur Verramschung oder vollständigen Makulierung vorgesehenen Werkexemplare zum Ramschpreis bzw. bei Makulierung zum unentgeltlichen Erwerb ab Lager anzubieten. Wird das Werk makuliert oder aus dem Speichermedium gelöscht, so fallen die dem Verlag gemäß § 2 eingeräumten Nutzungsrechte insoweit an den Verfasser zurück. Der Vertrag endet jedoch nicht, falls der Verlag das Recht zu einer Neuauflage hat.*

Hier wird also trotz Verramschung oder Makulierung der Weg für eine Neuauflage in verbesserter Form freigehalten und die Entscheidung hierüber den Vertragspartnern überlassen. Richtig ist, anstelle einer unnötigen Feststellung des Erlöschens des Verlagsrechts dem

Verfasser einen Vergütungsanteil am Verramschungserlös zuzubilligen oder zu vereinbaren, daß eine Beteiligung des Autors an dem – meist ohnehin nur geringfügigen – Erlös entfalle. Will man sich auf eine Beteiligung am Erlös verstehen, dann bietet man dem Autor den gleichen Honorarsatz vom Ramschergebnis, wie er ihm vom verkauften Exemplar zugesagt gewesen war, oder einen angemessenen Teil hiervon, vielleicht die Hälfte.

Daß demgegenüber eine Beteiligung des Autors am Makulierungserlös in jedem Falle entfällt, ist selbstverständlich, aber offenbar nicht selbstverständlich genug, als daß hierüber nicht auch Streit möglich wäre. Daher kurz auch hierzu ein Wort: Der Autor hat, soweit es so vereinbart wurde, Anteil am Vertriebserlös seines Werkes. Die Verwertung des Buches als Altpapier aber ist kein Vertrieb. Nicht die geistige Substanz des Werkes wird – wie noch bei der Verramschung – mitverwertet, sondern allein der Rohstoff, an dessen Bereitstellung der Autor keinen Anteil hat.

Das Honorar

Mit dieser Betrachtung sind wir zwangsläufig bei derjenigen Bestimmung unseres Verlagsvertrages angelangt, die von den Verfassern verlagsrechtlicher Literatur zwar als typische Nebenabrede eines Verlagsvertrags bezeichnet wird (denn die Vereinbarung eines Autorenhonorares macht noch keinen Verlagsvertrag aus); es sind sich aber andererseits selbst die Fachautoren dieser Richtung über die wirtschaftliche Bedeutung eines derartigen Vertragspunktes durchaus einig.

Das hat frühzeitig schon die oberste Rechtsprechung erkannt. Sie stellte den Grundsatz auf, daß der Autor im Zweifel stets an dem wirtschaftlichen Erfolg seines Werkes teilhaben soll. Nach diesem Prinzip sollten also sämtliche Autorenverträge abgeschlossen und bereits abgeschlossene ausgelegt werden. Daher schützte das Urheberrecht den Autor auch in der Nutzung seines Werkes (§ 11 UrhG). Verträge, die das vereinbarte Honorar in einem groben Mißverhältnis zu dem wirtschaftlichen Erfolg des Werkes erscheinen ließen, mußten gegebenenfalls sogar zugunsten des Autors geändert werden; so war es in § 36 UrhG a. F. geregelt, und zwar unabdingbar, so daß der Ausschluß dieses Nachforderungsrechtes etwa im Verlagsvertrag unwirksam gewesen wäre.

Schien so alles einigermaßen in Ordnung und der Anspruch des Autors auf eine angemessene Vergütung gesichert, erinnerte sich der Gesetzgeber an das besondere Schutzbedürfnis des Urhebers und legte nochmals kräftig nach: Wir hatten schon gehört, daß dem persönlichkeitsrechtlichen Schutzbereich des Urhebers gleichberechtigt die Sicherung einer angemessenen Vergütung für die Nutzung des Werkes in § 11 UrhG hinzugesellt wurde. Diese Novelle zum Urheberrechtsgesetz vom 22. 3. 2002 muß uns an dieser Stelle noch beschäftigen:

Noch einmal betont § 32, daß der Urheber Anspruch auf die vertraglich vereinbarte Vergütung oder, wenn die Höhe nicht bestimmt ist, Honorar in angemessener Höhe zu erhalten habe. Stellt sich eine vereinbarte Vergütung als nicht angemessen heraus, dann kann der Urheber eine Einigung mit seinem Vertragspartner auf eine angemessene Vergütung verlangen. Diese liegt vor, wie § 32 Abs. 2 Satz 2 unmißverständlich definiert,

wenn sie im Zeitpunkt des Vertragsschlusses dem entspricht, was im Geschäftsverkehr nach Art und Umfang der eingeräumten Nutzungsmöglichkeit, insbesondere nach Dauer und Zeitpunkt der Nutzung, unter Berücksichtigung aller Umstände üblicher- und redlicherweise zu leisten ist.

Der mit seiner Vergütung nicht zufriedene Autor muß also beweisen, daß er im Zeitpunkt des Vertragsschlusses, möge der auch Jahrzehnte zurückliegen, eine keineswegs übliche und redliche Vergütung zuerkannt bekommen hatte. Der Gesetzgeber mag diese Probleme durchaus erkannt haben. Denn nach § 36 UrhG n. F. empfahl er die Aufstellung gemeinsamer Vergütungsregeln über die Angemessenheit von Vergütungen, und zwar durch Vereinigungen von Urhebern und Werknutzern. Dabei sollen diese Vergütungsregeln die Umstände des jeweiligen Regelungsbereichs berücksichtigen, insbesondere die Struktur und Größe der Verwerter. Dazu können die Parteien eine Schlichtungsstelle anrufen, die den Parteien einen begründeten Einigungsvorschlag unterbreitet, dem allerdings innerhalb von drei Monaten schriftlich widersprochen werden kann. Wie sich die Schlichtungsstelle zusammensetzen und zu verfahren hat, wird eigens in § 36a UrhG im einzelnen geregelt. Versuche zur Bildung solcher Gremien wurden schon unternommen. Das Bundesjustizministerium hat sich noch 2004 für eine gemeinsame Vergütungsregel zwischen belletristischen Autoren und Verlagen eingesetzt. Dabei wurde festgestellt, daß Vergütungen, die unterhalb der erörterten Vergütungsregeln liegen, keine angemessene Vergütungen nach § 32 UrhG seien*.

* Als erstes Ergebnis liegt eine am 5. 11. 2004 mit Vertretern der Autoren und der Verleger ausgehandelte Fassung gemeinsamer Vergütungsregeln für Autoren belletristischer Werke in deutscher Sprache vor. Die Mindestregeln sollen nicht anwendbar sein auf Verlagsverträge aus anderen Bereichen wie Sachbuch, Ratgeber, Lexika, Fachdbuch, Kinder- und Jugendbuch, Schul- und Lehrbuch sowie Hörbuch, weil in diesen Bereichen andere Bedingungen gelten. Dic Regeln sollen auch nicht für solche Fälle gelten, in denen die Veröffentlichung nicht aus verlegerischem Interesse erfolgt (z. B. bei Memoiren, privaten Familiengeschichten, Manuskripten unbekannter Autoren).

– Bei Hardcover-Ausgaben soll der Autor für den Normalfall ein Honorar von 10 % für jedes verkaufte, bezahlte und nicht remittierte Exemplar aus dem um die Mehrwertsteuer verminderten Ladenverkaufspreis (Nettoladenverkaufspreis) erhalten. Im Einzelfall kann die Beteiligung auch 8 bis 10 % betragen, wenn Struktur und Größe des Verwerters dies bedingen, eine mutmaßlich geringe Verkaufserwartung und nur eine beschränkte Möglichkeit der Rechteverwertung besteht; dies kann auch bei Vorliegen eines Erstlingswerks gelten oder bei einem außergewöhnlichen Lektoratsaufwand, bei der Notwendigkeit umfangreicher Lizenzeinholung, bei bestimmten Entstehungs- und Marktbedingungen bzw. wenn ein niedriger Endverkaufspreis maßgeblich ist. In außergewöhnlichen Ausnahmefällen ist auch eine Beteiligung unter 8 % angemessen, z. B. bei besonders hohem Aufwand für Herstellung, Werbung, Marketing, Vertrieb oder soweit es sich um wissenschaftliche Gesamtausgaben handelt. In Fällen großen Verkaufserfolgs soll die Ausgangsvergütung mit einer ansteigenden Vergütungsstaffel verknüpft werden, wobei Sonderausgaben ausgenommen sein sollen.
– Soweit der Verlag selbst Taschenbuchausgaben veranstaltet, sind Beteiligungen bei Auflagen bis 20.000 Exemplaren mit 5 % am Nettoladenverkaufspreis angemessen, ab 20.000 mit 6 %, ab 40.000 mit 7 % und ab 100.000 mit 8 %. Bei verlagseigenen Sonderausgaben mit einem Verkaufspreis von mindestens einem Drittel unter dem Verkaufspreis der Normalausgabe sollen 5 % vom Nettoladenpreis angemessen sein, ab 40.000 Exemplaren in Höhe von 6 %.
– Der aus der Vergabe von Nebenrechten erzielte Erlös soll mit 60 % bei buchfernen Nebenrechten (insbesondere Medien- und Bühnenrechten) und mit 50 % bei buchnahen Nebenrechten (z. B. Übersetzung, Hörbuch) dem Autor zukommen. Über eigenverwertete Nebenrechte sollen sich die Vertragsparteien gesondert verständigen.

„Gemeinsame Vergütungsregeln“ können nur für gleichgelagerte Fälle gefunden werden. Solche aber sind nicht so häufig, wie der Gesetzgeber erwartet hatte. Es wird also noch eine geraume Zeit auf die Verhältnisse im Zeitpunkt des Vertragsabschlusses, auf die Art und den Umfang der Nutzung und besonders auf die Umstände der Verwertung, die Üblichkeit und Redlichkeit der Geschäftsbeziehungen zwischen Urheber und Nutzer ankommen.

Natürlich gibt es zahlreiche Möglichkeiten zur Honorierung einer Verfassertätigkeit. Theoretisch könnte das Entgelt ebenso eine Geld- wie eine Naturalleistung sein; es könnte für die Anzahl der Seiten, der Zeilen oder meinethalben auch der Buchstaben eines Buches gezahlt werden. Besonders freigebige Verleger mögen vielleicht sogar eine Lebensrente ihren Autoren aussetzen. Die gebräuchlichen Honorierungsformen, die uns hier hauptsächlich interessieren, sind jedoch nach wie vor das Prozenthonorar, das Stückhonorar und das Bogenhonorar.

Die prozentuale Absatzvergütung

Von diesen Honorierungsarten überwiegt, wie auch jene Vergütungsregelung zeigt, das Honorar in Prozenten vom Ladenpreis des verkauften Exemplars (bei Einschluß der Mehrwertsteuer). Der Vorteil liegt auf der Hand: Ist das Werk gut verkäuflich, dann erhält der Autor den ihm gebührenden Lohn. Verkauft es sich schlecht oder gar nicht, dann kann der Verleger wenigstens hier sparen, nachdem er den Papiermacher und den Buchdrucker oder die sonstigen Lieferanten bereits hundertprozentig honorieren mußte. Die Höhe des Prozent-

---

- Der Autor soll auf seine Honoraransprüche einen Vorschuß erhalten, es sei denn, daß dies den Umständen (z. B. Strukturengröße des Verwerters) nicht entspricht.
- Abrechnungen sollen zum Jahresende binnen weiterer drei Monate erfolgen. Der Autor kann bei beachtlichem Guthaben (2.000,– Euro und mehr) Abschlagszahlungen zum 30. 6. verlangen.
- Der Autor ist auf Verlangen des Verlages verpflichtet, die Rechte an sämtlichen zukünftig entstehenden neuen Nutzungsarten gegen entsprechende Erlösbeteiligung gemäß der wirtschaftlichen Entwicklung solcher neuen Nutzungen einzuräumen.
- Eine derartige Absprache soll mit einer Frist von sechs Monaten zum Ende eines Jahres gekündigt werden können, erstmals zum 31. 12. 2006.

honorares ist nach Sparten unterschiedlich. Die Abhängigkeit der Auflagenhöhe vom Ladenpreis und umgekehrt auf Grund des verständlichen Bestrebens des Verlages, die Kosten pro Stück nicht nur durch eine Auflagensteigerung sondern auch absolut zu senken, führte dazu, daß Werke mit üblicherweise hoher Auflage die niedrigsten Honorare pro Exemplar abzuwerfen pflegen. Von derartigen Fällen abgesehen, aber auch von solchen, bei denen dem Autorennamen ein besonderes Gewicht zukommt, liegt auch heute noch der gute obere Durchschnitt bei dem Satz von 10 Prozent vom Ladenpreis des verkauften Exemplars.

Natürlich gibt es Stimmen insbesondere aus Autorenkreisen, die einen höheren Prozentsatz anstreben. Bemühungen von Verlegern zielen in die entgegengesetzte Richtung. Trotzdem hat sich der eben erwähnte Durchschnittssatz in der Praxis weithin durchgesetzt.

Manche Verlage gewähren gerne den Prozentsatz des Honorars vom broschierten Exemplar auch in solchen Fällen, in denen weit und breit von einer Broschur nichts zu sehen ist, das Buch vielmehr nur gebunden auf den Markt kommt. Bei umfangreichen Werken, besonders bei wissenschaftlicher Literatur und bei Fachbüchern dieses Volumens ist dies sogar die Regel und zwar aus gutem Grunde: Bei der meist verhältnismäßig niedrigen Auflage dieser Werke sind die Bindekosten pro Exemplar recht hoch. Sie würden natürlich noch höher, wären sie auch noch mit Autorenhonorar belastet. Dadurch könnte sich der Ladenpreis unnötig verteuern und vielleicht die Verkäuflichkeit des Werkes einschränken. Autoren meinen dann oft, daß es doch auf „die paar Pfennige" („nur 10% aus den Buchbinderkosten") nicht ankommen könne, übersehen dabei aber, daß die Erhöhung des Nettopreises eine progressive Steigerung des Ladenpreises zur Folge hat. 10% aus, sagen wir, € 10,- für Einbandkosten sind nämlich nicht € 1,- sondern € 2,- im Endeffekt bei einem Sortiment-Rabatt von 40%. Wer es nicht glaubt, mag es anhand der alten *de-Gruyterschen Formel* (Deutsche Verleger-Zeitung 1922, Nr. 1, S. 14) nachrechnen:

$$\frac{(\text{I} - \text{o,r})\,\text{A}}{\text{I} - \text{o,h} - \text{o,r}} = \text{N}$$

Dabei bedeutet A den ursprünglichen Ladenpreis, N den zu suchenden, durch das „Einband-Honorar" erhöhten neuen Ladenpreis, r den prozentualen Sortimentsrabatt und h die prozentuale Belastung mit dem zusätzlichen Honoraranteil an den Einbandkosten. Bei hohen Einbandkosten sind es also durchaus mehr als ein paar Pfennige. Die Sparmaßnahme ist auch deshalb gerechtfertigt, weil der Einband mit der honorarwürdigen geistigen Leistung des Autors recht wenig zu tun hat.

Auf der anderen Seite sollte man diese Honorarberechnungsbasis nicht ohne Grund strapazieren. Sind die Einbandkosten dank hoher Auflage gering pro Exemplar, so wählt man besser gleich den Ladenpreis als Berechnungsgrundlage. Denn der Streit um die richtige Bemessung des fiktiven Broschurpreises ist unerfreulich und möglicherweise auch kostspielig. Bei Massenauflagen ist der Einband ein fester Kalkulationsfaktor geworden wie das Autorenhonorar. Die Verleger dieser Literaturgattung gewähren daher in solchen Fällen oft das Honorar vom effektiven Ladenpreis, wie er im Katalog steht.

Nur in Ausnahmefällen empfiehlt sich die Berechnung des Honorars vom echten Verlagsumsatz. Der Verleger könnte sich im Streitfall u. U. veranlaßt sehen, gegenüber dem Verfasser alle Einzelheiten seines Umsatzes und seiner Rabattierung des betreffenden Buches kund zu tun und möglicherweise die gewählten Vertriebswege detailliert zu rechtfertigen.* Abgesehen davon hat der Verleger regelmäßig wegen der unterschiedlichen Bemessung seiner Abgabepreise kaum eine zuverlässige Kalkulationsgröße für das Autorenhonorar im Rahmen seiner Gesamtkalkulation. Auch das spricht gegen die Bemessung des Prozenthonorars von anderen Größen als von der des Ladenpreises.

Ich sagte schon, daß nicht das Exemplar schlechthin, also das hergestellte Exemplar, honoriert zu werden pflegt, sondern das verkaufte.

---

* Der Poeschel Verlag bemühte sich um eine Klärung (vgl. Fußnote auf S. 35) und fragte: *Warum? Umsatz ist Umsatz. Wie er zustande kommt, geht doch den Autor kaum etwas an, sofern die Zahlen richtig sind.*

Nun, hierzu lehrt die Praxis, daß durchaus nicht von jedem Verlag eine echte Erlösstatistik je Buchtitel geführt wird. Denn es ist sehr umständlich, genau zu registrieren, daß vom gleichen Titel eben eine Einzelbestellung zu 30% Rabatt und dann eine Partielieferung gemischt 10/11 = 40% Rabatt ausgeliefert wurde, daß der eine Buchhändler als Jahresabschlußkunde auch auf Einzelbestellungen erhöhten Rabatt erhält, während dies beim anderen trotz höher bestellter Stückzahl nicht der Fall zu sein braucht. Also ist Umsatz nicht gleich Umsatz. Aber zur ordnungsgemäßen Abrechnung gehört die ordnungsgemäße, jederzeit beweisbare Grundlage, die durchaus nicht regelmäßig zur Verfügung steht. Der Verlag ist zur Rechtfertigung seiner Abrechnungen über alle Einzelheiten auskunftspflichtig, soweit dies zumutbar ist!

Zweck und Ergebnis ist eine verständliche Risikoverteilung zwischen Verlag und Verfasser. Nichts ist freilich so klar, als daß es nicht Anlaß zu Streit geben könnte: Für den Juristen ist ein Buch schon dann verkauft, wenn die Partner des Kaufvertrages sich einerseits zur Hergabe der Kaufsache, andererseits zu deren Bezahlung *verpflichtet* haben, ohne daß einerseits das Buch geliefert und andererseits der Kaufpreis bezahlt wäre. Diese Vorgänge sind rechtlich ein neues, nämlich das *Erfüllungsgeschäft,* das aus abstrakten Übereignungshandlungen besteht. Danach wäre also die Honorarzahlungspflicht schon dann entstanden, wenn z. B. die Buchbestellung des Sortimenters beim Verleger eingegangen und angenommen worden ist. Bliebe der Besteller später den Kaufpreis schuldig, etwa weil er in Vermögensverfall gerät, dann trüge der Verleger allein den Verlust; der Verfasser hätte sein Honorar in diesem Falle bereits mit Recht erhalten oder könnte es rechtmäßig beanspruchen. Von erheblicher Bedeutung kann die Frage dann werden, wenn große Auflagenteile von einem Besteller, z. B. von einem Grossisten, fest abgenommen waren und die hieraus entstandene Forderung aus irgendeinem Grunde uneinbringlich wurde. Will man die Risikoverteilung konsequent durchführen, dann muß die Honorarzahlung vom *Eingang des Kaufpreises* beim Verlag abhängig gemacht werden. Der Verfasser erhält dann seinen Honorarsatz nicht mehr vom verkauften, sondern nur vom verkauften und bezahlten Exemplar. Dadurch entstehen allerdings neue organisatorische Anforderungen, denn es wird insbesondere bei Kontokorrentkonten, die den Bestellern eingeräumt wurden, keineswegs immer möglich sein, eine eingegangene Zahlung einer bestimmten, durch die Auslieferung gerade des Buches X entstandenen Forderung zuzurechnen.

Honorarabrechnung

Aus den allgemeinen Gesichtspunkten von Treu und Glauben ergibt sich der Rechtssatz, daß man zur wahrheitsgemäßen Auskunft über eigene Umstände verpflichtet ist, die den anderen Teil in den Stand versetzen, seine Ansprüche im einzelnen zu begründen. Daher versteht es sich von selbst, daß bei Vereinbarung eines prozentualen (oder auch stückmäßigen) Absatzhonorars der Verleger innerhalb bestimmter Zeiträume zur *Rechnungslegung* gegenüber dem Verfasser verpflichtet ist. Das Gesetz (§ 24 VerlG) wie auch die meisten Verlagsvertragsformulare regeln die jährliche Abrechnung.

Der Gesetzgeber muß sehr tief in die Seele des Autors geblickt haben, wo stets im stillen der unausgesprochene Zweifel an der Richtigkeit der Verlagsabrechnung glimmt, denn er sah auch die *Prüfung der Geschäftsbücher* des Verlages durch den Verfasser insoweit vor, als dies zur Kontrolle der Richtigkeit der Abrechnung notwendig ist. Nun sind die Geschäftsvorfälle, die einen Honoraranspruch des Verfassers beeinflussen, häufig recht vielfältig, und dementsprechend sind auch die Aufzeichnungen umfangreich und weitläufig. Meist sind die sich auf den Verkauf eines Werkes beziehenden Aufzeichnungen auch gar nicht von denen anderer Werke oder ganz anderer Geschäftsvorgänge zu trennen, so daß eine Einsichtnahme in die Geschäftsbücher schon fast einer Betriebsspionage gleichkäme. Oftmals fehlen aber auch den Autoren die für eine Buchprüfung erforderlichen Kenntnisse und Erfahrungen. Darum schließen die Verlagsvertragsformulare fast regelmäßig das selbständige Einsichts- und Prüfungsrecht des Verfassers aus und schreiben die Vornahme dieser Tätigkeit durch eine neutrale, zur Geheimhaltung verpflichtete Person vor. Zugleich wird meist die Frage nach der Pflicht zur Tragung dieser Prüfungskosten eindeutig und nicht ungeschickt durch Wahl einer wirtschaftlichen Bremse beantwortet, wie dies übrigens auch in meinem Verlagsvertrag mit dem Poeschel Verlag zu lesen stand:

Der Verfasser ist nicht zur Einsichtnahme in die Bücher des Verlegers befugt, kann aber verlangen, daß die Angaben des Verlegers durch Bescheinigung eines vereidigten Bücherrevisors oder eines Buchsachverständigen glaubhaft gemacht werden.

Die Kosten der Revision hat, wenn der Revisionsbericht die Behauptungen des Verlegers bestätigt, der Verfasser zu tragen, sonst der Verleger.

Stückhonorar

erhält der Autor als bestimmten Betrag für jedes hergestellte oder verkaufte Exemplar; Multiplikator ist also die hergestellte oder abgesetzte Auflage.

Das *Stückhonorar vom hergestellten* Exemplar wird man dort vereinbaren, wo bei Vertragsabschluß die Auflagenhöhe und der Ladenpreis im wesentlichen feststehen und der Autor auf eine bestimmte Honorarsumme für sein Werk reflektiert. Diese Honorierungsform nähert sich also dem Pauschalhonorar pro Auflage. Die Auszahlung des Stückhonorars vom hergestellten Exemplar wird häufig dem Schicksal der zu honorierenden Auflage angepaßt, z. B. so, daß ein Drittel beim Erscheinen, ein weiteres Drittel nach Verkauf der ersten Auflagenhälfte und der Rest bei Ausverkauf der Auflage vergütet werden.

Das Stückhonorar vom *verkauften* Exemplar ist mehr der prozentualen Absatzvergütung verwandt und wird auch dementsprechend in bestimmten zeitlichen Abständen abgerechnet.

Allen Stückhonoraren ist eine gewisse Starrheit eigen, die zum Nachteil des einen oder des anderen Partners ausschlagen kann: Muß später der Ladenpreis wesentlich verändert werden, dann zahlt entweder der Verleger oder der Autor drauf. Ist aber der Autor der Benachteiligte, müßte er die Unangemessenheit der Vergütung, notfalls verbindliche gemeinsame Vergütungsregeln darlegen, wie wir sie im Zusammenhang mit den §§ 32, 36 UrhG schon erwähnt hatten. Ärger gibt es dann aber in jedem Falle. Dies mag der Grund dafür sein, daß Stückhonorare nur noch selten vereinbart werden.

Das Bogenhonorar

vergütet nur den Umfang der geleisteten Arbeit im gedruckten Werk, unabhängig von Ladenpreis, Auflagenhöhe und Auflagenzahl. Hauptanwendungsgebiet ist das wissenschaftliche Sammelwerk, das Beiträge verschiedener Autoren enthält. Der vom Herausgeber aufgestellte Plan legt den Umfang des Bandes fest, so daß der Verleger einigermaßen sicher vorauskalkulieren und auch den Honoraretat festlegen kann. Gesamthonorar abzüglich Herausgebervergütung geteilt durch Bogenzahl ergibt dann das Bogenhonorar für den einzelnen Mitarbeiter. Viel Gesprächsstoff bietet also diese Honorierungsmethode nicht. Mißverständnisse können aber dann auftauchen, wenn der eine Teil von einem 32seitigen, der andere von einem 16seitigen Druckbogen ausgeht und wenn bei Vertragsabschluß keine genauen Vorstellungen über das vorgesehene Seitenformat, über Satzspiegel, Schriftgrad und Durchschuß bestehen. Hat sich der Verleger das Verlagsrecht für mehrere Auflagen einräumen lassen und sich das Recht zur Bestimmung der jeweiligen Auflagenhöhe vorbehalten, dann gilt das einmal gezahlte Bogenhonorar meist auch etwaige weitere Auflagen ab. Dies ist mitunter in solchen Fällen gerechtfertigt, in denen die erste Auflage zunächst hohe Investitionen erfordert, die erst in späteren Auflagen ausgeglichen werden können. In anderen Fällen könnte eine solche einmalige Abfindung für die Überlassung beinahe unbeschränkter Verlagsrechte Nachforderungen auslösen oder im Extremfall wegen möglicher Sittenwidrigkeit den rechtlichen Bestand des Vertrages gefährden.

Was für das Bogenhonorar ausgeführt wurde, gilt sinngemäß auch für *Seiten- oder Zeilenhonorare,* wie sie besonders bei der Vergütung von Zeitungs- oder Zeitschriftenbeiträgen häufig sind.

Pauschalhonorar

Bei kleineren Werken, deren Verbreitungsbereich voraussichtlich gering ist, hält man sich mitunter nicht mit der Rechnung nach Stücken oder Bogen auf, sondern honoriert pauschal die einmalige Auflage, mehrere Auflagen oder alle. Unter Umständen kommt auch die Einräumung sämtlicher Nutzungsrechte gegen Pauschalvergütung in Betracht, meist bei Hilfsarbeiten o. ä. Es herrscht das Prinzip des „Do ut des" – Hier die Ware, dort das Geld – ein Umstand allein schon, der diese Honorierungsform auf Ausnahmen beschränkt.

Gewinnbeteiligung

Fast ungebräuchlich aber ist – zum Glück – die Vereinbarung eines Honoraranteiles am Reingewinn aus dem Vertrieb des vertragsgegenständlichen Werkes. Trotzdem sollen einige warnende Zeilen darauf verwendet werden. Zunächst einmal besteht die Gefahr, daß die Finanzämter einen solchen Verlagsvertrag als Gesellschaftsvertrag werten und die an den Verfasser gezahlten Vergütungen als Gewinnausschüttung und nicht als abzugsfähige Geschäftsunkosten betrachten. Gewarnt werden muß davor aber auch, weil die Ermittlung des Reingewinnes eines Buches zu einer Kette von Streitigkeiten führen kann; denn der Abrechnende wünscht naheliegenderweise auch seine allgemeinen Kosten umzulegen, an denen der Abrechnungsempfänger stets hinreichende Gelegenheit zur Kritik findet. Dabei muß man gar nicht an den tatsächlich einmal eingetretenen Fall denken, in dem ein Verleger mit eigener Druckerei das Buch in zwei Auflagen unter seinen Gestehungskosten, also mit Verlust, verkaufte; der arme Autor wäre trotz des im Vertrag vereinbarten „märchenhaften" Prozentsatzes völlig leer ausgegangen, hätte er nicht im Prozeß gutachtlich beweisen können, in welcher Höhe der Verleger einen teilbaren Gewinn hätte erzielen können, wenn seine Verlagskalkulation schuldhaft nicht zu einem zu niedrigen und seine interne Druckrechnung nicht zu einem vergleichsweise zu hohen Preis gekommen wäre.

Ende der Honorierungspflicht

In manchen Verlagsverträgen findet sich auch die Klausel:

Beträgt in drei aufeinanderfolgenden Jahren der Absatz weniger als je 5 Exemplare, so entfällt von da ab die Verpflichtung des Verlages zu weiteren Abrechnungen.

Zweck dieser Bestimmung ist, den Verlag von „Fehlmeldungen" zu entlasten, mit denen ein bösartiger Autor ganz beachtliche Schikanen bereiten kann. Zweifellos ist aber nicht damit das Rezept gegeben, um eine Honorierungspflicht herumzukommen, indem man drei Jahre lang auf der Stelle tritt und erst anschließend mit dem Vertrieb beginnt. Das wäre eine arge Vertragsverletzung und wohl auch strafrechtlich bedenklich. Kein Verleger aber wird sich auch nur dem Anschein eines derartigen Verdachtes aussetzen und daher eher folgende vermittelnde Formulierung verwenden:

Beträgt in drei aufeinanderfolgen Jahren der Absatz weniger als je 5 Exemplare, so kann der Verlag von da ab für die Zeitdauer, in der sich der Absatz nicht bessert, von weiteren Abrechnungen absehen. Auf Verlangen des Verfassers muß jedoch der Verlag nach Ablauf von jeweils drei weiteren Jahren Abrechnung erteilen und angefallenes Honorar auszahlen.

Freiexemplare

Keine Schwierigkeiten bereitet in der Regel bei Abschluß eines Verlagsvertrages die Festlegung der dem Verfasser zukommenden

Freiexemplare, zumal auch das Gesetz (§ 25 VerlG) eine durchaus praktikable Lösung vorsieht: 1% der Auflage, jedoch nicht weniger als 5 und nicht mehr als 15 Exemplare, dazu noch, auf besonderes Verlangen des Autors, ein Stück in Aushängebogen. Diese aus dem früheren buchhändlerischen Meßverkehr überkommenen „Aushänger", die der Autor sofort nach der Drucklegung unaufgebunden erhalten soll, gestatten dem Verfasser eine erste Kontrolle des Druckausfalls und der Bogenfolge, so daß er noch Korrekturhinweise, gegebenenfalls für ein einzulegendes Berichtigungsblatt, geben kann. Früher wurden solche Rohbogen vom Verfasser auch zur Herstellung einheitlicher Einbände seiner eigenen Werke verwendet.

Bei Mehrbedarf kann der Verfasser sein Buch mit Höchstrabatt vom Verlag kaufen (§ 26 VerlG). Probleme können eigentlich nur bei der Verwendung dieser Frei- und Vorzugsexemplare des Verfassers entstehen, nämlich dann, wenn der Verfasser dazu übergehen sollte, diese Exemplare seinerseits zu verkaufen, vielleicht sogar billiger als zum Ladenpreis.

Der Verkauf unter dem Ladenpreis – um das letzte zuerst zu besprechen – wäre eine Verletzung des Verlagsvertrages und des hierdurch begründeten Verhältnisses von Treu und Glauben, denn, wie schon erörtert, die Bestimmung des Ladenpreises steht für jede Auflage dem Verleger zu (§ 21 VerlG); der Verfasser, in diesem Falle als Abnehmer des Verlegers und als Vertragspartner aus dem Verlagsvertrag, darf diese Ladenpreisfestsetzung nicht durch eigene Handlungen desavouieren. Die Frage ist mehr, ob der Verfasser zum Verkauf selbst, in Sonderheit zum geschäftsmäßigen oder gar gewerbsmäßigen Verkauf seines Buches berechtigt ist oder ob er dadurch etwa das dem Verleger überlassene ausschließliche Verbreitungsrecht verletzt.

Wie in einem Teil des Fachschrifttums zu lesen steht, erschöpft sich das ausschließliche Verbreitungsrecht des Verlegers mit dem von ihm selbst vollzogenen Verbreitungsvorgang; ob nun vom Verlag an den Buchhändler oder an den Autor geliefert wurde, sei gleich. Der Verleger habe also in keinem Falle mehr ein Recht, auf den weiteren Vertrieb des Werkes Einfluß zu nehmen. Folglich müsse auch der Autor in der geschäftsmäßigen Verbreitung seiner Frei- und Vorzugsexemplare unbeschränkt sein. Ich kann diese Ansicht nicht teilen, weil die Überlassung der Frei- und Vorzugsexemplare zu Beleg- und Widmungszwecken und nicht zum Zwecke der geschäftsmäßigen oder gar gewerbsmäßigen Verbreitung vereinbart wird und – ganz anders als etwa zwischen Verleger und Buchhändler – gerade nicht die Weiterveräußerung der unmittelbare Vertragszweck ist.

Um so mehr aber ist eine eindeutige Regelung im Verlagsvertrag zu empfehlen, etwa dahingehend, daß der Verfasser die Frei- und Vorzugsexemplare nicht verkaufen dürfe. Ergibt sich gelegentlich aber die Notwendigkeit, dem Verfasser ein Verkaufsrecht zu überlassen – etwa dann, wenn er selbst am Vertrieb teilnimmt oder zur Vermeidung einer Verramschung die gesamten Restbestände aufkaufte (siehe Seite 44) –, so dürfte ohnehin unschwer eine ergänzende Vereinbarung mit dem Verlag zu treffen sein, wenn nicht allein schon die Umstände eines solchen Aufkaufs durch den Verfasser Rückschlüsse auf den geänderten beiderseitigen Vereinbarungswillen zulassen.

Konkurrenzverbot

Eine häufige Quelle von Debatten bei Abschlüssen von Verlagsverträgen ist die sogenannte Konkurrenzklausel, ein Relikt, dessen wirkliche Daseinsberechtigung von Fall zu Fall überprüft werden sollte. Auch der Poeschel Verlag hatte eine solche Konkurrenzklausel in seinen gedruckten Vertragsmustern:

Der Verfasser verpflichtet sich, während der Dauer des Vertrages kein gleichartiges oder ähnliches Werk in einem anderen Verlag zu veröffentlichen und an keinem anderen derartigen Werk direkt oder indirekt mitzuwirken.

Die Auslegung des Begriffes „gleichartiges oder ähnliches Werk" läßt in jedem einzelnen Falle jede Meinungsverschiedenheit zu, und man wird kaum aus einem eindeutig hierunter zu subsumierenden Fall gültige Rückschlüsse auf andere Fälle ziehen können. Was gleichartig oder ähnlich im Sinne dieser Vertragsbestimmung ist, entscheidet also in Wirklichkeit weder der Verlag noch der Verfasser, sondern das jeweilige Gericht letzter Instanz. Eine solche Vertragsbestimmung aber ist schlecht. Vielleicht kennt der eine oder andere Leser mein Buch „Der Verlagsvertrag" (bald in 8. Auflage bei C. H. Beck; 1. Auflage 1948, 2. Auflage 1951 bei Bucharchiv München). Man kann nicht bestreiten, daß dessen Thematik zum mindesten mit dem gegenwärtigen Kapitel dieses Büchleins gleichartig ist. Vielleicht findet sich auch jemand, der Ähnlichkeiten zwischen dem vorliegenden Büchlein und dem „Verlagsvertrag" feststellt. Hätte ich die eben zitierte Vertragsbestimmung akzeptiert, dann wäre sie möglicherweise durch die Veröffentlichung weiterer Auflagen meines „Verlagsvertrag" verletzt. Dabei sind beide Schriften in Anlage, Inhalt und Zweckbestimmung so grundverschieden, daß man ernsthaft nicht davon sprechen könnte, das eine Buch würde das andere ersetzen. Wo also wäre die Grenze?

Der Poeschel Verlag war auf meine Gegenvorstellungen so freundlich, in die ersatzlose Streichung dieser Konkurrenzklausel einzuwilligen. Man sollte öfter auf die problematische Regelung verzichten, zumal die Rechtslage den vom Verleger erstrebten Schutz ohnehin gewährt*.

---

* Gegen diese Feststellungen protestierte der Poeschel Verlag sehr entschieden im Rahmen unserer Diskussion über die endgültige Formulierung meines Manuskriptes (vgl. die Anmerkung auf S. 36):

Keinesfalls ist eine solche Konkurrenzklausel schlecht. Sie ist stets Anlaß, daß Autor und Verlag sich über ‚gleichartige' Pläne verständigen, bevor der Autor an anderer Stelle seine Mitarbeit zusagt; immer gab es eine Verständigung und eben darin sehen wir das Positive dieses Paragraphen. Vorbeugen ist besser als hinterher prozessieren.

Aus dieser Überlegung heraus könnte auch nur der frühere Verlagsvertrag über Ihre Broschüre verletzt werden, falls dieser Vertrag eine solche Konkurrenzklausel enthält. Ihr mit Poeschel geschlossener Vertrag wird dadurch ja in keiner Weise verletzt. Aber wenn Sie nächstes Jahr für einen anderen Verlag ein gleichartiges Büchlein schrieben, so wäre das, wenn es ohne Rückfrage geschähe, eine Vertragsverletzung.

Die nicht von Gesichtspunkten rechtlicher Art, sondern von Zweckmäßigkeitsüberlegungen getragene Auffassung des Verlages ist ohne Zweifel beachtlich. Wenn das Positive deutlich die von mir hier hervorgehobenen denkbaren Rechtsnachteile aufwiegt, wenn die Verständigung immer so vernünftig gehandhabt wird, dann mag die Konkurrenzklausel ohne Sorge weiter verwendet werden; sie ist dann mindestens unschädlich, vielleicht sogar recht nützlich. – Widersprochen werden muß aber der weiteren Auffassung des Verlags, wonach früher bereits mit einem anderen Verlag abgeschlossene Verlagsverträge bei Vereinbarung einer Konkurrenzklausel stets außer Betracht blieben. Wie in meinem vom Verlag zitierten Fall wird es häufig sein, daß der Autor im Verlag seines ersten Werkes künftig eine vielleicht nicht unerheblich bearbeitete Neuauflage herausbringen und dadurch eine Tätigkeit entfalten wird, die sehr wohl gegen die Konkurrenzklausel verstoßen könnte, wenn sie nicht in weiser Voraussicht erst gar nicht vereinbart worden wäre …

Der Exkurs war offensichtlich für beide Teile lehrreich!

Nach § 2 VerlG hat sich der Verfasser während der Dauer des Vertragsverhältnisses jeder Vervielfältigung und Verbreitung des Werkes, aber auch einer Bearbeitung zu enthalten, wie sie einem Dritten während der Dauer des Urheberrechts untersagt ist. Da der Verleger mit dem Verlagsrecht das ausschließliche Nutzungsrecht zur Vervielfältigung und Verbreitung des Werkes erhalten soll, versteht sich diese Enthaltungspflicht des Verfassers auf der anderen Seite von selbst. Darum könnte es nicht Rechtens sein, durch Bearbeitung des dem Verleger überlassenen Werkes ein scheinbar neues Werk zu schaffen und über dieses nun neuerdings zu verfügen. Somit ist es bereits gesetzlich untersagt, das gleiche Werk oder eine Bearbeitung desselben in einem anderen Verlag zu veröffentlichen. Hinzu kommt, daß ein Verlagsvertrag wie kaum ein anderes Vertragsverhältnis in besonders starkem Maße ein echtes und enges Vertrauensverhältnis schaffen soll, das sehr stark unter den ausgleichenden Regeln von Treu und Glauben steht. Winkelzüge, die gerade noch den Buchstaben von Gesetz oder Vertrag erfüllen, würden dem Inhalt des Vertragsverhältnisses widersprechen. Dazu würde es auch gehören, wenn ein Verfasser in einem anderen Verlag ein ausgesprochenes Konkurrenzwerk veröffentlicht, das dem im ersten Verlag erschienenen Werk die Absatzchancen merklich beschneidet. Hier läge eine gravierende Beeinträchtigung des Verbreitungsrechtes des Verlags vor; der Verfasser könnte aller Voraussicht nach mit Erfolg belangt werden, auch ohne Konkurrenzklausel im Verlagsvertrag.

Eine solche Klausel kann u. U. noch eine besondere Unannehmlichkeit enthalten: Unser Recht (§ 139 BGB) steht auf dem Standpunkt, daß z. B. ein ganzer Vertrag dann nichtig ist, wenn ein wesentlicher Teil des Vertrags nichtig ist. Wäre z. B. die Wettbewerbsklausel eines Verlagsvertrages nichtig, so wäre im Extremfall von der Nichtigkeit des gesamten Verlagsvertrages auszugehen. Die Rechtslage wäre so, als wäre zwischen den Vertragspartnern niemals ein Vertrag zustande gekommen; den Verleger träfe keine Verpflichtung zur Vervielfältigung, Verbreitung, Honorarzahlung usw., während der Verfasser in der Verwendung seines Werkes frei wäre. Bereits fertiggestellte Exemplare wären unautorisiert und dürften im Verhältnis des Verlegers zum Verfasser nicht einmal vertrieben werden. Reichsgericht, wiederholt auch der Bundesgerichtshof, dann auch das Bundesverfassungsgericht, haben erhebliche Bedenken gegen Vertragsklauseln erhoben, die einem Vertragspartner insbesondere in wirtschaftlich schwacher Position übermäßige Fesseln auferlegen. Im Normalfall wird es wohl nicht zu derartigen Exzessen kommen. Schon § 139 BGB läßt die Nichtigkeit nur dann zu, wenn nicht anzunehmen ist, daß der Vertrag auch ohne den nichtigen Teil abgeschlossen sein würde. Als Notanker steht die Umdeutung nach § 140 BGB zur Verfügung: Entspricht ein nichtiges Rechtsgeschäft den Erfordernissen eines anderen Rechtsgeschäfts, so gilt das letztere, wenn anzunehmen ist, daß dessen Geltung bei Kenntnis der Nichtigkeit gewollt sein würde. Fast schon routinemäßig wird deshalb eine solche Umdeutungsabsprache als „Angstklausel" auch in die Verlagsverträge aufgenommen (vgl. S. 81).

Die Option

In ähnlicher Weise kann auch eine Optionsklausel dem Rechtsbestand eines Verlagsvertrages zum Verhängnis werden. Schon mit Urteil vom 14. 12. 1956 hatte der BGH festgestellt, daß folgende Optionsklausel gegen § 138 BGB verstoße und daher nichtig sei:

Es ist zwischen den Vertragschließenden vereinbart, daß der Verfasser neue Manuskripte zunächst dem X-Verlag anbietet.

Unter Würdigung des führenden Fachschrifttums wie auch der zwischen Verleger- und Autorenverbänden getroffenen Abkommen und Richtlinien hatte der BGH ausgeführt, daß eine einseitige Bindung des Autors durch eine für alle Zeiten und seine gesamte künftige schriftstellerische Produktion getroffene Optionsabrede dessen künstlerische und gewerbliche Freiheit in unzumutbarer Weise beschränke und daher in der Regel eine sittenwidrige Knebelung darstelle, es sei denn daß der Verlag für das ihm eingeräumte Optionsrecht eine angemessene Gegenleistung, auch in Gestalt der Übernahme eines außergewöhnlichen verlegerischen Risikos, biete. Wenn sich also ein Verleger die Möglichkeit sichern will, Verlagsrechte an künftigen Werken seines Vertragspartners zu erwerben, dann muß er im Vertrag hierfür eine unter anderen Umständen nicht vorgesehene Gegenleistung einsetzen, die den Verfasser günstiger als sonst stellt. Anderenfalls besteht Gefahr für das rechtliche Gefüge des Verlagsvertrages.

Gesamtausgaben und Sonderausgaben

Im Gegensatz zu diesen u. U. recht gefährlichen Klauseln findet sich häufig in den Verlagsverträgen eine ebenso harmlose wie überflüssige Bestimmung, über die mehr der Vollständigkeit halber etwas gesagt werden soll. Ich meine die Absprache über eine etwaige künftige *Gesamtausgabe,* also eine Ausgabe der „Gesammelten Werke" des Verfassers. Da heißt es z. B.:

In einer Ausgabe der gesammelten Werke des Verfassers darf dieses Werk erst 20 Jahre nach Ablauf des Kalenderjahres, in welchem das Werk erschienen ist, aufgenommen werden, es sei denn, daß das Verlagsrecht vorher an den Verfasser zurückfällt.

Zunächst sei bemerkt, daß diese Vertragsbestimmung fast wörtlich mit der gesetzlichen Regelung in § 2 Abs. 3 VerlG übereinstimmt und daß es sich im übrigen von selbst versteht, daß alle vertraglichen Verpflichtungen und Beschränkungen grundsätzlich mit Beendigung des Vertragsverhältnisses und damit zugleich mit dem Erlöschen des Verlagsrechtes in der Hand des Verlegers enden. Die hier zitierte Vertragsbestimmung ist also gewissermaßen ein weißer Quadratschimmel.

Welchen Zweck verfolgt nun aber diese gesetzliche und im Vertrag wiederholte Freistellung des Autors, trotz der Einräumung des ausschließlichen Vervielfältigungs- und Verbreitungsrechtes an den Verleger, das Werk schließlich doch noch anderweitig, wenn auch nur im Rahmen einer Gesamtausgabe, zu veröffentlichen?

Der Gesetzgeber wollte dem Verfasser die Möglichkeit bieten, nach Ablauf einer gewissen Sperrzeit die vielleicht zufällig bei verschiedenen Verlagen erschienenen Einzelwerke in einer Gesamtausgabe zusammenzufassen, ohne daß der Verfasser deswegen lange Verhandlungen mit den einzelnen Verlegern führen müsse; man hielt es auch für literarisch wertvoll, dem Schriftsteller selbst und nicht einem Epigonen die Herausgabe einer Gesamtausgabe zu ermöglichen; denn der Schöpfer der Werke könne, so meinte der Gesetzgeber, selbst am besten entscheiden, welches seiner Werke von solcher Bedeutung ist, um in „Gesammelte Werke" aufgenommen zu werden.

Aus diesen Gedanken ergibt sich auch schon, daß eine Gesamtausgabe keineswegs etwa nur eine Zusammenfassung *aller* Werke des gleichen Schriftstellers ist. Schon dann wird man mit Recht von einer Gesamtausgabe sprechen und ihr die Freiheiten der zitierten Gesetzes- und Vertragsbestimmung zubilligen müssen, wenn die darin veröffentlichten Werke eine – freilich literarisch repräsentative – *Auswahl* des Gesamtschaffens des Schriftstellers darstellen. Rechtsprechung und Schrifttum zu dieser Frage lassen sogar Auswahlen nach Werkgattungen zu und halten es für erlaubt, wenn der Verfasser nach Ablauf der Sperrfrist etwa je eine Gesamtausgabe seiner Dramen, eine andere seiner Novellen, eine dritte seiner Romane und eine vierte seiner Gedichte herausbringt. Nach meiner Ansicht wird es hier aber sehr auf den Einzelfall ankommen; denn in der Regel dürfte eine zu weit gehende Aufspaltung des Gesamtschaffens eines Schriftstellers in zahlreiche „Gesamtausgaben" nicht mehr dem Sinn und Zweck der Gesetzesbestimmung Rechnung tragen. Eine Ausnahmevorschrift ist stets eng auszulegen. Erst recht darf kein offensichtlicher Mißbrauch mit deren Anwendung getrieben werden.

Die Sperrfrist von 20 Jahren, von der wir sprachen, beginnt nach Ablauf des Kalenderjahres, in dem das Werk (beim Originalverleger) erschienen ist. *Ein Werk ist dann erschienen,* wenn es der Öffentlichkeit vom Berechtigten in genügender Anzahl angeboten oder in Verkehr gebracht wird (§ 6 Abs. 2 UrhG), also am Tage der Erstauslieferung. Die Verkehrsordnung im Buchhandel nach dem Stand vom 31. August 1989 bestätigt in § 1 Abs. 5, daß als Erscheinungstermin eines Werkes der Tag gilt, an dem der Verlag mit der Auslieferung beginnt. Vom Erscheinungstage ab rechnet man bis zum Ablauf des Kalenderjahres weiter und fügt nun die 20 Jahre oder – was ja rechtlich möglich ist – die vereinbarte Zeitspanne hinzu. Ein am 1. Oktober 1996 erschienenes Einzelwerk kann also am 1. Januar 2017 erstmalig in eine Gesamtausgabe aufgenommen werden, wenn nichts Gegenteiliges vereinbart wurde.

Für den Verleger einer Gesamtausgabe ist wichtig zu wissen, daß er zwar nicht gehindert ist, diese Gesamtausgabe in einzelnen Bänden oder auch in einzelnen Lieferungen nach und nach erscheinen zu lassen, daß er aber die Gesamtausgabe stets nur als Ganzes verkaufen darf. Er und der Autor der Gesamtausgabe müssen in jeder Hinsicht darauf bedacht nehmen, daß die Originalverleger der Einzelwerke keine unzuträglichen Nachteile durch das Erscheinen der Gesamtausgabe erleiden. Es wurde sogar schon verlangt, daß eine mehrbändige Gesamtausgabe nicht so gegliedert werden dürfe, daß je ein Einzelwerk einen Band der Gesamtausgabe füllt, da dann der betreffende Band der Gesamtausgabe allzusehr die Einzelausgabe des Originalverlages bedrängen könnte.

Daß der Verleger das Werk in der zweckentsprechenden und üblichen Weise zu vervielfältigen und zu verbreiten verpflichtet ist, sahen wir bereits. Daher versteht es sich von selbst, daß er von sich aus ohne entsprechende Vereinbarung mit dem Verfasser keine *Sonderausgabe* oder gar eine Gesamtausgabe durch Zusammenfassung der ihm eingeräumten Verlagsrechte an einzelnen Werken veranstalten darf. Andererseits kann der Verleger selbstverständlich wie jeder Dritte das Werk zum persönlichen Gebrauch heranziehen (§§ 53 ff. UrhG), in eigenen Veröffentlichungen zitieren (z. B. § 51 UrhG) oder sonst im Rahmen des gesetzlich Erlaubten frei benutzen (§ 24 UrhG) – vgl. hierzu auch das Kapitel „Genehmigungsfreie Benutzung des Werkes", unten S. 134 ff. – All dies sagt, obwohl es eigentlich nicht notwendig wäre, nochmals ausdrücklich § 4 VerlG. Eine ausdrückliche Regelung im Verlagsvertrag über diese Fragen ist also entbehrlich, es sei denn, die Vertragspartner wollen dem Verlag gerade solche weiteren Rechte zukommen lassen. Dann freilich bedarf es einer ausdrücklichen und detaillierten Vereinbarung.

Verlust des Manuskriptes

Wichtiger ist, aber häufig beim Abschluß von Verlagsverträgen übersehen wird die Bestimmung des § 33 VerlG, wonach der Verleger dem Verfasser die vereinbarte Vergütung auch dann zahlen muß, wenn das Manuskript nach der (am gesetzlichen oder vertraglichen Erfüllungsort zu bewirkenden) Ablieferung an den Verleger durch Zufall – also ohne daß Verleger oder Autor etwas dafür können – so unbrauchbar wird, daß es nicht mehr zur Vervielfältigung verwendet werden kann.

Diese Regelung, die den Verleger vom Zeitpunkt der Übernahme des Manuskriptes am Erfüllungsort an zugleich zum Versicherer des Autors gegen jeden Zufall macht, wird zweckmäßigerweise durch positive Vertragsbestimmungen entweder ausgeschlossen oder auf ein erträgliches Maß reduziert. Es empfiehlt sich, den Verfasser zu verpflichten, eine Zweitschrift des Manuskriptes sicher bei sich aufzubewahren und im Falle des Unterganges des Originals als Ersatz zur Verfügung zu stellen. Ohne weiteres ist nämlich der Verfasser nicht verpflichtet, eine Zweitschrift des Manuskriptes zurückzubehalten; tat er dies aber, wäre er zur Bereitstellung dieser Kopie im Falle der Vernichtung des Originals verpflichtet; dann steht der Verleger so, als wäre das Originalmanuskript nicht verlorengegangen. Er soll daher auch nach dem Willen des Gesetzgebers zur Vervielfältigung und Verbreitung eines solchen neuen Ersatzmanuskriptes verpflichtet sein.

Hatte der Verleger den Verlust des Manuskriptes nach der Ablieferung zu verantworten, oder ging der Verlust nach der Ablieferung auf den Verfasser zurück, ist der andere Teil so zu stellen, als wäre das schädigende Ereignis nicht eingetreten. In der Regel bedeutet dies Schadensersatzzahlung. Das Gesetz läßt aber hier auch noch vernünftigerweise die Ersatzlieferung eines neuen Manuskriptes zu – und zwar entweder gegen erneute Vergütung, wenn der Verleger das Ersatzmanuskript verlangt, oder ohne neue Vergütung, wenn der Verfasser die Ersatzlieferung kostenfrei vornimmt und hierfür den verbindlichen Rechtsanspruch gegen den Verleger auf Vervielfältigung und Verbreitung des Ersatzmanuskriptes erlangt. Unterbleibt die Ersatzlieferung hier wie da, werden beide Teile von der Verpflichtung zur Leistung frei.

Der moderne Autor wird sein Manuskript im Einvernehmen mit dem Verleger auf Diskette vorlegen und sich darauf verlassen, daß seine Festplatte im PC die Aufzeichnung für ihn zur jederzeitigen Wiederholung aufbewahrt – falls kein Virus die Daten beeinträchtigt oder der ungeschützte Datenbestand über Nacht einfach abstürzt. Und der moderne Verleger wird von der Diskette alsbald ein Duplikat fertigen oder eine Sicherungskopie ziehen, und das Duplikat für den Bedarfsfall in den Tresor legen. Natürlich stehen Autor und Verleger auch die Manuskriptsicherungen durch Ablichtung, Mikrofilm, E-mail o. ä. zur Verfügung. So ließe sich schon die Gefahr eines Manuskriptverlustes auf ein Minimum einschränken.

Rückgabe des Manuskriptes

Im engen Zusammenhang mit der Haftung für das Manuskript steht die Frage seiner Rückgabe nach Abschluß der Vervielfältigung.

Finanzbehörden haben sich sogar schon einmal den Kopf darüber zerbrochen, inwieweit Manuskripte eines Verlages zu dessen aufbewahrungspflichtigen Geschäftsunterlagen gehören und ob für die Dauer bestimmter Zeiträume die Aufbewahrung durch den Verlag verlangt werden solle. Dabei wurde allerdings übersehen, daß den Verlag im Zweifel eine Aufbewahrungspflicht deswegen nicht treffen kann, weil er nicht ohne weiteres ein Aufbewahrungsrecht hat. Der Abschluß eines Verlagsvertrages und die Überlassung des Manuskriptes an den Verleger zu Zwecken der Vervielfältigung und Verbreitung beinhaltet nämlich grundsätzlich nicht zugleich die Übertragung des Eigentums an dem Manuskript selbst. Dieses Eigentum verbleibt vielmehr regelmäßig beim Verfasser, der daher kraft dieser Rechtslage nach Abschluß der Vervielfältigungsarbeiten einen Herausgabeanspruch gegen den Verleger hat.

Nun ist in der Mehrzahl der Fälle das Manuskript weniger ansehnlich als das fertiggestellte Buch, so daß der Verfasser nicht immer sehr an der Rückgabe seines Manuskriptes interessiert sein muß. Weiter werden normale Manuskripte im Zuge der Herstellungsarbeiten recht stark mitgenommen, möglicherweise sogar zerlegt. Um nun den Verleger nicht zu überfordern, verpflichtet das Gesetz (§ 27 VerlG) den Verleger nur dann zur Zurückgabe des Manuskriptes nach Abschluß der Vervielfältigungsarbeiten, wenn der Verfasser sich vor Beginn der Vervielfältigung (sei es im Verlagsvertrag oder durch eine sonstige rechtzeitige Erklärung) die Rückgabe vorbehalten hat. Wurde ein solcher Vorbehalt erklärt, dann, so meint der Gesetzgeber, kann sich der Verleger darauf einrichten und auch bei der Herstellung entsprechende Vorsichtsmaßregeln treffen. Unterbleibt ein solcher Vorbehalt, dann kann der Verfasser die Rückgabe nicht verlangen.

Da jedoch dem Verfasser in der Regel nicht nur das Recht zur *Korrektur der Druckfahnen* (§ 20 VerlG) zusteht, er vielmehr regelmäßig im Verlagsvertrag hierzu sogar die Verpflichtung übernimmt, beantwortet sich die Frage der Rückgabe des Manuskriptes meist von selbst: Der Autor erhält ja neben der Korrekturfahne sein Manuskript zum Vergleich; oft genügt es, wenn er lediglich die korrigierten Druckfahnen zurücksendet und das Manuskript bei sich behält*.

---

* Dankenswerter Weise schrieb Poeschel auch zu diesem Punkt (vgl. Fußnote auf S. 36):

Da der Verfasser mit der Korrektur das Manuskript zurückerhält und die Korrektur mit dem ‚druckfertig' zum Verlag zurückkommt – wird da nicht diese ‚druck-

„Stempelgebühren"

Damit sind die wesentlichsten Überlegungen besprochen, die man beim Abschluß eines Verlagsvertrages anstellen sollte und die auch die meinen waren, als ich meine Unterschrift unter den Vertrag über das vorliegende Buch setzte. Es bleiben noch einige Nebenpunkte zu erörtern, die oft ohne große Überlegungen in die Verlagsverträge aufgenommen werden und über deren Bedeutung sich häufig beide Partner gar nicht im klaren sind:

Etwaige Stempelgebühren für diesen Vertrag trägt der Verleger ...,

steht z.B. immer noch in manchen Verlagsverträgen. Man fühlt sich von der Großzügigkeit seines Partners sichtlich überwältigt, wenn so etwas ohne Diskussion vom anderen übernommen wird.

Bei genauer Besichtigung stellt sich allerdings heraus, daß die Urkundensteuerpflicht (darum handelt es sich hier) bereits seit der Verordnung vom 20. August 1941, gültig ab 1. September 1941, aufgehoben wurde und bestimmt eine Wiedereinführung mit rückwirken-

---

fertige' Korrektur gleichsam zu einem neuen ‚Manuskript', das vielleicht sogar gegenüber dem ursprünglichen Manuskript andere Formulierungen enthält? Jedenfalls hebt der Verleger dieses ‚druckfertige' Exemplar sehr sorgfältig auf; denn dieses – nicht das ursprüngliche Manuskript – wird in Streitfällen heranzuziehen sein. Dazu sollte vielleicht noch etwas gesagt werden.

Dem komme ich gerne nach. Die Anmerkung zeigt zunächst, daß der Verleger in aller Regel das (ursprüngliche) Manuskript nicht benötigt, es unbesorgt also in der Hand des Autors belassen kann. Selbst wenn sich der Autor im Sinne des § 27 VerlG vor Beginn der Vervielfältigungsarbeiten die Rückgabe des Manuskriptes ausdrücklich vorbehalten hat, wird mit dessen Rückgabe der Verlag eines wichtigen Dokumentes, der imprimierten Korrekturen, nicht beraubt. Er behält ja in jedem Falle jene letzten Korrekturen. Der gesamte, zum Druck kommende Text ist darin vom Verfasser ausdrücklich genehmigt, auch insoweit als z. B. der Verlagslektor Änderungen am ursprünglichen Manuskript vorgenommen hatte. Deshalb dürfen Änderungen des imprimierten Textes ohne ausdrückliche Zustimmung des Autors grundsätzlich nicht mehr vorgenommen werden.

Die vom Autor druckreif erklärten Korrekturen werden nun allerdings nicht zum „neuen Manuskript", auf das etwa § 27 VerlG anwendbar würde. Auf dessen Rückgabe hat der Verfasser demnach keinen Anspruch. Dies ist auch ohne weiteres vertretbar. Denn der Autor erhält regelmäßig mindestens zwei Korrekturabzüge. Hat er in beiden Exemplaren seine Anmerkungen gleichlautend eingetragen, so verbleibt auch ihm ein Beweismittel, wenn er den einen Korrektursatz dem Verlag zurückgereicht hat. Jedenfalls stellt die letzte Korrektur des Autors die Genehmigung von Manuskriptabweichungen dar.

der Kraft, falls überhaupt, nicht zu erwarten ist. Es ist also unschädlich, diesen alten Zopf abzuschneiden und die sogenannte Stempelgebührentragungspflicht des Verlegers ersatzlos aus den Verlagsvertragsformularen zu streichen.

Erwerb des Copyright

Weiter steht in manchen Vertragsformularen:

Der Verleger soll das amerikanische Copyright nach pflichtmäßigem Ermessen, beziehungsweise nach Möglichkeiten erwerben.

Zum Verständnis ist ein kurzer Exkurs in das amerikanische Urheberrecht notwendig: In den Vereinigten Staaten wird ausländischen Werken nur dann *voller Prozeßschutz gegen Nachdruck, Übersetzung usw.* gewährt, wenn das Werk auf genau vorgeschriebenem Wege und unter Einhaltung bestimmter detaillierter Formvorschriften vom Copyright-Office an der Kongreßbibliothek, Washington, registriert wurde. Der Urheberberechtigte (Verfasser, Verleger oder Bevollmächtigter) muß auf einem für die Werkart jeweils verschiedenen Formular die Registrierung beim Copyright-Office beantragen, ein Exemplar des Werkes mitschicken und eine Registrierungsgebühr einzahlen; innerhalb des ersten Halbjahres seit dem Erscheinen des Werkes kann die Einzahlung der Gebühr erspart werden, wenn ein zweites Exemplar mitgeliefert wird. Veränderte Neuauflagen sind ebenfalls registrierungsbedürftig, da durch die Bearbeitung der vorausgegangenen Auflage neues schutzwürdiges Urheberrecht entstanden sein kann. Weiter ist unerläßlich, daß in das zu schützende Werk der *Copyright-Vermerk* an deutlich sichtbarer Stelle eingedruckt ist, sei es auf dem Titelblatt oder dessen Rückseite, auf dem Vorsatzblatt oder dessen Rückseite, bei Abbildungen, Drucken, Stichen usw. auf deren Rückseite. Dieser Vermerk muß nach Art. III des Welturheberrechtsabkommens aus dem Kennzeichen © in Verbindung mit dem *Namen des Urheberberechtigten* (Autor, Verleger, Bevollmächtigter usw.) und der *Jahreszahl der ersten Veröffentlichung* bestehen. Daher ist z. B. der Copyright-Vermerk für das vorliegende Büchlein auf der Rückseite des Titelblattes vorschriftsmäßig; er könnte aber auch – da natürlich ebensogut der Verfasser Copyright-Anmelder sein und -Inhaber werden kann – für die gegenwärtige Bearbeitung folgendermaßen lauten:

© Ludwig Delp München 2005

Sind alle diese Formvorschriften erfüllt, dann ist ordnungsgemäß im Sinne der Vertragsbestimmung das amerikanische Copyright erworben *und* die Verfolgung einer etwaigen Urheberrechtsverletzung in den USA ermöglicht.

Zwar hat das soeben schon erwähnte *Welturheberrechtsabkommen* angeblich die Anmeldeformalitäten wegfallen lassen, und in der Tat gilt ein Werk auch bereits in den USA als geschützt, wenn es nur den eben besprochenen Copyright-Vermerk trägt. Würde aber ein solches geschütztes Urheberrecht in den USA verletzt und sollte eine Rechtsverfolgung gegen den amerikanischen Rechtsverletzer eingeleitet werden, dann müßte zunächst die Registrierung – getreu nach dem alten formalistischen Vorbild – nachgewiesen werden; andernfalls könnte der gerichtliche Rechtsschutz des angeblich durch den Copyright-Vermerk allein schon geschützten Rechtes nicht gewährt werden. Darum bleibt es bis zur weiteren Änderung des amerikanischen Urheberrechtsgesetzes dabei, daß zum vollständigen Erwerb des amerikanischen Copyright einschließlich eines wirksamen Verfolgungsrechts die Antragstellung *und* die Registrierung gehören, wenn man nicht den etwas fatalistischen Standpunkt einnimmt, daß man sich Belegexemplar und Gebühr auch solange sparen kann, bis wirklich einmal ein vor amerikanischen Gerichten zu verfolgender Plagiatfall vorliegt. Denn – im Gegensatz zu früher – kann jetzt die Registrierung auch längere Zeit nach dem Erscheinen des Werkes nachgeholt werden.

Eines müssen sich Verfasser und Verlag noch genau vor Augen halten, wenn einer von beiden die Verantwortung für die Erlangung und Beibehaltung des amerikanischen Copyright im Vereinbarungswege übernimmt: Die Schutzfrist eines schon einmal erworbenen Copyright erlosch nach früherer Regelung nach dem Ablauf von 28 Jahren seit der Erstveröffentlichung des Werkes. Im 28. Jahr der Schutzfrist konnte ein Antrag auf Erneuerung des Copyright-Anspruches für eine zweite Schutzfrist von 28 Jahren gestellt werden, nun aber nicht etwa vom Verleger (auch wenn dieser die erste Schutzfrist für das Werk seinerzeit beantragt hatte), sondern nur durch den Urheber selbst, dessen Rechtsnachfolger oder dessen Bevollmächtigten. Wurde die Frist verstäumt, dann war eine Verlängerung des Schutzanspruches nicht mehr möglich.

Auch hierzu sind Änderungen in USA eingetreten; die Schutzfrist gilt nun für die Lebenszeit des Urhebers und 50 Jahre nach seinem Tode für Werke, die ab 1. 1. 1978 geschaffen worden sind. Für vorher entstandene Werke, die sich am 1. 1. 1978 noch in der ersten Schutzperiode von 28 Jahren befanden, besteht die Möglichkeit eines Erneuerungsantrags im letzten Jahr vor Ablauf dieser Zeitspanne; die Erneuerung wird für weitere 47 Jahre gewährt, so daß solche Werke eine Schutzfrist von insgesamt 75 Jahren ab der Erstveröffentlichung haben. Es gibt noch wesentlich komplizierteren Sonderregelungen für Werke, die zwischen 31. 12. 1976 und 31. 12. 1977 in der zweiten Schutzperiode standen, für die innerhalb dieses Zeitraums Erneuerungsanträge gestellt wurden und für die vor dem 1. 1. 1978 geschaffenen unveröffentlichten Werke. Die Interpretation dieser Fragen würde im Rahmen dieses Büchleins zu weit führen, kann aber unter Nr. 760 in meiner Lose-Blatt-Sammlung „Das Gesamte Recht der Publizistik" jeweils nach dem neuesten Stand nachgelesen werden.

„Ergänzende Bestimmungen"

Oft liest man in Verträgen die folgende Klausel:

Für diesen Vertrag gelten ergänzend die Bestimmungen des Urheber- und Verlagsrechts

Dies sagt Selbstverständliches, denn unser Verlagsgesetz greift überall dort ein, wo die vertragliche Vereinbarung nichts Gegenteiliges vorsieht. Das deutsche Urheberrecht ist dagegen weitgehend dem Parteiwillen entzogen und gilt mit oder ohne ausdrückliche Vereinbarung, es sei denn, die Vertragsparteien würden eine andere Rechtsform oder eine fremde Rechtsordnung als verbindlich festlegen. In dieser allgemeinen Fassung könnte also diese Vertragsbestimmung unschwer entfallen. Empfehlenswert ist aber die Verwendung einer entsprechenden Klausel, wenn weniger Übliches festgelegt werden soll, z. B. die Anwendung der Werkvertragsvorschriften im Falle eines sogenannten Bestellvertrages, eines echten Herausgeber- oder Redakteurvertrages usw. (diese besonderen Vertragsformen werden uns jeweils noch kurz zu beschäftigen haben), oder – wie bei Verlagsverträgen mit Ausländern wichtig – ob das deutsche oder das Recht des anderen Staates anzuwenden ist (im Zweifel gilt das Recht am Ort der wirtschaftlichen Investition, meist also das Recht des Verlagsortes).

Erfüllungsort und Gerichtsstand

Schließlich und endlich fehlt selten in einem Verlagsvertrag die Vereinbarung darüber, daß *Erfüllungsort* für alle Ansprüche aus dem Vertrag der Sitz des Verlages ist. Damit soll der Ort festgelegt werden, an dem der jeweilige Leistungsschuldner, in unserem Falle also sowohl Verleger wie Verfasser, die Verpflichtungen mit schuldbefreiender Wirkung zu erfüllen hat. Die Juristen haben hierzu messerscharfe Theorien entwickelt, welche der Leistungsverpflichtungen als Schickschulden und welche als Bringschulden, welche wiederum als Holschulden anzusehen seien. Für das Rechtsverhältnis zwischen Verleger und Autor spielen diese Fragen aber kaum eine Rolle. Die Vereinbarung eines Erfüllungsortes ist daher in solchen Fällen kaum mehr als die höfliche Umschreibung der Vereinbarung des *Gerichtsstandes,* also des Ortes, an dem im Streitfalle der Prozeß zwischen den Vertragspartnern zu führen ist; mangels anders lautender Vereinbarung ist nämlich Gerichtsstand für die Streitigkeiten aus einem Vertrag stets der Ort der Leistungserfüllung (§ 29 ZPO). Allerdings begründet eine Vereinbarung über den Erfüllungsort die gerichtliche Zuständigkeit nur, wenn die Vertragsparteien Kaufleute, juristische Personen des öffentlichen Rechts oder öffentlich-rechtliche Sondervermögen sind. Da der Verfasser selten diese Qualifikationen aufzuweisen hat, sind solche Absprachen über Erfüllungsort und Gerichtsstand in der Regel unwirksam.

Fehlt die Vereinbarung eines Erfüllungsortes oder auch eines Gerichtsstandes, dann ist im Zweifel der Wohnsitz des jeweiligen Leistungsschuldners maßgebend (§ 13 ZPO). Liefert der Münchener Verfasser dem Stuttgarter Verleger das Manuskript nicht ab, dann muß er in solchem Falle in München verklagt werden. Zahlt hingegen der Stuttgarter Verleger den vereinbarten Vorschuß nicht an den Münchner Verfasser, dann muß sich der Verlag wegen der Nichtbezahlung in Stuttgart verantworten. Anderes gilt für Klagen aus unerlaubter Handlung (das sind schuldhafte Verletzungen der Rechte eines anderen außerhalb des Verlagsvertrags); dafür ist das Gericht zuständig, in dessen Bezirk die Handlung begangen ist (§ 32 ZPO).

Einräumung von Nebenrechten

Die Betrachtung des Verlagsvertrags in seinen wesentlichen Punkten kann noch nicht abgeschlossen werden, weil der Verleger noch anderweitige – oft ebenso bedeutsame – Rechte wie die der Vervielfältigung und Verbreitung des Werkes zur Wahrnehmung haben möchte. So enthalten z. B. ältere Verlagsverträge etwa folgende Bestimmung:

Der Verfasser räumt dem Verleger gleichfalls das Recht ein

a) des Vorabdrucks und Nachdrucks in Zeitschriften und Zeitungen, b) der Übersetzung in andere Sprachen, c) des Nachdrucks in Buchform, d) . . .

Der Verleger verpflichtet sich, den Verfasser über seine Maßnahmen zu unterrichten. Im Falle der Nutzung dieser Rechte sind beide Parteien je zur Hälfte am Erlös beteiligt.

Und in neueren Verlagsverträgen folgt an dieser Stelle oft eine lange Liste weiterer Nebenrechte, etwa über die Nutzung des Werkes durch Film und Fernsehen oder durch elektronische Aufzeichnung und Wiedergabe, als CD-ROM und/oder DVD, im Internet oder gar im Merchandising.

Damit hat es folgende Bewandtnis:

Wir sprachen bereits von der Enthaltungspflicht des Verfassers, die soweit geht, wie das dem Verleger eingeräumte Verlagsrecht reicht. Das Gesetz (§ 2 Abs. 2 VerlG) stellt nun den Grundsatz auf, daß mangels ausdrücklicher anderweitiger Vereinbarung zwischen den Vertragspartnern dem Verleger stets nur das Recht zur Vervielfältigung und Verbreitung des Werkes (in der Originalsprache, auch in üblicher Form) eingeräumt wird. Dem Verfasser verbleibt die Befugnis, z. B. eine Übersetzung in eine andere Sprache oder in eine andere Mundart zu vervielfältigen und zu verbreiten, eine Erzählung in dramatischer Form wiederzugeben oder ein Bühnenwerk in die Form einer Erzählung zu bringen, ein Werk der Tonkunst zu bearbeiten, soweit es sich nicht nur um einen Auszug oder eine Übertragung in eine andere Tonart oder Stimmlage handelt, das Werk auf Tonträger zum

Zwecke der mechanischen Wiedergabe für das Gehör zu fixieren oder auch es zu verfilmen; das Urheberrechtsgesetz (z. B. §§ 18 ff. UrhG) stellte noch eine Reihe anderer „Nebenrechte" als im Zweifel dem Verfasser vorbehalten fest, worüber noch einiges zu sagen sein wird. Mangels anderweitiger Vereinbarung bliebe also der Verfasser über alle diese Nebenrechte verfügungsbefugt, während sich der Verleger um die Vervielfältigung und Verbreitung des Originalwerkes bemüht. Damit erklärt sich, warum in dem obigen Textbeispiel der Abschnitt „d) . . ." zunächst unausgeführt blieb.

Das Recht zur Übersetzung bzw. Bearbeitung

Ausgehend von der Überlegung, daß z. B. die Übersetzung eines Werkes dann erwogen wird, wenn die binnenländische Originalausgabe ihre Lesergemeinschaft errungen hat, und daß bei der Herbeiführung dieses Erfolgs der Verleger der Originalausgabe nicht gerade unbeteiligt gewesen war, läßt sich dieser gerne im Verlagsvertrag das *Übersetzungsrecht* einräumen. Der Autor, dem die notwendigen Verbindungen zu ausländischen Verlegern, Agenturen oder Übersetzern fehlen, der aber andererseits fremdsprachige Übersetzungen seines Werkes sehr begrüßen würde, überläßt nicht ungern seinem Verlag das Übersetzungsrecht gegen eine entsprechende Beteiligung; denn er bietet damit einem Fachmann den Anreiz, auch über die Sprachgrenzen hinaus für die Verbreitung seiner Gedanken zu sorgen.

Das Übersetzungsrecht gehört zur Kategorie der *Bearbeitungsrechte.* Ihnen ist gemeinsam, daß das Originalwerk zwar in seiner äußeren Form umgewandelt wird, aber seine geistige Substanz unverändert beibehält. Wie es geradezu die Kunst des guten Übersetzers ist, das Werk in der fremden Sprache so lebendig zu machen, als spräche der Autor selbst in dieser Zunge und ganz und gar nicht mit dem Diktionär in der einen und dem Grammatiklehrbuch in der anderen Hand, so kommt es auch bei andersartigen Bearbeitungen darauf an, daß in der neuen Form, etwa einem Hörspiel, die Originalität des Werkes, z. B. des Romans, durchaus erhalten geblieben ist. Oft wird es dem Interesse von Autor und Verleger entsprechen, wenn auch das Recht zur Bearbeitung des Werkes oder wenigstens die Befugnis, das Bearbeitungsrecht an zuverlässige weitere Partner zu vergeben, in die

Hand des Verlegers gelegt wird. Denn häufig genug ist der moderne Verleger auch tüchtiger Agent literarischer Werke mit internationalen Verbindungen. Und die Bearbeitung kann einem Werk u. U. gänzlich neue Verbreitungsbereiche erschließen, im Ton-Rundfunk oder durch Television, auf der Bühne oder im Film, auf Tonträgern oder Video-Aufzeichnungen und vielleicht auch im Merchandising. Daß damit etwa unserem Romanautor beträchtliche Zusatzeinnahmen erschlossen werden, bedarf kaum einer besonderen Betonung. Partner, denen hieran gelegen ist, sollen daher schon im Verlagsvertrag hierüber Absprachen treffen.

Vorabdruck- und Nachdruck-Rechte

Die Einräumung des „Rechts des Vorabdrucks und Nachdrucks *in Zeitschriften und Zeitungen*", wie es in unserem obigen Textbeispiel angeführt ist, hat weniger mit der Einräumung von Nebenrechten als mit der Freistellung des Verlages davon zu tun, das Werk nicht nur in der zweckentsprechenden und üblichen Weise (also etwa in Buchform und durch eigene Produktion) zu vervielfältigen und zu verarbeiten (§ 14 VerlG); denn es ist zumeist nicht die übliche Art der Vervielfältigung und Verbreitung eines Werkes, es auch in Zeitschriften und Zeitungen als Fortsetzungsabdruck zu veröffentlichen. Diese Art der (zusätzlichen) Verbreitung eines literarischen Werkes sollte aber kein Autor erschweren, denn sie ist meist ein hervorragendes Werbemittel für das Werk selbst.

Das *„Recht des Nachdrucks in Buchform"*, im Falle von dessen Zustandekommen sich die Parteien nach obigem Beispiel in den erzielbaren Gewinn (aus dritter Hand) teilen wollen, soll die Lizenzvergabe, z. B. an Buchgemeinschaften oder an Taschenbuchverlage, ermöglichen; die Aufnahme in den Vertrag bedeutet zugleich die Zustimmung des Verfassers zur Einräumung einer derartigen Lizenz, wie diese gemäß § 34 UrhG für eine solche Rechtsüberlassung an Dritte notwendig sein könnte. In der oben zitierten Vertragsklausel sind also sowohl Abreden über eine außergewöhnliche Verbreitungsart, die Einräumung eines urheberrechtlichen Nebenrechtes wie die Erlaubnis zur Lizenzvergabe enthalten.

Das Vortrags-, Vorführungs- und Wiedergaberecht

Damit ist der Katalog der „Nebenrechte" aber keineswegs erschöpft, über die im Rahmen des Verlagsvertrags verfügt werden kann. Das in der Praxis längst schon anerkannte ausschließliche *Recht* des Urhebers, aus seinem unveröffentlichten oder veröffentlichten Werk öffentlich *vorzutragen* oder anderen (gegen Entgelt) den Vortrag zu gestatten, ist zusammen mit dem *Aufführungs- und Vorführungsrecht* in § 19 UrhG verankert und durch das *Recht* des Urhebers ergänzt, *Vorträge oder Aufführungen* durch Film oder Tonaufzeichnung, genauer in der Gesetzessprache *„Bild- oder Tonträger"* genannt, *öffentlich wiederzugeben* (§ 21 UrhG). § 22 UrhG regelt *das Recht der öffentlichen Wiedergabe von Funksendungen.* Damit hat der Gesetzgeber auch solche Nebenrechte ausdrücklich dem Urheber zugewiesen, die seit geraumer Zeit nur die Rechtsprechung als dem Urheber zustehend anerkannt hatte.

Das Senderecht

berechtigt seinen Inhaber, das Werk durch Funk (Ton- und Fernsehrundfunk, Satellitenrundfunk, Kabelfunk oder ähnliche technische Mittel) der Öffentlichkeit zugänglich zu machen (§ 20 UrhG). Für Satellitensendungen innerhalb der Europäischen Union oder eines Vertragsstaates des Abkommens über den Europäischen Wirtschaftsraum gibt es seit dem Gesetz vom 8. 5. 1998 noch eine komplizierte Regelung in § 20a UrhG, während die Rechte aus der Kabelweitersendung in § 20b UrhG geregelt sind.

Das Recht der öffentlichen Zugänglichmachung

Das deutsche Urheberrecht soll der Entwicklung im Bereich der Informations- und Kommunikationstechnologie, insbesondere der digitalen Technologie, angepaßt werden. U. a. geht es um die Einbeziehung internationaler Vereinbarungen, denen der EU-Rat am 16. 3. 2000 beizutreten beschlossen hatte. Die Richtlinie des Europäischen Parlaments und des Rates zur Harmonisierung bestimmter Aspekte des Urheberrechts und der verwandten Schutzrechte in der Informationsgesellschaft, in Kraft seit 22. 6. 2001, bescherte den

Mitgliedsländern, wie schon erwähnt, die Umsetzung der dort beschlossenen Bestimmungen in innerstaatliches Recht. Der Bundesrepublik erwuchs so im Herbst 2003 der neue Paragraph 19a UrhG mit dem Wortungetüm vom Öffentlichen-Zugänglichmachungs-Recht, mit dem die Befugnis gemeint ist, das Werk drahtgebunden oder drahtlos der Öffentlichkeit in einer Weise zugänglich zu machen, daß es Mitgliedern der Öffentlichkeit an Orten und zu Zeiten ihrer Wahl zugänglich ist.

Das ist „technologie-neutral" gemeint, also keineswegs auf den Bereich des Internets begrenzt. Jedenfalls sollte ein weiteres Ausschließlichkeitsrecht des Urhebers ausdrücklich benannt werden.

Was eine *öffentliche Wiedergabe* ist, besagt der geänderte § 15 Abs. 3 UrhG: Sie liegt dann vor, wenn sie für eine Mehrzahl von Mitgliedern der Öffentlichkeit bestimmt ist, wobei zur Öffentlichkeit jeder gehört, der nicht mit demjenigen, der das Werk verwertet, oder mit den anderen Personen, denen das Werk in unkörperlicher Form wahrnehmbar oder zugänglich gemacht wird, durch persönliche Beziehungen verbunden ist.

Recht der Wiedergabe von Funksendungen und von öffentlicher Zugänglichmachung

Unter dieser umgreifenden Überschrift wurde § 22 UrhG im Herbst 2003 ebenfalls geändert: Es geht um öffentliche Wahrnehmbarkeitsmachung von Funksendungen und auf öffentlicher Zugänglichmachung beruhende Wiedergaben des Werkes durch Bildschirm, Lautsprecher oder ähnliche technische Einrichtungen. Das Recht, Vorträge und Aufführungen außerhalb des Raumes, in dem die persönliche Darbietung stattfindet, durch Bildschirm, Lautsprecher oder ähnliche technische Einrichtungen öffentlich wahrnehmbar zu machen (§ 19 Abs. 3 UrhG), gilt entsprechend.

Ich gebe zu, daß wir mit den letzten Absätzen die normalen Rechtsbeziehungen zwischen Autor und Verleger verlassen haben. Dies geschah im Interesse der Vollständigkeit der Darstellung mit der Bitte um Nachsicht an den geneigten Leser.

Sonstige Nebenrechte

§ 15 UrhG nennt nur beispielhaft („insbesondere") Verwertungsrechte zur Nutzung in körperlicher und in unkörperlicher Form. Damit hat schon frühzeitig der Gesetzgeber der stürmischen Entwicklung der neuen Medien Rechnung getragen. Weitere Werknutzungen sind möglich, die gar nicht so selten lukrativer für Verlag und Autor sein können als die traditionelle Buchveröffentlichung. Einige Beispiele wurden schon genannt. Die Dinge sind aber weiter im Fluß. Der Gesetzgeber versucht, wie schon vorstehend zu sehen war, sie durch häufigere Gesetzänderungen im Griff zu behalten.

Unbekannte Nutzungsarten

Nach bisherigem Recht (§ 31 Abs. 4 UrhG a. F.) waren Vereinbarungen über im Zeitpunkt des Vertragsabschlusses unbekannte Nutzungsarten unwirksam. Dem Urheber sollte stets die Entscheidung darüber vorbehalten bleiben, ob und gegen welches Entgelt er mit der Nutzung seines Werkes auch auf die neue Art einverstanden ist, zumal wenn er die wirtschaftliche Tragweite einer solchen Rechtseinräumung noch nicht übersehen kann.

In der Praxis führte das zu erheblichen Differenzen: War vertraglich die Verwertung eines Filmwerks auf Videokassette vereinbart – darf dann auch eine Verwertung des Films auf DVD stattfinden oder nicht? Wie ist die Vereinbarung über die Auswertung „in jeder beliebigen Weise" zu verstehen, wenn die in Anspruch genommene Nutzungsmöglichkeit zum Zeitpunkt der Einwilligung noch nicht bekannt war? Handelt es sich bei der Nutzung von Handy-Klingeltönen um eine unbekannte Nutzungsart? Die Rechtsprechung vertrat die Auffassung, daß für die erforderliche inhaltliche Abgrenzung entscheidend sei, ob es sich bei der in Frage stehenden Verwendung um eine nach der Verkehrsauffassung als solche hinreichend klar abgrenzbare, wirtschaftlich-technisch als einheitlich und selbständig erscheinende Nutzungsart handelt. DVD-Wiedergabe wird als technische Weiterentwicklung der Videokassette akzeptiert. Verwertung in jeder beliebigen Weise schließt gegenüber einem ausübenden Künstler auch die Vermarktung als CD ein. Handy-Klingeltöne sind dagegen eine selbständige Nutzungsart, über die nach bisherigem Recht nicht wirksam verfügt werden konnte. Unsicherheiten in der technischen Einschätzung neuer Nutzungen bedingten zu Lasten des Urhebers Rechtsunsicherheiten.

Deswegen will das Zweite Gesetz zur Regelung des Urheberrechts in der Informationsgesellschaft in § 31a UrhG n. F. nun ausdrücklich die Einräumung von Rechten für unbekannte Nutzungsarten gestatten. Allerdings muß über solche ins Unbekannte verstoßende Vertragsregelungen zwischen den Partnern Eindeutigkeit und Einigkeit bestehen. Zunächst: Ein solcher Vertrag ist nur wirksam, wenn die Schriftform eingehalten wird. Außerdem kann der Urheber die Rechtseinräumung oder die Verpflichtung zur Übertragung solcher unbekannter Nutzungsrechte widerrufen, solange der Verwerter noch nicht begonnen hat, das Werk in der neuen Nutzungsart zu nutzen. Haben sich die Parteien über eine besondere angemessene Vergütung anläßlich der Verwertung solcher zunächst unbekannten Nutzungsarten geeinigt, war dem Autor also klar, welche Rechtseinräumung von ihm erwartet wird, wäre ein gleichwohl ausgeübter Widerruf treuwidrig; er muß entfallen. Ein solches Widerrufsrecht geht auch nicht auf die Erben des Urhebers über; diese müssen also die Rechtseinräumung des Erblassers hinnehmen. Nicht zuletzt darf das Widerrufsrecht auch nicht gegen Treu und Glauben ausgeübt werden, wenn es eine Gesamtheit mehrerer Werke betrifft, für die eine repräsentative Urhebergruppe gegenüber dem Verwerter auftritt. Schließlich wäre der Verzicht auf diese Rechte für jeden Vertragspartner unwirksam.

Was geschieht mit den beim seinerzeitigen Vertragsabschluß noch unbekannten, zwischenzeitlich aber bekanntgewordenen Nutzungsrechten, deren Übertragung nach der bisherigen Regelung unwirksam war? § 137 l UrhG n. F. will die Frage beantworten: Die zwischenzeitlich bekanntgewordenen Nutzungsrechte gelten dem Verwerter als eingeräumt, sofern der Urheber nicht innerhalb eines Jahres nach Inkrafttreten des neuen Gesetzes gegenüber dem anderen Partner der Nutzung widerspricht. Das gilt auch für Lizenznehmer des Verwerters, dem die ursprünglich eingeräumten Nutzungsrechte übertragen worden waren, wobei der Lizenznehmer gegenüber dem Urheber haftet. Ist eine Werkgesamtheit nur unter Verwendung sämtlicher Beiträge verschiedener Urheber zu verwerten, darf ein solches

Widerrufsrecht nur von einer repräsentativen Gruppe dieser Urheber und nicht gegen Treu und Glauben ausgeübt werden.

Nimmt der Verwerter eine neue Art der Werknutzung auf, die bei Vertragsabschluß zwar vereinbart, aber noch unbekannt war, so kann der Urheber eine besondere angemessene Vergütung fordern, nachdem ihn sein Vertragspartner über die neue Werknutzung unverzüglich unterrichtet hat. Soweit solche neuen Werknutzungsarten gegenüber Dritten lizenziert worden sind, haftet der Lizenznehmer für die Vergütung des Urhebers; allerdings soll der Lizenzgeber von der Haftung hierfür frei sein. Auch solche Honoraransprüche sind für den Urheber nicht wirksam verzichtbar. Er darf aber unentgeltlich einfache Nutzungsrechte für jedermann einräumen (§ 32c UrhG n. F.). Entsprechend anwendbar ist diese Regelung auch im Falle der Aufnahme einer neuen Art der Werknutzung, die im Zeitpunkt des Vertragsschlusses noch unbekannt war, wobei die Lizenzvergabe an einen Dritten dessen Haftung für die Vergütung begründet, während der eigentliche Verwerter nicht haften soll (§ 137 l Abs. 5 UrhG n. F.).

Der an sich mutige Schritt zur Freigabe unbekannter Nutzungsarten für den Geschäftsverkehr zwischen Urheber und Verwerter birgt, wie man sieht, auch eine Reihe ungelöster Fragen, mit der sich die künftige Rechtsprechung auseinandersetzen wird.

Erlösbeteiligung

Daß die Parteien am *Verwertungserlös angemessen beteiligt* sind, ist in der Praxis selbstverständlich (siehe S. 47 ff.). Ein besonders hervorragender Autor wird mit 50 % vielleicht nicht zufrieden sein. Auch wäre es denkbar, daß in einem anderen Falle der Verleger für sich ein erheblich günstigeres Verhältnis beansprucht, etwa weil er diesen Erlösanteil zur Auffüllung eines kalkulatorischen Verlustes benötigt, der sich bei der Planung seiner eigenen ersten Auflage ergab. Manchmal kann es auch vorteilhaft sein, dem Vertragspartner, auf dessen persönliche Veranlassung die Verwertung zustandekam, einen größeren Anteil zuzubilligen; gleichzeitig empfiehlt sich aber die Vereinbarung, daß bei fehlendem eindeutigen Anhaltspunkt ein anderes Verteilungsverhältnis Platz zu greifen habe. Und das ist dann durchaus an der Tagesordnung, wenn der Nutzer seine Erlösbeteiligung als Teil seiner Produktionsfinanzierung ansehen muß. Das gilt weniger für besonders aufwendige Buchproduktionen, wohl aber für die Nutzung des Werkes für Film und Fernsehen. Die Publikumswirksamkeit einer derartigen Werkverwertung kommt natürlich auch dem Buchumsatz selbst zustatten, dessen Zusatzerlöse den Urheber für bescheidenere Erlösanteile am Film- und Fernsehgeschäft entschädigen. Gut fundierte Argumente in der Vertragsverhandlung werden, so ist zu hoffen, einen vernünftigen Ausgleich zwischen den berechtigten Interessen ermöglichen.

Der Zweck der Rechtseinräumung

Die Einräumung der Haupt- und Nebenrechte kann sich auf einzelne oder alle Nutzungsrechte beziehen (§ 31 UrhG). Nennt der Vertrag das einzuräumende Recht oder die Rechte nicht im einzelnen, so muß gefragt, geprüft und entschieden werden, welcher *Zweck* mit der Rechteinräumung verfolgt wird (§ 31 Abs. 4 UrhG). Denn nur insoweit sollen die Nutzungsrechte an einem urheberrechtlich geschützten Werk durch Verfügungen belastet werden, als dies die sinnvolle Ausführung des Vertrages, also dessen Zweck, erfordert. Dies ist die alte „Zweckübertragungstheorie“, die von der Rechtsprechung schon seit langem angewandt wird – und mitunter zu unangenehmen Überraschungen für einen der Vertragspartner geführt hatte, wenn Meinungsverschiedenheiten auch über den mit dem Vertrag verfolgten Zweck entstanden. Daher sollte sich niemand blindlings auf § 31 Abs. 4 UrhG verlassen. Besser ist stets die *ausdrückliche Erwähnung* der im Verlagsvertrag dem Verlag einzuräumenden Rechte, da diese sonst möglicherweise beim Urheber zu dessen eigener Nutzung verbleiben.

Die „Angstklausel“

Schon deshalb, weil solche Fehler (mit oder ohne Absicht) immer einmal unterlaufen können, empfiehlt es sich, am Ende eines Verlagsvertrags die sogenannte *„Angstklausel“* – vornehm „salvatorische Klausel“ genannt – aufzunehmen:

Sollte eine der Vertragsbestimmungen unwirksam sein, sind die Vertragschließenden verpflichtet, diese unverzüglich im Wege der ergänzenden Ver-

einbarung durch eine solche Abrede zu ersetzen, die dem wirtschaftlichen Ergebnis der unwirksamen Bestimmung am nächsten kommt. Im Zweifel gilt die unwirksame Bestimmung durch eine solche Abrede als ersetzt. Die Wirksamkeit des Vertrages im übrigen bleibt unberührt.

Fortsetzungsklausel

In Verlagsverträgen über gewichtige Werke wird man oft folgende Klausel finden:

Sollte der Verfasser durch andauernde Arbeitsunfähigkeit, Tod oder aus anderen gleichermaßen schwerwiegenden Gründen außerstande sein oder es ablehnen, seine Tätigkeit an dem Werk fortzusetzen, so ist der Verlag berechtigt, nach eigenem Ermessen die Fortsetzung, Bearbeitung oder Umgestaltung des Werkes einem Dritten zu übertragen, es sei denn, daß der Verfasser selbst eine geeignete Person hierfür benannt hat. Der Verlag ist berechtigt und auf Verlangen des Verfassers oder dessen Rechtsnachfolger verpflichtet, den Verfasser mit einem auf die Fortsetzung, Bearbeitung oder Umgestaltung hinweisenden Zusatz in der Titelei des Werkes gebührend zu nennen, solange es noch im wesentlichen auf der geistigen Arbeit des Verfassers beruht.

Damit soll die Kontinuität des Werkes über die Schaffenskraft des Verfassers hinaus gewährleistet werden. Jedenfalls solange das Werk noch auf dem Schaffen des bisherigen Verfassers beruht, sollte er oder sein Erbe auch eine angemessene Vergütung hierfür erhalten. Diese könnte in Form einer schon beim Vertragsabschluß festgelegten Pauschale oder auch in einem Anteil an dem künftigen Honorarertrag des Werkes bestehen; dieser Anteil wird häufig gestaffelt, etwa für die erste neubearbeitete Auflage zwei Drittel, für die zweite die Hälfte, für die dritte ein Viertel der Vergütung des neu gewonnenen Verfassers, während von der vierten Auflage an keine Honorierungspflicht gegenüber der bisherigen Verfasserseite mehr bestünde. Hierbei ist zu bedenken, daß der dem seitherigen Verfasser zugedachte Honoraranteil entweder zu Lasten der Vergütung des Neuen oder zu Lasten des Verlages geht, was in beiden Fällen auch Unzuträglichkeiten zur Folge haben kann.

Der Lizenzvertrag

Mit dem Lizenzvertrag wird in wesentlich schwächerer Form als im Verlagsvertrag eine Wiedergabeerlaubnis übertragen, ohne daß der Erlaubnisnehmer stets eine Verpflichtung zur Verwertung übernehmen würde. Man kennt die *einfache* Lizenz (ich erlaube dem Herausgeber eines Sammelwerkes, einen von mir entworfenen Vertrag in seinem Sammelwerk zu veröffentlichen, ohne daß ich mich meinerseits in der Verwendung dieses Vertrages irgendwie beschränken würde); die andere Form ist die der *ausschließlichen* Lizenz (Verlag A erteilt der Buchgemeinschaft X das Recht, eine Buchgemeinschafts-Ausgabe eines bestimmten Werkes für die Dauer von zwei Jahren allein zu veröffentlichen). Lizenzen erteilen kann sowohl der Verfasser an einen Dritten wie auch der Originalverlag an einen anderen Verlag, jeweils vorausgesetzt, daß dies nach dem Verlagsvertrag zulässig ist.

Das Lizenzrecht ist gesetzlich nicht ausdrücklich geregelt, jedoch kommen bei der Lizenzvergabe an Werken der Literatur und der Tonkunst die Vorschriften des Verlagsgesetzes entsprechend zur Anwendung, soweit diese nicht dem *Grundcharakter des Lizenzrechts* widersprechen. Daneben gilt selbstverständlich das Urheberrechtsgesetz, das die *einfachen* und *ausschließlichen Nutzungsrechte* in seinen Sprachgebrauch aufgenommen hat, übrigens in gleichem Sinne, wie wir von der einfachen oder ausschließlichen Lizenz sprechen (§§ 31, 33 UrhG). Dazu muß man wissen, daß die Einräumung einer ausschließlichen Lizenz *nach* der Vergabe einer einfachen Lizenz an einen anderen Lizenznehmer durchaus noch keine Ausschließlichkeit verleiht. Denn der erstere Erwerber der einfachen Lizenz verliert natürlich seine Befugnisse nicht dadurch automatisch, daß später einem anderen Ausschließlichkeitsrechte verliehen werden sollen. Offenbar weil man auch Selbstverständliches oft vergißt, sagt dies ausdrücklich § 33 UrhG, und wer immer das Werk als einziger in Lizenz herausbringen will, schützt sich vor Enttäuschungen, wenn er in seinem Lizenzvertrag die Frage klärt, ob nicht zu irgendeinem früheren

Zeitpunkt jetzt noch wirksame einfache Lizenzen an dem Werk vergeben sind. Wer hingegen mit der Verwertung seines Werkes durch Erteilung ausschließlicher Lizenzen rechnet, sollte sich davor hüten, durch allzu große Freigiebigkeit bei der vorherigen Gewährung einfacher Lizenzen die Kontrolle zu verlieren; besser ist es, einfache Lizenzen nur für kurze Zeiträume oder so zu vergeben, daß sie jederzeit zurückgenommen werden können, wenn ein Vertragsabschluß über eine naturgemäß wesentlich lukrativere ausschließliche Lizenz sich anbahnt. Daß der Erwerber einer ausschließlichen Lizenz in aller Regel nicht berechtigt ist, das erlangte Recht an Dritte weiterzuvergeben, etwa im Sinne einer einfachen Unter-Lizenz, besagen meistens die Lizenzverträge ausdrücklich, ist aber auch durch § 35 UrhG von der Zustimmung des Berechtigten abhängig.

Das klassische *Anwendungsgebiet* des Lizenzvertrages ist die Verwertung der Nebenrechte (vgl. oben S. 73 ff.) und hier das der (ausschließlichen) Buchgemeinschafts-, Taschenbuch- und Übersetzungslizenzen, deren Erlöse längst schon zu erfreulichen Zusatzhonoraren der Autoren und zu wesentlichen Kalkulationsposten der Originalverlage geworden sind. Dem haben sich im Zeitalter der Multimedia durchaus lukrative Lizenzen für die Verfilmung, die Fernseh- und Ton-Rundfunk-Sendung, für Tonträger- und Video-/DVD-Aufzeichnungen, keineswegs zuletzt auch für das Merchandising und für das Internet, hinzugesellt. Die Weiterentwicklung der digitalen Technik wird uns noch manche Überraschungen auf dem Lizenzsektor bescheren.

Der Herausgebervertrag

Für die Reihe ‚Werkstatt des Buches' zeichneten die unvergessenen Verleger Horst Kliemann und Fritz Hodeige als Herausgeber, später Hermann Leins. Auch zwischen diesen Herren und dem Poeschel Verlag wurden folglich Rechtsbeziehungen mit beiderseitigen Rechten und Pflichten begründet, die sich irgendwo mit den aus meinem Verlagsvertrag mit dem Poeschel Verlag herrührenden Rechten und Pflichten deckten und überschnitten.

Da ich diesen Herausgebervertrag inhaltlich nicht kenne, bleibt – wenn ich des Verlages und meine Rechtsbeziehungen zur Herausgeberseite beleuchten will – keine andere Wahl, als die gebräuchlichsten Arten von Herausgeberverträgen der Reihe nach hier kurz zu betrachten.

Der Herausgeber

Herausgeber gibt es überall dort, wo ein Werk aus den Beiträgen mehrerer Verfasser besteht und durch Auslese oder Anordnung innerhalb einer Gesamtredaktion etwas abgerundetes Ganzes, meist eine persönliche geistige Schöpfung geschaffen wird, wo also ein Sammelwerk vorliegt. Dies läßt sich schon aus § 4 UrhG entnehmen. Dort ist weiter ausgeführt, daß in einem solchen Falle das Werk als Ganzes wie ein selbständiges Werk geschützt wird, daß also der Herausgeber, unabhängig vom Urheberrecht der einzelnen Beitragsverfasser, Urheber des Sammelwerkes sein kann. Nur wenn ein Herausgeber nicht genannt ist, soll der Verleger des Sammelwerkes als Urheber gelten (§ 10 Abs. 2 UrhG). Aufgabe eines Herausgebers ist es also in der Regel, das Werk als Ganzes zu planen, die getrennten Beiträge einzelner oder mehrerer Mitarbeiter aufzuspüren, von ihnen bearbeiten zu lassen und sie im Sinne des Projekts zu einem geschlossenen Werk zusammenzufügen. So jedenfalls sieht das Musterbeispiel einer Herausgebertätigkeit aus. Ebenso, wie Fälle genau nach diesem Musterbeispiel vorkommen, sind aber auch häufig Herausgeber anzutreffen, die selbst zur Gestaltung des Sammelwerkes unmittelbar nichts beitragen, aber durch die Hergabe ihres mehr oder minder bekannten Namens Inhalt und Gestaltung des Sammelwerkes repräsentieren. Schließlich gibt es nicht wenige Sammelwerke, die von Vereinigungen, Gesellschaften, Behörden usw. „herausgegeben“ werden, obwohl eine solche Tätigkeit natürlich nicht von einer Institution, einer nur gedachten, durch rechtliche Konstruktion gezeugten „juristischen Person“ entwickelt werden kann, sondern nur von Menschen, die dies namens einer solchen Institution tun.

Sammelwerke sind auch Datenbankwerke, deren Elemente systematisch oder methodisch angeordnet und einzeln mit Hilfe elektronischer Mittel oder auf andere Weise zugänglich sind. Systematik und Methode sind hier die Elemente der persönlichen geistigen Schöpfung. Der Herausgeber eines Datenbankwerks kann ebenso Urheberrechtsschutz genießen wie sein Kollege mit der Herausgabe eines anderweitig aufgezeichneten Sammelwerks. Es liegt nahe, daß im Rahmen unserer Betrachtungen die Rechtsbeziehungen zwischen Herausgeber und Verlag im Vordergrund stehen werden.

Ebenso schillernd wie der Begriff des Herausgebers sind die rechtlichen Gestaltungen im Verkehr eines solchen Herausgebers mit seinem Verleger einerseits und den Verfassern der einzelnen Beiträge andererseits.

Die verschiedenen Vertragsvarianten

– Der echte Herausgebervertrag,

der sich ganz nach den Regeln des Verlagsvertrages abwickelt, liegt dann vor, wenn der Herausgeber den vollständigen Plan eines Sammelwerkes entwickelt, die zur Ausführung des Planes notwendigen Mitarbeiter bereits geworben oder zum mindesten festgestellt und die Durchführung seines Vorhabens einem hierfür gewonnenen und geeigneten Verleger übertragen hat. In diesem Falle spielt der Herausgeber die gleiche Rolle wie der Verfasser eines Werkes beim Verlagsvertrag, der sich zu seinem geplanten oder schon fertiggestellten Werke den Verleger suchte und diesem das Verlagsrecht für die Dauer des Vertrages verschaffte, um nach Beendigung des Vertragsverhältnisses in der Lage zu sein, einem anderen Verleger erneut das Verlagsrecht zu vermitteln.

– Der unechte Herausgebervertrag

als typisches Gegenbeispiel liegt vor, wenn der Verlag das Sammelwerk mit einem bestimmten, fest umrissenen Programm und einem jetzt schon einigermaßen feststehenden Mitarbeiterkreis plant und zur Ausführung dieses Plans einen Herausgeber sucht. Der auf diese Weise gewonnene Herausgeber könnte, würde er sich nach Ansicht des Verlages nicht bewähren, jederzeit gegen einen anderen Herausgeber ausgetauscht werden, ohne daß dies das alleinige Herausgaberecht des Verlages beeinflussen würde. Der ausscheidende Herausgeber hätte nicht das Recht, die bisher für den Verlag ausgeübte Tätigkeit nun für das gleiche Sammelwerk in einem anderen Verlag zu entfalten. Das Sammelwerk gehört hier eindeutig dem Verlag; er verfügt darüber und bestimmt den Herausgeber. Es ist klar, daß in diesem Falle der Abschluß eines Verlagsvertrags den Vorstellungen der Vertragspartner nicht entsprechen könnte; denn wie sollte sich der Verlag wegen der von ihm selbst stammenden Planung gegenüber einem Dritten, der eigens zur Ausführung dieser Planung bestellt wurde, zur Vervielfältigung und Verbreitung des Arbeitsergebnisses verbindlich verpflichten? Der Herausgeber ist in diesem Falle mehr Redakteur. Er gestaltet kein eigenes Werk, sondern ein fremdes. Er steht in den Diensten des Verlegers als (oftmals leitender) Angestellter, oder er schuldet ein Arbeitsergebnis im Rahmen seines entgeltlichen Auftrags. Nach dem Zweck des zwischen ihm und dem Verlag abgeschlossenen Vertrages hat er die durch seine Tätigkeit entstehenden Urheberrechtsansprüche seinem Auftraggeber, dem Verlag, zu überlassen, ohne daß eine Änderung dieses Rechtszustandes im Falle des Ausscheidens aus dem Dienste des Verlages in Betracht käme (§ 43 UrhG).

– Andere Herausgeberverträge

sind zwischen diesen beiden extremen Rechtsgestaltungen der Herausgebereigenschaft denkbar. Verlag und Herausgeber könnten auch übereinkommen, das Sammelwerk gemeinschaftlich herauszubringen, so daß es im Endergebnis – laienhaft ausgedrückt – beiden zu gleichen Teilen gehörte. Ebenso kann dem Herausgeber eine größere Entscheidungsfreiheit über das vom Verlag geplante Sammelwerk eingeräumt werden, die der Stellung desjenigen Herausgebers, dessen Sammelwerk von ihm selbst geplant und entwickelt wurde, schon recht nahekommt. Schließlich gibt es Herausgeber von Sammelwerken, welche die Publikation kaum von außen kennen, geschweige denn, daß sie diese Veröffentlichung geplant oder an ihr ernsthaft mitgearbeitet hätten. Im einen Falle kann der Verlagsvertrag zwischen Verlag und Herausgeber zum Gesellschaftsvertrag (§§ 705 ff. BGB) tendieren, im anderen Falle an die Stelle eines Dienst- oder Werkvertrages (§§ 611ff., 631ff. BGB) ein sogenannter Geschäftsbesorgungsvertrag (§ 675 BGB) treten. Ebensogut könnte ein Gefälligkeitsverhältnis vorliegen, in welchem – mit oder ohne Vergütung – die Repräsentativität der als Herausgeber genannten Persönlichkeit besondere Bedeutung hat.

Das Recht am herausgegebenen Werk

Bei allen denkbaren Arten von Herausgeberverträgen ist oft das rechtliche Problem der Fortsetzung des Sammelwerkes nach Auflösung des Herausgebervertrages das größte und – falls keine eindeutigen Abreden für diesen Fall zwischen den Partnern getroffen wurden – zugleich das unsicherste. Wem das Sammelwerk gehört, der darf es selbst und mit Dritten nach Auflösung des Vertrages fortsetzen. Soweit ist die Entscheidung noch eindeutig. Wem aber „gehört" im Zeitpunkt der Vertragsauflösung das Sammelwerk? Die Einführung einer Reihenveröffentlichung oder einer Zeitschrift kostet den Verleger beträchtliche Investitionen, mag der Herausgeber noch so vorzüglich geplant und gearbeitet haben. Sache des Verlegers ist es bei einer ständig unter einem Sammeltitel erscheinenden Publikation, den Markenbegriff im Publikum zu prägen. Intensive Werbung in dieser Richtung einerseits und ein volkstümlicher Preis andererseits zwingen den Verleger, während einer kürzeren oder längeren Einführungszeit wenigstens auf unmittelbaren Gewinn aus dem einzelnen Teil des Sammelwerks zu verzichten. Er erwartet sich dann erst von einem bestimmten Zeitpunkt ab die Rendite aus dem Sammelwerk, die seine vorausgegangene Investition wieder wettmacht. Soll es nun rechtens sein, daß, noch bevor der Verleger einen hinreichenden Ausgleich bezog, der Herausgeber – auf seine Planung und Entwicklung des Sammelwerks pochend – aus irgendeinem Grunde den Herausgebervertrag zum Erliegen bringen und die Rechte am Sammelwerk einem anderen Verleger übertragen kann, der nun ohne große eigene Investition an dem bisherigen Arbeitsergebnis des ersten Verlegers anknüpfen würde? Die zu dieser Frage bekannt gewordene Rechtsprechung steht wohl mehr auf der Seite des Erstverlegers und will ihm in diesem Falle das Eigentumsrecht am Sammelwerk zusprechen, weil er das gesamte wirtschaftliche Risiko für das Unternehmen des Sammelwerkes getragen habe.

Bei irgendwelchen mehr oder minder simplen Sammelwerken mag dies ja angehen (z. B. Planung und Entwicklung thematisch schlichter Reihenveröffentlichungen). Wie steht es aber dann mit dem zweifellos auch einem Herausgeber zuzubilligenden Urheberpersönlichkeitsrecht am Sammelwerk, wenn dieses geradezu das Lebenswerk des Herausgebers darstellt, selbst wenn das wirtschaftliche Risiko ausschließlich oder in starkem Maße vom Verlag getragen wurde? Ist es dann erlaubt, den genialen Planer und Herausgeber dieses Sammelwerkes aus irgendeinem Grunde vor die Tür seines eigenen Hauses zu setzen, nur weil des Verlegers gutes Geld investiert wurde? Schließlich trägt doch auch beim gewöhnlichen Verlagsvertrag der Verleger weitgehend das wirtschaftliche Risiko, selbst bei Vereinbarung eines Absatzhonorares, ohne daß damit das Verlagsrecht ein für alle Mal beim Verleger bleiben müßte. Wie gesagt, auf diese Frage hat unsere Rechtsprechung bisher noch keine einheitliche Antwort gegeben.

Eine gerechte Lösung wird auch nur sehr schwer zu finden sein und wohl überhaupt nicht generell gegeben werden können; es wird an Hand des Einzelfalles genau festgestellt werden müssen, welcher der beiden Seiten auf Grund der jeweiligen geistigen oder wirtschaftlichen Leistungen die engere Verbindung zu dem Sammelwerk gebührt. Dieser wird man das *Recht am Unternehmen des Sammelwerkes* zubilligen, während dem anderen Teil ein gerechter Ausgleich zuzusprechen sein wird. In jedem Falle sollte das Problem nicht erst bei Auflösung des Herausgebervertrags sondern bei dessen Abschluß zwischen den Parteien offen besprochen oder zum mindesten klar geregelt werden.

Die Herausgeberschaft sollte im Zweifel keine Unterbrechung erfahren. Denkbar ist eine Bestimmung des Vertrages, wonach z. B. bei zwei Herausgebern im Falle des Ablebens des einen Herausgebers in erster Linie der verbleibende dessen Aufgabe zu übernehmen habe, und daß dann der Verlag, wohl im Einvernehmen mit dem überlebenden Herausgeber, berechtigt sei, den Nachfolger für den Verstorbenen auszuwählen und zu verpflichten, als Mitherausgeber die Reihe im Sinne der bisherigen fachlichen und geistigen Tradition fortzusetzen. Man spricht auch hier von der *„Fortsetzungsklausel"*, einer besonders wichtigen Bestimmung in Herausgeber- (und in Verlags-) Verträgen über fachliche oder wissenschaftliche Werke; ihr allein verdanken oft genug derartige Werke, Buchreihen oder Periodika Fortführung und Weiterentwicklung nach dem Ableben der Begründer, Erstverfasser bzw. -herausgeber. Ohne diese Fortsetzungsklausel wären viele Standardwerke, deren neubearbeitete Auflagen über halbe Jahrhunderte hinweg ungestört erscheinen, schlechterdings undenkbar.

Mit der Fortsetzung taucht natürlich das beim Verlagsvertrag schon erörterte Problem auf, wie die ursprüngliche Herausgeberleistung, die auch in dem vom Nachfolger fortgesetzten Werk wirksam bleibt (wenn auch diese Wirksamkeit sich allmählich im Laufe der Jahre herabsetzt und eines Tages verebbt) – wie also diese fortwirkende Herausgeberleistung gegenüber den Herausgebererben angemessen zu vergüten ist: Der neugewonnene Herausgeber wird zunächst ein Teilhonorar zu Lasten der Erben beziehen, das sich allmählich auf den dem Erstherausgeber gewährten Satz erhöht, während in gleicher Weise der Vergütungsanteil der Erben abnimmt und schließlich endet. Damit ist zugleich auch der Übergang der Pflichten materiell gerecht entlohnt, dank dieser sehr wichtigen „Fortsetzungsklausel", die den Bestand des Werkes für die Zukunft gewährleisten muß.

Der Mitarbeitervertrag

Die nächstwichtige Funktion beim Sammelwerk, aber auch bei Monographien, fällt dem Mitarbeiter zu. Der Mitarbeiter kann selbständige oder unselbständige Verfassertätigkeit leisten. Je nachdem, ob er an einem periodischen oder an einem nichtperiodischen Werk mitwirkt, können seine Rechte und Pflichten verschieden sein.

Mitarbeiter an nichtperiodischen Sammelwerken

Gegenüber Herausgebern und Verlag der ‚Werkstatt-Reihe' war ich selbständiger Verfasser eines Beitrages für ein nichtperiodisches Sammelwerk, der, wie erörtert, mit dem Verlag in einem *Verlagsvertragsverhältnis* stand. Ein schriftlicher Vertrag mit den Herausgebern fehlte. Sie hatten lediglich den Verlagsvertrag mitunterzeichnet, ohne selbst als Vertragspartner mit eigenen Rechten und Pflichten in Erscheinung zu treten. Dies ist dahin zu deuten, daß der Verlag mir gegenüber zunächst als selbständiger und selbstverantwortlicher Vertragspartner auftrat und erst in zweiter Linie auch im Interesse der Herausgeber der Buchreihe handelte. Das besagt also, daß ich mich in allen Fragen der Vertragserfüllung mit dem Verlag, nicht aber mit den Herausgebern auseinanderzusetzen hätte. Ein etwaiges Erlöschen des Vertrages zwischen den Herausgebern und dem Poeschel Verlag würde demnach den rechtlichen Bestand meines Verlagsvertrages mit Poeschel unberührt lassen; der Verlag wäre nach wie vor verpflichtet, mein Büchlein zu vervielfältigen und zu verbreiten, wie auch ich weiterhin von einer anderweitigen Vervielfältigung und Verbreitung Abstand zu nehmen hätte. Ob mein „Praktikum" dann weiter als Einzeltitel der Reihe ‚Werkstatt des Buches' oder als selbständige Publikation zu erscheinen hätte, richtet sich danach, ob das Recht am Unternehmen der Buchreihe und an dem Reihentitel dem Verlag oder den Herausgebern zustand.

Ebenso wäre es auch denkbar, daß mein Verlagsvertragspartner nicht der Poeschel Verlag, sondern die Herausgeber der ‚Werkstatt des Buches' gewesen wären, mit der Abrede, daß diese dem (jeweiligen) Verlag das Verlagsrecht vermitteln. Der Inhalt des Verlagsvertrages wäre, von der Änderung meines Vertragspartners abgesehen, unverändert. Lediglich die Verbindung des Büchleins mit der ,Werkstatt-Reihe' wäre enger und zwangsläufiger. Die Herausgeber hätten gegenüber dem Verlag eine stärkere und freizügigere Position gehabt. Vermutlich wären sie in jedem Falle dann die Inhaber der Rechte an der Reihe, denn durch den direkten Vertrag mit mir müßten sie dessen Risiko tragen. Nicht etwa der Verlag, sondern die Herausgeber hätten für die Erfüllung des Vertrages mir gegenüber einzustehen.

Der Verlagsvertrag ist aber bei der Mitwirkung an einem nichtperiodischen Sammelwerk nicht immer die gebotene Rechtsform, dann nämlich, wenn dem Verfasser nach der getroffenen Vereinbarung oder den Umständen entsprechend *ein Honoraranspruch nicht zusteht.* Auch so etwas gibt es mitunter – etwa wenn eine prominente Persönlichkeit die Einleitung für ein Sammelwerk schreibt und z. B. aus Rücksichtnahme auf ihre Amtsstellung eine Vergütung nicht entgegenzunehmen wünscht, oder bei einem Festschriftbeitrag, der dem Geehrten zuliebe honorarfrei bleibt. Dann gelten die Sonderbestimmungen des § 38 Abs. 2 UrhG: ist nichts anderes ausdrücklich abgemacht, darf unser Verfasser *nach Ablauf eines Jahres* seit dem Erscheinungsdatum seines Beitrages *anderweitig* über die Nutzungsrechte *verfügen.* Man kann, wie gesagt, und man wird wohl auch oft selbst in solchen Ausnahmefällen Abweichendes vereinbaren, also etwas die Regeln des echten Verlagsvertrages auch hier anwenden.

Mitarbeiter an Zeitungen und Zeitschriften

Im Gegensatz zu Verlagsverträgen über Beiträge für nichtperiodische Sammelwerke wird üblicherweise über die Mitarbeit an periodischen Sammelwerken (Zeitungen, Zeitschriften o. ä.) kein schriftlicher Vertrag geschlossen. Da auch hier mangels abweichender Vereinbarungen das Gesetz gilt, ist die Beachtung der hierzu einschlägigen Vorschriften besonders wichtig.

Im Zweifel, d. h. wenn anderes nicht eindeutig feststeht, erwirbt der Verleger oder Herausgeber ein ausschließliches Nutzungsrecht zur Vervielfältigung und Verbreitung für die Dauer eines Jahres vom

Erscheinen des Beitrages ab. Dies gilt für alle Periodika außer Zeitungen. Ist der Beitrag für eine Zeitung geliefert, so kann der Verfasser frei disponieren, insbesondere gleichzeitig, vorher oder nachher den gleichen Beitrag auch einer anderen Zeitung anbieten und dort veröffentlichen. Denn der Zeitungsverleger oder -herausgeber erwirbt zunächst einmal nur ein einfaches Nutzungsrecht, also eine reine Abdruckserlaubnis gegen Zeilenhonorar. Der Zeitungsverleger oder -herausgeber kann natürlich auch mit dem Verfasser vereinbaren, daß nicht ein einfaches sondern ein ausschließliches Nutzungsrecht eingeräumt werde. Damit gewinnt er aber die Exklusivität nur bis zum Erscheinen des Beitrages. Gleich danach darf der Verfasser schon wieder über seinen Beitrag anderweitig verfügen. Man kann aber auch da wieder Abweichendes vereinbaren, und dies geschieht, wie wir von den „echten", superb honorierten Exklusivberichten in unseren Gazetten wissen, keineswegs selten. Grundsätze und Umgehungsmöglichkeiten zu all dem verrät § 38 UrhG.

Eine weitere Besonderheit des Vertrags über einen Beitrag für ein periodisches Sammelwerk ist, daß der Verlag die Auflage der Druckschrift frei bestimmen kann und zur Vorlage von Korrekturabzügen nicht verpflichtet ist (§ 43 VerlG); auch stehen dem Verfasser eines Zeitungsbeitrags keine Frei- oder Vorzugsexemplare zu (§ 46 VerlG), während der Verfasser eines sonstigen Beitrages nur Sonderdrucke als Freiexemplare fordern kann (§ 25 Abs. 3 VerlG). Schließlich ist der Verlag trotz Annahme eines Beitrags zu einem periodischen Sammelwerk nur dann zur Vervielfältigung und Verbreitung oder zu Schadensersatz verpflichtet, wenn dem Verfasser der Zeitpunkt, in welchem der Beitrag erscheinen soll, vom Verleger bezeichnet worden ist. Damit angesichts dieser Regelung die Beiträge nicht noch mehr veralten, kann der Verfasser unbeschadet seines nach wie vor bestehenden Vergütungsanspruches das Vertragsverhältnis mit dem Verlag kündigen, wenn der Beitrag nicht innerhalb eines Jahres nach der Ablieferung an den Verleger veröffentlicht wurde (§ 45 VerlG).

Soll der Beitrag ohne den Namen des Verfassers, also anonym, erscheinen, so ist der Verleger befugt, an der Fassung solche Änderungen vorzunehmen, wie sie bei Sammelwerken derselben Art üblich sind (§ 44 VerlG). Gegenüber Schere und Rotstift des Redakteurs ist freilich diese bescheidene Gesetzesbestimmung ein frommer Wunsch, denn fast jeder Zeitungs- oder Zeitschriftenaufsatz wird – right or wrong – zerstückelt und ergänzt, ob der Verfassername darunter steht oder nicht. Die Redaktionen berufen sich demgegenüber auf Üblichkeit oder (Un-?)Sitte, und der Autor als „der Weise (?) schweigt und räuspert sich" (Wilhelm Busch). Soviel zum Änderungsrecht des Redakteurs eines periodischen Sammelwerkes*.

Fremdbearbeitung einer Neuauflage

Steht die Veranstaltung einer Neuauflage an, so muß der Verleger dem Verfasser Gelegenheit geben, *Änderungen* vorzunehmen, vorausgesetzt, daß dadurch keine berechtigten Interessen des Verlegers verletzt werden. Nach § 12 Abs. 2 VerlG darf der Verfasser die Änderungen durch einen Dritten vornehmen lassen.

Das bedeutet aber nicht, daß nun jener Dritte die ursprüngliche Eigenart des Werkes verändern darf. Der Gesetzgeber dachte mehr an eine untergeordnete *Hilfstätigkeit* im Namen und im Interesse, natürlich auch für Rechnung des Verfassers. Entsprechend unterbleibt die Nennung jenes Dritten auf dem Titelblatt des Werkes. Der Tätigkeit der Bearbeiter kann z. B. im Vorwort der Neuauflage gedacht werden.

Die richtige Form zur Regelung der Rechtsbeziehungen mit dem Dritten ist der *Verlagswerkvertrag*, von dem anschließend die Rede sein wird. Partner dieses Dritten kann der Verfasser selbst sein, aber auch der

---

* Sehr interessant war hierzu die Reaktion des Lektorats des Poeschel Verlages, als es mir schrieb:

Hier tun Sie wohl den Redaktionen unrecht. Die Schwierigkeit liegt darin, daß jeder Autor ein ‚Individuum' ist, während die Arbeit der Redaktion sich auf eine ‚Masse' bezieht und notwendig zu einer ‚Uniformierung' streben muß, wenn die betreffende Zeitschrift ein ‚eigenes Gesicht' bekommen soll. Die Verantwortung einer Redaktion ist nicht gering, wenn sie auch freilich oft mißbraucht wird.

Nun stehen wir also vor dem Tatbestand, daß die Praxis etwas erfordert, was das Gesetz „eigentlich" verbietet. Der Verlag hat ebenso recht wie unrecht, wenn er den notwendigen Zuschnitt rechtfertigt und nur den Mißbrauch verdammt. Das rechtliche Dilemma ist aber durch eine geeignete Klausel in den Mitarbeiterverträgen zu lösen:

Der Herausgeber (Redakteur, Verleger) ist berechtigt, an dem Beitrage einschließlich seiner Überschrift derartige Änderungen auch inhaltlicher Art vorzunehmen, die bei der Anpassung des Beitrages an das Sammelwerk nach seinem pflichtgemäßen Ermessen notwendig (oder – etwas allgemeiner: *zweckmäßig*) *sind.*

Damit wären dann Schere und Rotstift sanktioniert!

Verlag, wenn er selbständig darüber befinden kann, daß – etwa nach Ableben des Verfassers – das Werk entsprechend überarbeitet wird.

Geht es um die *Neubearbeitung* des Werkes, so muß der Urheberberechtigte entscheiden, ob diese über den Rahmen der reinen Hilfstätigkeit hinausgehen, also *eigenschöpferische Leistungen* zum Inhalt haben soll. Ist letzteres beabsichtigt, bedarf es der Einwilligung des Urhebers des zu bearbeitenden Werkes für die Veröffentlichung oder Verwertung in der bearbeiteten Form. Es ist zulässig, das Recht zur Einwilligung, jedenfalls unter bestimmten, einschränkenden Voraussetzungen, dem Verleger des Werkes zu übertragen. Im übrigen handelt es sich bei dem *Recht zur Bearbeitung* um eine ausschließliche Befugnis des Urhebers, über die nach § 23 UrhG nach dem Ermessen des Berechtigten verfügt werden kann.

Der Verfasser oder, gegebenenfalls, der Verleger kann die Einwilligung zur Bearbeitung von *Bedingungen* abhängig machen, etwa dahin, in welcher Weise das Werk bearbeitet werden soll, was jedenfalls von der Bearbeitung unberührt zu bleiben hätte, aber auch, ob und gegebenenfalls wie der Bearbeiter im Zusammenhang mit dem bearbeiteten Werk mit seinem Namen in Erscheinung tritt. Dies ist im Hinblick auf das grundsätzliche Namensnennungsrecht des Bearbeiter-Urhebers, das in gewissen Grenzen eingeschränkt werden kann, wegen § 13 UrhG wichtig.

Haben sich z. B. Verfasser und Bearbeiter darauf geeinigt, letzteren als Bearbeiter der Neuauflage auf dem Titelblatt in dieser Eigenschaft zu nennen, dann kann der Bearbeiter nicht etwa von sich aus diesen Rahmen überschreiten und z. B. seinen Namen gleichberechtigt neben dem des Verfassers oder gar an dessen Stelle in der gesamten Titelei der Neuauflage anführen; denn dadurch wird nicht nur die Absprache verletzt, sondern auch das Recht des Verfassers auf Anerkennung seiner Urheberschaft beeinträchtigt.

Hat nun der Bearbeiter entgegen der Absprache mit dem Verfasser keine Neubearbeitung sondern nur eine Redigierung oder kürzere Ergänzung geliefert, wäre nicht nur die Vereinbarung mit dem Verfasser unerfüllt geblieben. Es wären auch wettbewerbsrechtliche Beanstandungen der Konkurrenz zu befürchten, weil mit der Behauptung, das Werk sei neu bearbeitet, eine Qualität vorgetäuscht wird, die in Wahrheit nicht besteht (§§ 1,3 UWG a. F., §§ 3 ff. UWG n. F.).

Die Praxis kennt aber auch den Fall, in welchem der Bearbeiter öffentlich als „Autor" bezeichnet wurde, ohne gleichzeitig den Namen des Verfassers des bearbeiteten Werkes anzuführen. Dazu meinte ein Gericht, der Verfasser habe nicht immer und bei allen Ankündigungen Anspruch auf seine Namensnennung. Hiergegen bestehen urheberpersönlichkeitsrechtliche Bedenken.

Dies zeigt, daß auch über die Bearbeitung eines Werkes sorgfältige Absprachen getroffen werden sollten, um derartigen Erscheinungen zu begegnen. Das Vertrauen, daß schon alles seinen rechten Gang nähme, ersetzt mitunter nicht den durch Vertrag gesicherten Rechtsanspruch. Öffentliche, sachliche und wahrheitsgemäße Kritik des Verfassers am früheren Verhalten eines solchen Bearbeiters kann sogar als wettbewerbswidrig verboten werden, wenn Verfasser und Bearbeiter, wie es ja bei bestimmten Themen häufig ist, der gleichen Berufs- oder Interessengruppe angehören.

Der Verlagswerkvertrag

Abschließend sei im Rahmen der Mitarbeiterverträge noch der *Verlagswerkvertrag* oder *Bestellvertrag* kurz erörtert, der zwischen Verleger, Herausgeber oder Verfasser einerseits und einem Mitarbeiter andererseits dann geschlossen zu werden pflegt, wenn der Mitarbeiter nach einem Plan des Auftraggebers schriftstellerisch, zeichnerisch oder tonkünstlerisch tätig sein soll. Die Tätigkeit des Mitarbeiters ist in einem solchen Falle jedenfalls nicht darauf gerichtet, etwas im Gedankengehalt Selbständiges, durch persönliche Eigenart des Mitarbeiters Gekennzeichnetes hervorzubringen. Der Gesetzgeber dachte an die Gesellenarbeit im Hause des Meisters, die zwar nach dessen genauen Richtlinien, aber doch innerhalb eines gewissen, in der gestellten Aufgabe liegenden Spielraums geleistet zu werden pflegt. Ein solcher Werk- oder Bestellvertrag liegt auch vor, wenn sich die Tätigkeit auf die Mitarbeit an enzyklopädischen Unternehmungen, auf Hilfs- oder Nebenarbeiten für das Werk eines anderen oder für ein Sammelwerk (z. B. Registeranfertigung, redaktionelle Überarbeitung u. ä.) beschränkt.

In all diesen Fällen soll, so regelt dies § 47 VerlG, ein Verlagsvertrag mit der Verpflichtung des anderen Teils zur Vervielfältigung und Verbreitung nicht bestehen; der Besteller soll vielmehr – allerdings unbeschadet seiner Vergütungspflicht – über das Arbeitsergebnis des Auftragnehmers nach seinem Dafürhalten verfügen können, zumal das in der Person des Bearbeiters entstehende Urheberrecht meist schon nach der Natur des erteilten Auftrages auf den Besteller zu übertragen ist. Alles weitere richtet sich nach den bürgerlich-rechtlichen Vorschriften über den Werk- bzw. Dienstvertrag (§§ 611ff. BGB), gegebenenfalls auch nach § 43 UrhG), jedenfalls aber nicht nach den übrigen Vorschriften des Verlagsrechts.

Andere Vertragsformen

Mit der Besprechung des Verlagswerkvertrags haben wir die Grenze der typisch verlagsrechtlichen Verträge überschritten. Die Vollständigkeit des kursorischen Überblicks verlangt, daß auch noch einige Worte über den sogenannten Kommissions-Verlagsvertrag und über den damit oft verwechselten Kommissionärsvertrag gesagt werden.

Die Bezeichnung

Kommissions-Verlagsvertrag

ist irreführend. Von einem Verlagsvertrag in dem besprochenen Sinne kann keine Rede sein. In Wirklichkeit veröffentlicht der Verfasser hier sozusagen im Selbstverlag sein Werk und beauftragt gegen entsprechende Vergütung einen Verleger, ihm die Herstellungs- bzw. die Vertriebsarbeit abzunehmen. Der Verfasser handelt völlig auf eigenes Risiko und auf eigene Rechnung; er läßt nur den Verleger an seiner Stelle auftreten, wörtlich als Kommissionär im Sinne der §§ 383 ff. HGB.

Der buchhändlerische

Kommissionärsvertrag

ist hiervon streng zu unterscheiden. Er wird zwischen dem Verlag oder einer Buchhandlung und einer Firma des Zwischenbuchhandels geschlossen und ist darauf gerichtet, daß der Zwischenbuchhändler *im Namen des Verlegers oder Buchhändlers und für dessen Rechnung* wesentliche Vertriebsarbeiten (je nachdem: Lagerhaltung, Aus- und Belieferung, Bestellverkehr, Fakturierung, Inkasso u. dgl.) durchführt. Der buchhändlerische Kommissionär ist also kein Kommissionär im Sinne der soeben genannten HGB-Bestimmungen, sondern lediglich bevollmächtigter Vertreter des Verleger- oder Buchhändlerkommittenden (§§ 84 ff. HGB).

und deren Anpassung an neue Verhältnisse ist immer besser, sinnvoller und erstrebenswerter als der Bruch mit dem Partner und die Rechtsstreitigkeit mit allen Eventualitäten und Risiken, die niemand genau vorauszuberechnen vermag.

Natürlich kann man *einvernehmlich* jeden bestehenden Vertrag ändern und den neuen Gegebenheiten anpassen. So wird es im Urhebervertragsrecht in aller Regel gehandhabt. Aber auch die Rechtsordnung leistet dort Einigungshilfe, wo die Partner nicht ohne weiteres über die gebotene Einsicht verfügen.

Es gibt da die sogenannte *clausula rebus sic stantibus* auf der Grundlage des schon öfters zitierten Prinzips von Treu und Glauben (§ 242 BGB), also die „Klausel der gleichbleibenden Umstände" oder, deutlicher gesagt, der stillschweigende Inhalt jedes Vertrages, daß er nur unter den Voraussetzungen weitergelte, die beim und für den Abschluß des Vertrages bestimmend waren – ein bei leichtfertiger Anwendung für die Rechtsordnung recht gefährlicher Grundsatz, der daher auch nur im äußersten Notfall, beim effektiven

„Wegfall der Geschäftsgrundlage"

strapaziert werden darf. Damit kann also nur in außergewöhnlichen Fällen geholfen werden.

Das Urheberrechtsgesetz hatte diesen Grundsatz zunächst in der alten Fassung des § 36 übernommen: Wenn die vertraglichen Honoraransprüche des Urhebers zu den Erträgnissen des Werkes in einem groben Mißverhältnis standen, mußte der Vertrag so geändert werden, daß der Urheber eine den Umständen nach angemessene Beteiligung an den weiteren Erträgnissen erhielt. Dabei war so vieles zu berücksichtigen, daß diese Bestimmung in der Praxis nur wenig Anwendung fand. Das Änderungsgesetz vom 22. 3. 2002 hat damit so gründlich aufgeräumt, daß das Gesetz auch in diesen Neufassungen keineswegs leicht übersehbar geworden ist.

§ 32 UrhG sagt nun, daß der Urheber dann von seinem Vertragspartner die Einwilligung in die Änderung des Vertrages verlangen kann, wenn die im Vertrag vereinbarte Vergütung nicht angemessen ist. Dieses Recht des Urhebers kann nicht durch eine abweichende Vereinbarung außer Kraft gesetzt oder umgangen werden. Was der Gesetzgeber unter „angemessene Vergütung" versteht, haben wir oben bereits erörtert (S. 47). Den wichtigen Grundsatz des neuen § 32 vertieft nun § 32a UrhG: Führen Vertragsbedingungen dazu, daß die vereinbarte Gegenleistung unter Berücksichtigung der gesamten Beziehungen des Urhebers zu dem anderen in einem

auffälligen Mißverhältnis zu den Erträgen und Vorteilen aus der Nutzung des Werkes

steht, so ist der andere, also der Werknutzer, auf Verlangen des Urhebers verpflichtet, in die Änderung des Vertrages einzuwilligen, durch die dem Urheber eine den Umständen nach weitere angemessene Beteiligung gewährt wird.

Haftung des Lizenznehmers

Noch komplizierter wird die Sache dann, wenn der Werknutzer, sagen wir einfach: der Verleger, das Nutzungsrecht übertragen oder weitere Nutzungsrechte eingeräumt, z. B. Lizenzen weitervergeben hat; ergibt sich dann das auffällige Mißverhältnis aus den Erträgnissen oder Vorteilen eben des Lizenznehmers, so haftet dieser dem Urheber unmittelbar unter Berücksichtigung der vertraglichen Beziehungen in der Lizenzkette, während der lizenzgebende Verleger dafür nicht haftet. Auch diese Ansprüche sind im voraus nicht verzichtbar und nicht pfändbar im Wege einer Zwangsvollstreckung. Mit anderen Worten: Obwohl zwischem dem Urheber und dem Lizenznehmer des Verlegers keine Vertragsbeziehung besteht, kann der Urheber angesichts eines besonderen Erfolges der Lizenzausgabe vom Lizenznehmer eine angemessene Beteiligung an den Erträgen der erfolgreichen Vermarktung beanspruchen. Es liegt nahe, daß diese dem Vertragsrecht widersprechende Regelung, die überdies bestehende Drittverträge beeinträchtigen, vielleicht sogar verhindern kann, vor dem Erlaß des Gesetzes vom 22. 3. 2002 äußerst umstritten war.

Natürlich ist der Streit um Angemessenheit und Mißverhältnis müßig, wenn sich der Partner einer gemeinsamen Vergütungsregel (§ 36 UrhG n. F.) unterworfen haben. Der Streitfall besteht aber wenigstens solange, als derartige Regeln (oder auch entsprechende Tarifverträge) fehlen.

Im Prinzip soll das alles ein nicht unwesentlicher Beitrag zum Frieden zwischen Urheber und Werknutzer sein, und darauf kommt es letztlich doch an, soll das Reglement nicht mehr und mehr die persönliche Bindung ersetzen. Im übrigen gilt der alte Grundsatz, daß Verträge einzuhalten sind.

Die Übertragung des Verlagsrechts

Bei all diesen Theorismen, die durchaus Anwendung in der Praxis finden, ist das Schicksal meines Verlagsvertrags mit dem Poeschel Verlag etwas in den Hintergrund getreten. Dabei liefert dessen weitere Entwicklung recht interessante Aspekte für die Nutzanwendung des gerade abgeschlossenen Kapitels.

An einem grauen Novembertag teilte mir der Poeschel Verlag mit, er betrachte es „als einen glücklichen Umstand, daß der Verlag Dokumentation sich bereit erklärt hat, die ‚Werkstatt des Buches' künftig in seine Obhut zu nehmen". Die Reihe sei durch anderweitige Inanspruchnahme des Verlages nicht mehr intensiv genug gepflegt worden und könne nun in sachkundige, erfahrene und bewährte Hände gegeben werden. Den Verlagswechsel begleitete Poeschel mit „aufrichtigen Wünschen für einen guten Fortgang".

Gleichzeitig bestätigte der Münchner Verlag Dokumentation den Übergang der Werkstatt-Reihe mit allen Beständen und Rechten. Alle Verpflichtungen aus meinem Poeschel-Vertrag seien vom Verlag Dokumentation übernommen. Etwas später wurde dieser Vorgang dann noch schriftlich niedergelegt und vom Herausgeber, dem Verlag Dokumentation und mir unterschrieben.* Wie ich es von Poeschel gewohnt war, setzte der Verlag Dokumentation seine halbjährlichen Honorarabrechnungen fort.

Mein Poeschel-Vertrag sagte zur *Übertragung des Verlagsrechts* auf einen anderen Verleger nichts ausdrücklich, verwies aber auf die ergänzend gültigen Bestimmungen des Urheber- und Verlagsrechts.

Betrachten wir zunächst § 34 UrhG: Ein Nutzungsrecht, also auch ein Verlagsrecht, kann danach nur mit

---

* Diese Klausel hatte folgenden Wortlaut:
Die Vertragspartner sind sich darüber einig, daß die Rechte und Pflichten aus dem Verlagsvertrag des Verfassers mit der Firma J. B. Metzlersche Verlagsbuchhandlung und Carl Ernst Poeschel Verlag GmbH ... einschließlich der Zustimmung des Herausgebers der Reihe „Werkstatt des Buches"... in vollem Umfang auf den Verlag übergegangen sind. Erfüllungsort für diesen Vertrag ist nunmehr München.

Zustimmung des Urhebers

übertragen werden. Dieser darf aber die Zustimmung nicht wider Treu und Glauben verweigern. Dabei kommt es auf die Abwägung der beiderseitigen Interessen an. Nicht nur reine Willkür des Verfassers würde gegen Treu und Glauben verstoßen; das gilt auch beim Mißverhältnis zwischen nicht so wesentlichen Interessen des Verfassers gegenüber schwerwiegenden Belangen des Verlages. Hinderungsgründe, die es in dieser Weise abzuwägen gilt, können im persönlichkeitsrechtlichen wie im materiellen Bereich liegen. Auch der Zweck des Vertrages spielt bei der Interessenabwägung eine Rolle. Ebensowenig kann dem Verfasser zugemutet werden, sein Werk künftig in einem übel beleumundeten Verlagshaus erscheinen zu sehen, wie es für den Verleger von Bedeutung sein kann, ob er die mit dem fraglichen Werk verfolgte Tendenz z. B. weltanschaulicher Art weiterhin vertreten kann oder auch, ob zwingende wirtschaftliche Gründe die Übertragung der Nutzungsrechte auf einen anderen Verlag erforderlich machen.

Zustimmung heißt vorherige Einwilligung oder nachträgliche Genehmigung. In jedem Fall ist die Zustimmung erforderlich, wenn das Nutzungsrecht (Verlagsrecht) rechtswirksam übertragen werden soll. Erteilt nun der Verfasser die Zustimmung nicht, muß sich der Verleger die Zustimmung im Prozeßweg erstreiten. Erst das rechtskräftige Urteil, möglicherweise erst nach Jahren ergangen, ersetzt, wenn der Verleger den Rechtsstreit gewinnt, die Zustimmung. Scheitert die Klage des Verlegers, weil sich der Verfasser mit Recht, also im Sinne von Treu und Glauben, weigerte, kann die vorgesehene Rechtsübertragung nicht wirksam stattfinden; der Erstverleger muß weiterhin entsprechend dem Verlagsvertrag das Werk vervielfältigen und verbreiten, es sei denn, er findet einen anderen übernahmewilligen Verlag, dem sich der Verfasser ohne Verletzung von Treu und Glauben nicht mehr verweigern kann. Hinsichtlich der Form der Zustimmung gibt es keine Probleme, wenn nur aus dem Verhalten des Verfassers eine irgendwie geartete, den Rechtsübergang positiv beurteilende Reaktion erfolgt. Die Zustimmung kann also ausdrücklich oder stillschweigend erteilt werden.

Natürlich gibt es, wie immer in unserem Recht, auch *Ausnahmen* von diesen Grundsätzen:

Bei urheberrechtlich geschützten Sammelwerken

wäre es sehr mühsam, jeden einzelnen Beitragsverfasser um seine Zustimmung zu bitten. § 34 Abs. 2 UrhG läßt deshalb die Zustimmung des Urhebers des Sammelwerkes im Falle einer solchen Rechtsübertragung an dem Sammelwerk samt den darin enthaltenen einzelnen Werken genügen. Was „Sammelwerke" sind, wir erwähnten es schon, nennt § 4 UrhG: Es sind Sammlungen von Werken oder Beiträgen, die durch Auslese oder Anordnung eine persönliche geistige Schöpfung darstellen; diese werden, unbeschadet des Urheberrechts an den aufgenommenen Werken bzw. Beiträgen, wie selbständige Werke geschützt.

Die Schriftenreihe „Werkstatt des Buches" hatte eine klare inhaltliche Konzeption, war also eine persönliche geistige Schöpfung der Herausgeber Horst Kliemann, Fritz Hodeige und, nach dem Ableben von Horst Kliemann, von Hermann Leins. Im Zweifel hatten die Herausgeber ihre Zustimmung zur Übertragung der Nutzungsrechte auf den Verlag Dokumentation erteilt. Dann also war meine Zustimmung als Autor eines der Werke innerhalb der Sammlung für die Wirksamkeit der Übertragung des Verlagsrechts an der Schriftenreihe nicht erforderlich. Und zur Verweigerung meiner eigenen Zustimmung hätte ich keinerlei Anlaß gehabt.

Eine weitere Ausnahme gilt für den Fall, daß die Übertragung der Rechte im Rahmen der

Veräußerung eines Unternehmens

oder der Veräußerung *von Teilen eines Unternehmens* geschieht (§ 34 Abs. 3 UrhG). Auch hier ist der Grund einleuchtend: Steht ein Verlagsunternehmen im ganzen zum Verkauf, wäre die Notwendigkeit, von jedem einzelnen Urheber die Zustimmung einzuholen, der Durchführung eines solchen Vorhabens äußerst hinderlich. Sinngemäß gilt das auch für die Veräußerung eines Unternehmensteils, d. h. einer bestimmten Fachabteilung oder -gruppe eines Verlags; hier nämlich sind die Probleme, zwar reduziert, aber doch ähnlich wie bei der Unternehmensveräußerung im ganzen. Nachdem Poeschel sich auf betriebswirtschaftliches Schrifttum, insbesondere einschlägige Lehr- und Handwörterbücher konzentriert hatte, mag man die „Werkstatt des Buches" als einen solchen Unternehmensteil ansehen, deren Nutzungsrechte der Verlag ohne Zustimmung der einzelnen

Autoren übertragen durfte. Auf die Frage, ob die „Werkstatt"-Reihe ein urheberrechtlich geschütztes Sammelwerk darstellt oder nicht, kam es in diesem Fall also nicht einmal an.

Aus solchen möglicherweise einschlägigen, aber auch aus anderen Gründen hatte ich meine Zustimmung zu dem Verlagsrechtsübergang auf den Verlag Dokumentation natürlich nicht verweigert, deshalb nämlich, weil ich mit ihm ohnehin in Verbindung stand.

Damit blieb aber die Frage ungeklärt, ob nun neben dem Übernehmer der Rechte und Pflichten aus meinem Poeschel-Vertrag, dem Verlag Dokumentation, auch der Poeschel Verlag weiterhin gesamtschuldnerisch für die Erfüllung der sich aus dem Vertrag mit dem Urheber ergebenden Verpflichtungen haftet oder nicht. § 34 Abs. 4 UrhG schreibt die gesamtschuldnerische

Haftung des Veräußerers neben dem Erwerber

der nur dann vor, wenn der Urheber der Übertragung des Nutzungsrechts nicht im Einzelfall ausdrücklich zugestimmt hat. Denn damit hat er ja den Erwerber als seinen neuen Verleger wissentlich akzeptiert.

So ging auch ich davon aus, daß der Verlag Dokumentation nun der neue Verleger der Werkstatt-Reihe und meines „Kleinen Praktikums" sei.

Beendigung der Verträge

Ein Vertrag, auch jeder der hier besprochenen, endet entsprechend der jeweiligen Vereinbarung mit Zeitablauf, Zweckerreichung oder durch begründete, rechtsgestaltende Erklärungen wie Kündigung, Anfechtung oder Rücktritt, natürlich auch durch Einigung. Speziell für das Urhebervertragsrecht hat das UrhG noch das Rückrufsrecht eingeführt.

Rechtsgestaltende Erklärungen müssen ausdrücklich und unmißverständlich sein, und sie müssen dem anderen Teil zugehen. Sie sollten daher stets schriftlich abgegeben werden, und man wird gut daran tun, Beweismittel für die Absendung (Einschreiben) oder – noch besser – für deren Ankunft (Rückschein) sicherzustellen.

Soll der Vertrag nach genau festgelegter Zeit oder nach

Erreichung des Vertragszwecks

vereinbarungsgemäß enden, ist die Sachlage klar: Wurde etwa einem Verlag das Recht für die Dauer von 5 Jahren ab Vertragsabschluß gewährt, dann ist es selbstverständlich, daß nach Ablauf dieser Zeitspanne die vertraglichen Rechte und Pflichten grundsätzlich erloschen sind. Gleiches gilt auch dann, wenn die Rechtseinräumung für eine bestimmte Anzahl von Buchexemplaren erteilt wurde und das letzte Exemplar verkauft ist.

Solche Beendigungsklauseln enthalten Verlagsverträge meist nicht. Vielmehr ist es üblich geworden, dem Verlag das Verlagsrecht für alle Auflagen und Ausgaben zuzusichern, so daß der Vertrag auch nicht selbsttätig mit dem Ausverkauf einer Auflage oder Ausgabe erlischt. Gleichwohl kann ein Verlagsvertrag wie jedes andere Dauerschuldverhältnis auch zum Erlöschen gebracht werden. Hierfür geben Verlags- und Urheberrechtsgesetz und die allgemeinen Rechtsgründe die erforderlichen Regeln.

Kündigung

Selbst ohne Vereinbarung einer

Kündigung

kann ein Verlagsvertrag jederzeit *aus wichtigem Grunde* gekündigt werden, z. B. dann, wenn das notwendige Vertrauensverhältnis zwischen Verfasser und Verleger aus Verschulden des anderen Teils derart zerrüttet ist, daß die Fortsetzung des Vertragsverhältnisses unzumutbar geworden ist. Je nach Sachlage kann eine längere oder kürzere Kündigungsfrist, aber auch eine fristlose Kündigung gerechtfertigt sein. Maßgebend ist stets die Lage des Einzelfalls, bei deren Beurteilung die Interessen der beiden Vertragspartner sorgfältig abgewogen werden müssen.

Die Kündigung löst im Zeitpunkt ihres Wirksamwerdens das Vertragsverhältnis für die Zukunft auf, ohne damit die Vertragsrechte und -pflichten bis zum Kündigungstermin zu annullieren. Offene Verbindlichkeiten aus der Vertragszeit sind daher auch nach Wirksamwerden der Kündigung zu erfüllen, gegebenenfalls auch die Leistung von Schadenersatz wegen Nichterfüllung. Dies alles ergibt sich aus dem allgemeinen Schuldrecht.

Nach § 40 UrhG kann ein *Vertrag über künftige Werke* (der gleiche, für den Schriftform vorgeschrieben ist) von jedem Partner nach fünf Jahren seit seinem Abschluß gekündigt werden. Unser Gesetz ist sehr genau und versteht unter „künftigen Werken" solche, die überhaupt nicht näher oder nur der Gattung nach bestimmt sind. Bei einer solchen Kündigung muß noch eine Kündigungsfrist eingehalten werden, die das Gesetz mit sechs Monaten vorschreibt, die aber vertraglich auch gekürzt werden kann. Sechs Monate sind nicht viel, wenn man bedenkt, daß sich der Partner des Kündigenden auf eine ungestörte Fortsetzung des Vertrages eingerichtet hatte. Es wird daher kaum Anlässe geben, die eine vertragliche Abkürzung der Kündigungsfrist rechtfertigen, so daß man es besser bei der gesetzlichen Regelung beläßt. Der Zweck der Bestimmung ist klar: Niemand soll verpflichtet sein, auf unabsehbare Zeit „Katzen im Sack" zu kaufen oder zu verkaufen. Besonders der Autor soll sich nicht hinsichtlich seines gesamten künftigen Schaffens ein für allemal auf einen Verleger festlegen. Und während fünf Jahren wird man sich ja kennen, lieben oder fürchten gelernt haben. Es handelt sich hierbei also um den gleichen Rechtsgrundsatz, den wir bereits bei der Betrachtung der Option (Seite 62) festgestellt haben. Dieser Rechtsgrundsatz wäre aber zu umgehen, könnte man vertraglich das Kündigungsrecht bei künftigen Werken ausschließen; daher ist es folgerichtig, daß auf ein solches Kündigungsrecht im voraus nicht verzichtet werden kann.

Rücktritt

Daneben gewährt das Verlagsgesetz (§§ 30 ff.) noch das Rücktrittsrecht *für den Verleger*, wenn das Werk verspätet abgeliefert wird oder von vertragswidriger Beschaffenheit ist, *für den Verfasser* dann, wenn das Werk vom Verlag nicht vertragsgemäß vervielfältigt und verbreitet wird oder eine Neuauflage trotz Fristsetzung unterbleibt (§§ 17, 32 VerlG).

In diesen Fällen ist es in der Regel notwendig, dem anderen Teil eine angemessene Nachfrist zu setzen, bis zu der er den Mangel abstellen kann; verweigert der andere Teil aber die Mängelbeseitigung oder ist aus anderem zwingenden Grunde eine Fristsetzung nicht zumutbar, dann kann der Rücktritt gleich erklärt werden.

Der Rücktritt vernichtet, wie der Name sagt, das Vertragsverhältnis mit *rückwirkender* Kraft, also nicht nur – wie bei der Kündigung – für die Zukunft. Nach wirksamem Rücktritt ist die Rechtslage so, als wäre niemals ein Vertrag zwischen den Parteien zustande gekommen. Daher müßte auch alles, was in der Zwischenzeit von dem anderen Teil erlangt wurde, herausgegeben werden (z. B. Manuskripte, Honorarvorschüsse usw.). Der Rücktritt beseitigt nicht nur die Vertragsgrundlage, sondern eventuell auch die etwa aus einer Vertragsverletzung herrührenden Schadensersatzansprüche. Mit Rücktrittserklärungen soll man daher vorsichtig verfahren.

Allerdings wäre eine Rücktrittserklärung, die sich erkennbar nur auf die Zukunft richtet und Vergangenes unberührt lassen will, regelmäßig in eine Kündigungserklärung umzudeuten, die ja, wie erwähnt, das bisherige Vertragsverhältnis unberührt ließe. Solche Umdeutungen werden nötig, wenn der Rücktritt z. B. erklärt wird, weil eine Neuauflage nicht fristgemäß veranstaltet wird oder dann, wenn gleichzeitig mit der Rücktrittserklärung Schadenersatz wegen Vertragsverletzung verlangt würde. In beiden Fällen will der Zurücktretende natürlich nicht auf die rechtliche Basis des bisherigen Vertragsverhältnisses verzichten. Daher sind die Übergänge zwischen Kündigung und Rücktritt im Urhebervertragsrecht meist fließend.

Einen weiteren Rücktrittsgrund gibt das Verlagsgesetz dem *Autor* in § 35 VerlG: Glaubt der Verfasser zwischen Vertragsabschluß und Beginn der Vervielfältigung der ersten oder jeder weiteren Auflage nicht mehr zu seinem Werk stehen zu können, so kann er vom Vertrag zurücktreten. Denn niemand soll die Veröffentlichung seines Werkes hinnehmen müssen, wenn er es nicht mehr vor sich und der Welt gelten lassen kann, sei es, daß sich seine *Überzeugung* inzwischen *gewandelt* hat, sei es auch nur, daß der *Inhalt* des Werkes durch irgendwelche unvorherzusehende Umstände, z. B. bahnbrechende Entdeckungen, hoffnungslos veraltet und *überholt* erscheint. Diese Erkenntnis unseres Autors kann aber auch für den Verleger eine böse Überraschung bedeuten. Daher sieht das Gesetz zugleich die Verpflichtung des Verfassers vor, die dem Verlag bisher entstandenen Aufwendungen zu ersetzen oder gar Schadenersatz wegen Nichterfüllung zu leisten, wenn die gewandelte Überzeugung mehr oder weniger nur Vorwand war, den Verlag zu wechseln: Gibt der Autor binnen eines Jahres nach dem Rücktritt das gleiche Werk anderweitig heraus, so muß er sich so behandeln lassen, als habe er den Verlagsvertrag gebrochen. Von der Schadenersatzpflicht kann sich der Verfasser dann nur dadurch befreien, daß er die Herausgabe des Werkes zunächst seinem ursprünglichen Verleger zu den seitherigen Vertragsbedingungen anbietet.

Was das Verlagsgesetz in diesem Falle als Rücktrittsgrund behandelt, definiert das Urheberrechtsgesetz für das gesamte Urhebervertragsrecht ausdrücklich als

Rückrufsrecht wegen gewandelter Überzeugung

in § 42 UrhG. Das Prinzip ist ziemlich unverändert, wenn auch zugunsten des Urhebers verbessert angewendet worden: Ist für den Urheber die Verwertung des Werkes nicht mehr zumutbar, weil es seiner Überzeugung nicht mehr entspricht, kann er „ein Nutzungsrecht gegenüber dem Inhaber zurückrufen" und damit in der Regel den Vertrag zum Erlöschen bringen. Denn die Einräumung des Nutzungsrechtes und dessen Auswertung etwa durch den Verleger ist ja der Zweck des Nutzungsvertrages. Fällt das Nutzungsrecht dahin, so muß jede weitere Verwertung, z. B. durch Ausverkauf von Restexemplaren, sofort aufhören. Das Rücktrittsrecht des § 35 VerlG sah noch eine Begrenzung auf die Zeit vor Beginn der Vervielfältigungsarbeiten vor; das Rückrufsrecht kann dagegen zu jeder Zeit geltend gemacht werden, damit ganz unschönen Schaden stiften und manche Verwirrung anrichten. Allerdings wird der Rückruf erst dann wirksam, fällt das Nutzungsrecht erst dann an den Urheber zurück, wenn der bisherige Werknutzer die investierten Aufwendungen ersetzt oder hierfür Sicherheit erhalten hat – es sei denn, er hat nicht aufgepaßt und dem Urheber nicht innerhalb von drei Monaten nach der Rückrufserklärung die Aufwendungen mitgeteilt. Dann nämlich, nach Ablauf dieser drei Monate, wird der Rückruf wirksam und der Werknutzer kann sehen, wie er zu seinem Aufwendungsersatz kommt.

Trotz der „gewandelten Überzeugung" kann der Urheber das Werk wieder verwerten, auch wenn der bisherige Verleger nach wie vor auf seiner beachtlichen Restauflage sitzen blieb; der Autor muß nur dem seitherigen Werknutzer „ein entsprechendes Nutzungsrecht" – beileibe nicht genau das gleiche, obwohl es in der Regel das gleiche sein wird – anbieten, und zwar „zu angemessenen Bedingungen". Was das wieder ist, wird niemand im voraus sagen können. Man sieht, mit dieser Bestimmung wurde ein bedenklicher Beitrag zur Sicherung der Persönlichkeitsrechte des Urhebers und der Prosperität der Rechtspflege geleistet, buchstäblich ohne Rücksicht auf Verluste.

Nach § 132 UrhG ist § 42 UrhG auch auf Verträge vor dem Inkrafttreten des Urheberrechtsgesetzes vom 9. September 1965 (1. Januar 1966) anzuwenden. Die Praxis zeigt, ob sich diese Regelung bewährt. Trotz fast 40jähriger Gültigkeit kann man mit führenden Urheberrechts-Kommentaren feststellen, daß kaum Fälle der Ausübung des Rückrufsrechts wegen gewandelter Überzeugung bekannt geworden sind.

Sinnvoller, wenn auch nicht weniger kompliziert ist das

Rückrufsrecht wegen Nichtausübung

Wir haben die materiellen Grundsätze des modernen Urheberrechts nun schon recht genau kennengelernt: Der Urheber soll, wo auch immer, am Ertrag seines Werkes angemessen beteiligt sein. Darum soll er auch nicht an einer ertragreichen Nutzung gehindert werden, etwa indem er, aus einer vorübergehenden Verlegenheit heraus, voreilig über seine Rechte für alle Zeiten verfügt, ohne zugleich den Anspruch auf eine bestmögliche Auswertung seines Werkes einzuhandeln. Schriftform der Verträge über künftige, jetzt noch nicht bestimmbare Werke soll zum Nachdenken anregen, die Kündbarkeit solcher Verträge sie beseitigen helfen, wenn sie sich nicht im Sinne des Autors bewähren. Findet ein Werk nicht rechtzeitig seine verdiente Neuauflage nach Ausverkauf der alten, soll der Autor ebenfalls vom Vertrag freikommen und anderweitig über sein Nutzungsrecht verfügen können. Überhaupt soll, nach der Zweckübertragungstheorie, immer nur so viel Recht am Werk einem Werknutzer eingeräumt werden, als dieser es nach Sinn und Zweck des Vertrages benötigt, während alle restlichen Nutzungsrechte in der Hand des Urhebers zum Zwecke der anderweitigen Nutzung verbleiben.

Bisher war es so, daß man eine Verletzung des Grundsatzes von Treu und Glauben (§ 242 BGB) beweisen mußte, bis man die Chance hatte, von einem Nutzungsvertrag loszukommen, der lediglich die eingeräumten Rechte blockierte, ohne daß der Nutzungsberechtigte Anstalten machte, das Werk wirklich in dem vorgesehenen Sinne zu verwerten. Nutzungsverträge, die sozusagen nur auf Vorrat das Recht sicherstellten, ohne daß selbst auf lange Sicht auch eine Nutzung des Werkes garantiert wurde, gab es dann und wann; sie erinnerten mitunter an den sagenhaften Strumpffabrikanten, der das Patent, unzerreißbare Damenstrümpfe herzustellen, allein zu dem Zweck aufkaufte, weiterhin ungestört Strümpfe mit Neigung zu Laufmaschen produzieren zu können. Dieses Damenstrumpfproblem in die Sphäre des geistigen Schaffens zu übertragen hieße, dem Schöpfer der Unzerreißbaren das Recht zum Rückruf wegen Nichtausübung zuzubilligen, wollte er doch mit seiner Erfindung eine echte Lücke, die Laufmasche, ein für allemal schließen.

Diese Lücke schließt nun im Urheberrecht der § 41 UrhG, falls es dem Urheber gelingt, eine Reihe von Hürden durch exakte Beweisführung zu nehmen: Er hat zu beweisen, daß (1.) der Partner, dem ein ausschließliches Nutzungsrecht eingeräumt wurde, dieses (1a.) nicht ausübt (dieser Beweis ist leicht zu erbringen) oder (1b.) nur unzureichend (darüber ist schon jeder Streit möglich), ferner daß (2.) dadurch berechtigte Interessen des Urhebers erheblich verletzt werden (also eine nach Treu und Glauben unzumutbare Beschränkung des Urhebers vorliegt), weiter daß (3.) mindestens zwei, höchstens fünf Jahre seit Vertragsabschluß oder, wenn das Werk später abgeliefert wird, seit der Ablieferung verstrichen sind (bei Zeitschriftenaufsätzen genügen sechs bis zwölf Monate, bei Zeitungsbeiträgen drei Monate), schließlich daß (4.) der Urheber unter Ankündigung des Rückrufs eine angemessene Nachfrist zur zureichenden Ausübung des strittigen Nutzungsrechts ergebnislos bestimmt hat, es sei denn, daß eine Nachfrist von vornherein sinnlos wäre, weil (4a.) dem Partner die Ausübung des Nutzungsrechts ohnehin unmöglich ist oder (4b.) von ihm ausdrücklich verweigert wird oder (4c.) die Gewährung einer Nachfrist überwiegende Interessen des Urhebers gefährden würde, schließlich und endlich, daß (5.) der Urheber willens und in der Lage ist, den Partner, der vom Rückruf betroffen ist, zu entschädigen, (5a.) wenn und (5b.) soweit es der Billigkeit entspricht (hier ist, im Gegensatz zum Rückruf wegen gewandelter Überzeugung, die Entschädigungspflicht nicht Voraussetzung, sondern nur mögliche Folge des Rückrufs). Natürlich ist – bei diesem Hürdenlauf über etliche, mehrinstanzielle Durststrecken – der Partner jeweils zum Gegenbeweis aufgerufen, zusätzlich aber auch darüber, daß die Nichtausübung oder die unzureichende Ausübung des Nutzungsrechts überwiegend auf Umständen beruht, deren Behebung dem Urheber zuzumuten ist (etwa, daß das Werk nicht dem neuesten Stand der Erkenntnisse entspreche und sich deswegen der Verwertung entziehe). Außerdem – für den interessantesten Fall, das Verfilmungsrecht, gilt das Rückrufsrecht nicht (§ 90 UrhG, s. unten S. 161).

Man sieht die streng logische Arbeit des Gesetzgebers, die alles dem Einzelfall überläßt, was sich der generellen Regelung gegenüber als zu spröde erweist. Er tat sein Möglichstes, indem er zusätzlich noch festlegte, daß auf das Rückrufsrecht im voraus nicht verzichtet werden könne. Und unser Strumpffabrikant wird nicht befürchten müssen, daß demnächst die entsprechende Anwendung des § 41 UrhG für sein im Safe wohlverwahrtes Patent auf die Unzerreißbaren neue Gesichtspunkte ergeben werde.

Uns bleibt noch, an die

Anfechtung und Nichtigkeitseinrede

zu erinnern, wie sie gegenüber jedem Vertragsverhältnis gelten. Ich kann einen Vertrag wegen Irrtums, wegen arglistiger Täuschung oder Drohung anfechten, also in Fällen, in denen ich das, was ich unterschrieben habe, eigentlich gar nicht wollte (§§ 119, 123 BGB). Oder ich kann einwenden, mein Vertrag verstoße gegen die guten Sitten, da er ein besonders krasses Mißverhältnis von Leistung und Gegenleistung verankere, z. B. Leichtsinn oder Unerfahrenheit des einen Partners ausnutze usw. (§ 138 BGB). Diesen Notanker haben wir schon mehrfach erwähnt, da die Nichtigkeit einer einzigen Vertragsbestimmung z. B. einer Optionsklausel u. U. den gesamten Vertrag erfassen kann (§ 139 BGB). Bei all diesen Bestimmungen ist aber davon auszugehen, daß schon äußerst schwerwiegende Gründe vorliegen müssen, bis durch Anfechtung oder Nichtigkeitseinrede ein Vertrag wirklich null und nichtig wird. Denn der Grundsatz der Vertragstreue hat gerade im Urhebervertragsrecht besonderes Gewicht, wie sich – glücklicherweise – tagtäglich erweist.

Rechtsfolgen der Vertragsbeendigung

Das *Verlagsrecht erlischt* mit der Beendigung des Vertragsverhältnisses (§ 9 Abs. 1 VerlG). Dazu bedarf es keiner weiteren Handlungen der seitherigen Vertragspartner. Das den Inhalt des Verlagsrechts bildende Nutzungsrecht fällt automatisch an den Verfasser zurück, so daß dieser wieder das volle Urheberrecht zur Verfügung hat. Er kann dann sofort über dieses neu erstarkte Recht ganz oder teilweise nach eigenem Ermessen disponieren.

Daß ab der dritten Auflage mein „Kleines Praktikum" bei C. H. Beck, München, erscheinen konnte, hat natürlich seine Gründe. Jahraus, jahrein hatte der Verlag Dokumentation über die verkauften Exemplare abgerechnet und die vertragsgemäß fälligen Honorare überwiesen. Als die Summen recht gering wurden, hielt ich meinem Partner vor, daß die Fortsetzung des Vertragsverhältnisses für uns nicht mehr sinnvoll sei. Der Verlag war offenbar auch dieser Meinung und bot mir den Restbestand gegen eine Pauschalsumme an; leider konnte ich damit nichts anfangen, so daß die kleinen Abrechnungen immer weiter folgten, bis ich eines Tages die Mitteilung erhielt, das Büchlein sei ausverkauft, ein Honorar falle nicht mehr an; eine Neuauflage sei nicht vorgesehen. Die Rechte gingen an mich zurück.

So endete der vom Verlag Dokumentation mit hohen Erwartungen übernommene Vertrag, wohl auch für die gesamte „Werkstatt"-Reihe; denn sie wurde offensichtlich nicht mehr fortgesetzt. Immerhin – die Nutzungsrechte waren an mich zurückgefallen. Einem neuen Vertragsabschluß mit dem C. H. Beck Verlag stand nichts im Wege. Vertragsverhandlungen und Vertragsabschluß vollzogen sich, wie schon mit dem Poeschel Verlag, auf das angenehmste. Unser „Kleines Praktikum für Urheber- und Verlagsrecht" erlebte seine Neuauflagen. Und was eingangs dieses Büchleins für die erste Auflage gesagt wurde, gilt nun auch für die jetzige. Die Freude über die weitere Kooperation mit C. H. Beck wird die Trennung verschmerzen lassen.

Verträge über Werke der Musik, der bildenden Künste und über Lichtbildwerke

§ 1 VerlG bezieht sowohl Werke der Literatur und Wissenschaft wie auch Werke der Musik in den Geltungsbereich des Gesetzes ein. Mehr noch als beim literarischen Werk erweist sich jedoch in der Praxis bei *tonkünstlerischen Werken* die Notwendigkeit, andersartige vertragliche Abreden zu treffen, und zwar allein schon deswegen, weil sich der Musikverleger in der Hauptsache nicht nur mit dem Verkauf von Musiknoten befaßt sondern oft auch mit deren Verleih, besonders auch mit der Verwaltung von Aufführungs- und Senderechten. Soweit der außerordentlich kostspielige Notenstich für die Vervielfältigung eines tonkünstlerischen Werkes verwendet wird, ist es nachgerade unumgänglich, dem Verleger weitgehend die Vervielfältigungs- und Verbreitungsrechte einzuräumen. Moderne Herstellungsmethoden von Musiknoten unter Zuhilfenahme der digitalen Technik sind zwar nicht so aufwendig wie der traditionelle Notenstich, räumen aber nicht alle Probleme des Musikverlags aus. Im Rahmen dieses Büchleins würde es zu weit führen, die denkbaren vielfältigen Besonderheiten des Musikverlagsvertrags zu behandeln. Einblicke in die zu beachtenden Gesichtspunkte geben dem hieran interessierten Leser die Musterverträge des ‚Deutschen Musikverleger-Verbandes' sowie die Richtlinien der Komponistenverbände und der Verwertungsgesellschaften für tonkünstlerische Werke (abgedruckt in meiner Sammlung „Das gesamte Recht der Publizistik" Nr. 600 ff.). Wesentlich festzuhalten ist jedoch, daß grundsätzlich die Vorschriften des Verlagsgesetzes auch auf die Rechtsbeziehungen zwischen Komponisten und Musikverleger angewendet werden, soweit keine abweichende Vereinbarung ausdrücklich oder stillschweigend getroffen ist.

Unanwendbar ist das Verlagsgesetz jedoch auf Vertragsabschlüsse über die Vervielfältigung und Verbreitung von *Werken der bildenden Künste oder von Lichtbildwerken*. Eine eigene gesetzliche Regelung für dieses Rechtsgebiet fehlt. Die dadurch bestehende Rechtsunsicherheit sollte durch präzise schriftliche Verträge beseitigt werden. Anhaltspunkte über die Gestaltungsmöglichkeiten des Rechtsverhältnisses bieten nach wie vor die Richtlinien für Abschluß und Auslegung von Verträgen zwischen bildenden Künstlern und Verlegern vom 27. Juni 1926, die manche Grundsätze des Verlagsgesetzes sorgfältig und fachkundig auf die speziellen Bedürfnisse des Kunstwerkverlags zuschneiden. Trotz des formellen Außerkrafttretens darf bei der Auslegung von Verlagsverträgen zwischen bildenden Künstlern und Verlegern an diesen weitgehend zum Handelsbrauch gewordenen Richtlinien nicht vorbeigegangen werden. Auf eine detaillierte Behandlung auch dieses Randgebietes muß jedoch im Rahmen dieses Büchleins verzichtet werden; in meinem „Gesamten Recht der Publizistik" Nr. 783 sind Einzelheiten nachzulesen.

Altverträge

Verträge, die vor dem 1. Januar 1966 abgeschlossen worden waren, bleiben in jedem Falle wirksam (§ 132 Abs. 2 UrhG) und sind grundsätzlich auch unverändert weiter anzuwenden.

Das gilt auch für die *Honorarabsprache,* sofern sie keine Anpassungsklausel enthält. In solchen Fällen komme, wie der Bundesgerichtshof schon 1990 in seiner Entscheidung „Salome I" meinte, eine nachträgliche Änderung der vereinbarten Vergütung aus Billigkeitsgesichtspunkten nur ganz ausnahmsweise und unter besonderen Umständen in Betracht. Es falle, so sagt der BGH, unter das normale Risiko solcher Verträge, daß sich die den Wert der vereinbarten Leistungen beeinflussenden Verhältnisse während der Vertragsdauer zugunsten des einen oder des anderen Vertragspartners ändern können. Eine Äquivalenzstörung könne in solchen Fällen ein Anspassungsverlangen nur dann rechtfertigen, wenn das Gleichgewicht zwischen Leistung und Gegenleistung (oder jedenfalls das ursprünglich zugrundegelegte Verhältnis zwischen Leistung und Gegenleistung) so stark gestört ist, daß die Grenze des übernommenen Risikos überschritten wird und die benachteiligte Vertragspartei in der getroffenen Vereinbarung ihr Interesse nicht mehr auch nur annähernd gewahrt sehen kann.

Der Wegfall der Geschäftsgrundlage (wir sprachen oben, S. 99, schon davon) kann bei solchen Altverträgen nur dann in Betracht kommen, wenn dies zur Vermeidung untragbarer, mit Recht und Gerechtigkeit schlechthin nicht vereinbarer und damit der betroffenen Vertragspartei nicht zumutbarer Folgen unabweislich erscheint. Insoweit ist ein strenger Maßstab anzulegen. Die beiderseitigen Vertragspflichten müssen bei einem Vergleich der vereinbarten Vergütung mit der heute üblichen Vergütung in ein so grobes Mißverhältnis geraten sein, daß eine die „Opfergrenze" überschreitende Äquivalenzstörung anzunehmen ist und deshalb eine Anpassung an die heutigen Verhältnisse unter Zumutbarkeitsgesichtspunkten unabweisbar erscheint. Dazu gehört auch die Prüfung, ob eine Anpassung unter Berücksichtigung der Änderung der wirtschaftlichen Verhältnisse im allgemeinen (Lebenshaltungskosten, Einkommen) und im besonderen im Bereich des Werknutzers – im Falle der „Salome" war es natürlich die Oper – der Billigkeit entspricht. Nur ein schlechthin unerträgliches Mißverhältnis macht ein Festhalten an der alten Vergütungsregelung nicht mehr zumutbar.

Selbst wenn die erwähnte „Opfergrenze" überschritten und der Wegfall der Geschäftsgrundlage anzunehmen ist, geht es nicht um die Auflösung des Nutzungsrechtsvertrages sondern nur um die Anpassung der Urheberrechtsvergütung.

Die Erben von Richard Strauss hatten also finanziell das Nachsehen, aber nur deswegen, weil in den Nutzungsrechtsverträgen die Anpassungsklausel fehlte oder, richtiger, die Anknüpfung an bestimmte der wirtschaftlichen Entwicklung folgende Werte, z.B. an die jeweils erzielten Nettoerlöse, an denen sich die Urhebervergütung prozentual orientieren könnte.

Nun wurde während der langen Vertragsdauer die Urheberschutzfrist zweimal verlängert, 1934 und 1965. Der Bestand des Vertrages mit den Erben von Richard Strauss blieb dadurch natürlich unberührt. Es stellte sich aber die Frage, ob eine Anpassung der Vergütung zu erfolgen hat, weil für die jeweiligen Verlängerungszeiträume eine angemessene Vergütung zu zahlen war. So jedenfalls bestimmte es § 2 Abs. 2 Satz 2 des Gesetzes von 1934 und § 137 Abs. 3 UrhG. Entscheidend wirkte sich dabei aber die Einschränkung aus, daß nur dann eine angemessene Vergütung zu zahlen ist, wenn man annehmen kann, daß der Erlaubnisgeber für die Rechtsübertragung eine höhere Gegenleistung erzielt haben würde, wäre damals bereits die verlängerte Schutzfrist bestimmt gewesen. In dieser Hinsicht hätte Aussicht bestanden, wäre ursprünglich und vor der Schutzfristverlängerung eine Pauschalvergütung oder eine unangemessen geringe Vergütung gezahlt worden. Das war nun in diesem Fall „Salome II" nicht gegeben. Die Erben kamen auch mit dem weiteren Verfahren nicht zu dem erstrebten Ergebnis.

Der Schutz des Werkes

Wenn nicht gerade der Ausnahmefall eintritt, daß ein Manuskript aus der Schublade des Verfassers gestohlen wird oder ein Vertrauter des Autors hinter dessen Rücken die Niederschrift exzerpiert, wird der Schutz des Werkes oder – juristisch richtiger und präziser – der Schutz des Urhebers (vgl. § 1 UrhG) erst dann akut, wenn das Werk an die Öffentlichkeit getreten ist. Denn naturgemäß besteht erst von diesem Zeitpunkt an die erhöhte Gefahr, daß sich Dritte in einer Weise des Werkes bedienen, wie es von der Rechtsordnung nicht gebilligt wird.

Mag dieser Gesichtspunkt unsere unsystematische Betrachtung des Verlagsrechts vor dem Urheberrecht, also gewissermaßen nach Dringlichkeitsgesichtspunkten, rechtfertigen, so darf gleichwohl hieraus nicht der Schluß gezogen werden, geschützt sei nur das veröffentlichte Werk. Wäre dem so, so würde der Dieb eines Manuskriptes oder derjenige, der das Vertrauen eines Urhebers im Zeitpunkt der Schaffung des Werkes mißbraucht hat, auch noch prämiert: Wäre das unveröffentlichte Werk schutzlos, dann könnte er – dazu noch als erster – darüber verfügen. Das aber kann nicht rechtens sein.

Entstehung und Dauer des Urheberschutzes

Darum schützt unser Urheberrecht den Urheber vom gleichen Zeitpunkt an, in dem seine persönliche geistige Schöpfung geboren und in wahrnehmbarer Weise fixiert worden ist. Das *Urheberrecht entsteht* also im gleichen Moment, in dem das Manuskript Satz für Satz geschrieben oder diktiert wird, in welcher der ohne Konzept gehaltene Vortrag Satz für Satz an das Ohr der Zuhörer dringt. Allein die Konzeption, die Idee, auch die knappe, unausgeführte Berichterstattung über diese Idee vermittelt noch keinen Urheberschutz. Denn es fehlt noch an der Verkörperung der Gedankenerklärung, an der sicht- und beweisbaren Formgebung, ohne die der Zeitpunkt der

Rechtsentstehung und damit der Bestand des Rechtes selbst unsicher wäre.

Der *Urheberschutz erlischt* in dem Zeitpunkt, in dem entweder das Werk vergessen oder dank seiner überragenden Bedeutung Allgemeingut geworden ist. Dies jedenfalls ist der Grundgedanke der gesetzlichen Regelung. Der Zeitraum des Urheberschutzes umfaßt nach unserem Recht regelmäßig die Lebenszeit des Urhebers sowie einen zusätzlichen Zeitraum von 70 Jahren nach dessen Tode (§ 64 UrhG).

Dieses verhältnismäßig einfache System funktioniert natürlich dort nicht, wo der Urheber selbst nicht bekannt ist, z. B. wenn das Werk anonym oder unter einem Pseudonym erschien. In diesem Falle kann der Urheberschutz nur für die Dauer von 70 Jahren seit der ersten Veröffentlichung des Werkes oder, wenn das Werk innerhalb dieser Frist nicht veröffentlicht worden ist, 70 Jahre nach der Schaffung des Werkes (§ 66 UrhG) gewährt werden. Die durch diese Regelung in extremen Fällen geschaffenen Nachteile (das in erster Auflage anonym, in der zweiten Auflage unter dem Urhebernamen erschienene Werk wäre trotz Wegfall der Anonymität nur 70 Jahre vom Erscheinen an geschützt) gleicht unser Gesetz (§ 66 Abs. 2 UrhG) dadurch aus, daß es bei Nachholung der Namensangabe, bei Bekanntwerden der zweifelsfreien Identität des Pseudonyms mit dem Urheber und bei der anonymen oder pseudonymen Veröffentlichung nach dem Tode des Urhebers den normalen Schutzfristablauf (70 Jahre post mortem auctoris) eintreten läßt. Allerdings setzte dies die Kenntnis des Namens und des Todestages des Autors voraus, die bei dessen anfänglicher Anonymität nicht ganz einfach zu gewinnen ist, so daß diese gesetzliche Korrektur oftmals ins Leere gehen muß. Bis zum Inkrafttreten des LUG im Jahre 1901 ließ die formelle Rechtslage nach dem alten Urhebergesetz von 1870 die unautorisierte Veröffentlichung eines ursprünglich anonym oder pseudonym erschienenen, in späterer Auflage aber mit dem Urhebernamen versehenen Werkes nach Ablauf der Schutzfrist zu, bis das Reichsgericht unter Vorwegnahme der späteren gesetzlichen Regelung bei solchen ‚*Nebenluftausgaben*' die Luft entweichen ließ und konsequent ein später mit dem Urhebernamen gekennzeichnetes Werk nicht mehr als anonym ansah.

Wer die Verkürzung der Schutzfrist nicht in Kauf nehmen, gleichwohl aber seinen Namen nicht früher oder später mit seinem Werk verbunden sehen will, hat die Möglichkeit, seinen wahren Namen in die beim Bundespatent- und Markenamt in München geführte *Register anonymer und pseudonymer Werke* eintragen zu lassen. Jedermann darf in diese Urheberrolle Einsicht nehmen sowie einfache oder beglaubigte Auszüge verlangen. Da dieses Verlangen aber doch nicht so häufig gestellt wird, kann im wesentlichen das Geheimnis um die Person des Verfassers gewahrt bleiben. Nach dem alten Urheberrechtsgesetz bestand eine Urheberrolle beim Stadtrat zu Leipzig (§ 56 LUG); dort vorgenommene Eintragungen bleiben auch weiterhin im Sinne der §§ 66, 138 UrhG wirksam.

Natürlich ist für den Begriff der Schutzfristen, soweit es hierbei auf die Veröffentlichung des Werkes ankommt, die Veröffentlichung des vollständigen Werkes maßgebend. Bei Lieferungswerken, die anonym oder pseudonym erscheinen, berechnet sich die Schutzfrist einer jeden Lieferung gesondert ab dem Zeitpunkt ihrer Veröffentlichung (§ 67 UrhG). Ebenso ist es, wenn das Werk aus mehreren, in Zwischenräumen veröffentlichten, in sich abgeschlossenen Bänden oder Heften besteht; auch hier gilt der Erscheinungszeitpunkt des jeweiligen Bandes oder Heftes als Ausgangspunkt für den Lauf der Frist. Bei einem von mehreren Miturhebern herausgebrachten Werk erlischt das Urheberrecht erst 70 Jahre nach dem Tode des längstlebenden Urhebers (§ 65 UrhG). Wichtig zu wissen ist auch noch, daß eine Schutzfrist immer nur zum Jahresende ablaufen kann, weil das Gesetz den Beginn auf den Ablauf des Kalenderjahres festsetzte, in dem das Werk veröffentlicht worden oder der Urheber gestorben ist; die Schutzfristen der am 10. Januar und am 10. Dezember des gleichen Jahres gestorbenen Urheber enden also gleichmäßig mit Ablauf des 31. Dezember 70 Jahre später (§ 69 UrhG).

Die Entstehung und Beendigung des Urheberrechtsschutzes gilt im Prinzip gleichermaßen für Werke der Literatur, der Wissenschaft, der Musik, der bildenden Künste und für Lichtbildwerke; die ursprünglich für Lichtbildwerke gewährte Schutzfrist von nur 25 Jahren seit dem Erscheinen des Werkes oder seit der Herstellung, wenn inzwischen das Werk noch nicht erschienen war, ist durch Aufhebung des § 68 UrhG mit Wirkung vom 1. Juli 1985 auf die gewöhnliche

Schutzfrist von 70 Jahren erweitert. Für anonyme oder pseudonyme Werke der bildenden Künste gibt es keine Sonderregelung.

Gegenstand des Urheberschutzes

Der Schutz gilt allen Urhebern der verschiedenen Werkarten, wobei zu den Werken der Literatur, Wissenschaft, Musik und Kunst auch Vorträge oder Reden gehören. Darstellungen wissenschaftlicher oder technischer Art, wie Zeichnungen, Pläne, Karten, Skizzen, Tabellen und plastische Darstellungen zählen ebenfalls dazu. Wie Werke der bildenden Künste werden die Erzeugnisse der angewandten Kunst, Werke der Baukunst sowie Entwürfe hierzu geschützt. Gleiches gilt für pantomimische Werke einschließlich der Werke der Tanzkunst, für Filmwerke einschließlich solcher Werke, die ähnlich wie Filmwerke geschaffen werden. Den Schutz des Lichtbildwerkes genießen auch Lichtbilder und ähnlich wie Lichtbilder geschaffene Werke. Allerdings gilt für *Lichtbilder* (im Gegensatz zu Lichtbildwerken, die urheberrechtlich geschützt sind) nur ein sogenanntes *Leistungsschutzrecht*, das eine gegenüber dem Urheberschutz unterschiedliche Schutzdauer zur Folge hat: Das Recht an Lichtbildern erlischt 50 Jahre nach dem Erscheinen des Lichtbilds oder bereits 50 Jahre nach der Herstellung, wenn das Lichtbild innerhalb dieser Frist nicht erschienen oder erlaubterweise öffentlich wiedergegeben worden ist (§ 72 UrhG).

Auf einen hohen oder geringen künstlerischen Gehalt oder literarischen Wert des Werkes kommt es für den Urheberschutz nicht an. Wesentlich ist allein, daß die Schöpfung Eigentümlichkeiten der betreffenden Urheber besitzt und das Ergebnis eines schöpferischen Formungsaktes darstellt. Die briefliche Mitteilung eines Ereignisses, eines Wunsches usw. ist in der Regel urheberrechtlich nicht schutzfähig, auch wenn sie sprachlich und grammatikalisch vorbildlich verfaßt ist. Dagegen ist ein Gedicht, sei es auch noch so schlecht, regelmäßig als Werk der Literatur urheberrechtlich geschützt. Darum ist auch die musikalische Improvisation ebenso urheberrechtsschutzfähig wie ein exakt ausgearbeitetes symphonisches Werk. Eine gedankenlos vollgekritzelte Seite Papier genießt keinen Urheberschutz, während die Hervorbringung des gleichen Ergebnisses durch künstlerisches Schaffen zum Urheberrecht an einem Werk der bildenden Künste verhilft. Das schöpferische Lichtbild, auch das des Amateurs, ist urheberrechtlich geschützt, nicht aber das „künstlerische" Gebilde, das sich auf dem Negativfilm des Photographen abzeichnet, wenn der Film nur aus Versehen belichtet wurde.

Obwohl § 2 Abs. 2 UrhG als geschützte Werke nur persönliche geistige Schöpfungen gelten läßt, wurden durch Gesetz vom 9. Juni 1993 *Computerprogramme* ebenfalls in den Kreis der urheberrechtlich geschützten Werke aufgenommen, wenn sie individuelle Werke in dem Sinne darstellen, daß sie das Ergebnis der eigenen geistigen Schöpfung ihres Urhebers sind. Zur Bestimmung ihrer Schutzfähigkeit sind aber keine anderen Kriterien anzuwenden, insbesondere nicht qualitative oder ästhetische. Dabei gilt der Schutz für alle Ausdrucksformen eines Computerprogramms. Allerdings sind Ideen und Grundsätze, die einem Element eines Computerprogramms zugrundeliegen, einschließlich der den Schnittstellen zugrundeliegenden Ideen und Grundsätze, nicht geschützt (§ 69a UrhG). Ursache für die bei Computerprogrammen reduzierten Schutzvoraussetzungen waren entsprechend umzusetzende EG-Richtlinien, die den Erwartungen der Computerindustrie Rechnung zu tragen bemüht waren. Die Folgen der Neuregelung in §§ 2, 69a bis 69g UrhG für den Bestand des traditionellen Urheberrechts sind noch nicht abzusehen.

Das Subjekt des Urheberschutzes

Keineswegs entscheidend für den Urheberschutz des Werkes ist die rechtliche Verfassung seines Schöpfers; ein geschäftsunfähiges Kind hat ebenso Anspruch auf Urheberschutz seines etwa kraft besonderer Begabung entstandenen Werkes, wie die nach dem offenen Ausbruch der Geisteskrankheit von van Gogh gemalten flammenden Gemälde selbstverständlich Urheberrechtsschutz bis zum Ablauf der Schutzfrist genossen haben. Allein maßgebend bleibt grundsätzlich, daß eine persönliche geistige Schöpfung hervorgebracht wurde und ihre wahrnehmbare Verkörperung durch Niederschrift, Abbildung, Vortrag o. ä. erfahren hat. Wer auch immer diese Tätigkeit entfaltete, ist der Urheber und damit der Träger des Urheberrechtsschutzes.

Wurde diese Leistung von mehreren Autoren gemeinsam erbracht, ohne daß sich ihre Anteile gesondert verwerten lassen, sind also die einzelnen Leistungen in die der anderen aufgegangen und in sich somit unselbständig, so sind alle *Miturheber* (§ 8 UrhG), denen grundsätzlich gemeinsam auch die Verwertung des Werkes obliegt. Wie bei allen Gemeinschaften muß der einzelne auch hier eigene Vorstellungen über die Verwertung des Werkes der Ansicht seiner Miturheber unterordnen, weil er mit der Durchsetzung seiner Auffassung gegen Treu und Glauben verstoßen würde. Entsprechend nehmen auch alle Miturheber an den Erträgnissen aus dem Werk teil, und zwar, wenn nichts anderes zwischen ihnen vereinbart ist, nach dem Umfang ihrer jeweiligen Leistung für das Gesamtwerk. Jeder Miturheber ist aber für sich allein berechtigt, Rechtsverletzungen an dem gemeinschaftlichen Werk durch Dritte zu bekämpfen, auch wenn die Verletzung nicht unmittelbar den von ihm stammenden Anteil betrifft.

Vom gemeinsamen, durch Miturheber geschaffenen Werk ist das *verbundene Werk* zu unterscheiden. Hier sind – nicht etwa durch Fehler in der Buchbinderei – selbständige Werke mehrerer Urheber zu gemeinsamer Verwertung miteinander verbunden worden, also etwa ein Gedicht mit einer Komposition. Jedes Einzelwerk behält auch nach der Verbindung seine Eigenständigkeit. Rechtsverletzungen kann nur der unmittelbar Betroffene verfolgen. Honorarvereinbarungen sind mit jedem einzelnen Urheber gesondert zu treffen. Haben sich aber einmal Urheber in der geschilderten Weise mit ihren Werken verbunden, so kann auch jeder vom anderen die Einwilligung zur Veröffentlichung, Verwertung und Änderung des verbundenen Werkes verlangen, wenn hiermit nach Treu und Glauben nichts Unzumutbares gefordert wird (§ 9 UrhG).

Nicht immer ist das Subjekt des Urheberschutzes eindeutig der Person nach bestimmbar. Wegen der zahlreichen Rechtsfolgen, die sich in der Person des Urhebers vereinigen, benötigt daher das Gesetz die Konstruktion der *Urhebervermutung.* Zunächst gilt danach der als Urheber, der auf den Vervielfältigungsstücken des Werkes oder auf einem Kunstwerk-Original als solcher bezeichnet ist, gleichgültig, ob dies der wahre Name oder ein Pseudonym ist oder gar eine falsche Benennung. Herr Meyer, der wirkliche Urheber, und seine gesamte Mitwelt muß also zunächst einmal Herrn Huber, den das Titelblatt als

Verfasser seines, des Meiers, Werkes nennt, gelten lassen. Denn zugunsten Hubers gilt zunächst die Vermutung der Urheberschaft. Natürlich kann und wird Herr Meier das Gegenteil beweisen und dafür sorgen, daß der falsche Huber vom Titelblatt schleunigst verschwindet. Denn die Urhebervermutung ist widerlegbar. Bezeichnet sich jemand auf dem Titelblatt als Sammler und Herausgeber gemeinfreier Erzählungen, obwohl er in Wirklichkeit diese Erzählungen selbst erfunden und verfaßt hatte, dann gilt die Urhebervermutung nur in dem Umfang, wie die Aussage auf dem Titelblatt lautet. Der tatsächliche Verfasser braucht zwar nicht seine Sammler- und Herausgebertätigkeit zu beweisen, weil hier die Vermutung für ihn sprechen würde. Wohl aber muß er exakt darüber Beweis führen, daß er auch der Urheber der angeblich gemeinfreien Geschichten ist. Wird nun ein Urheber auf dem Werk überhaupt nicht genannt, hingegen aber ein Herausgeber, so wird vermutet, daß dieser Herausgeber ermächtigt ist, die Rechte des Urhebers geltend zu machen. Ist auch kein Herausgeber angegeben, jedoch wie üblich, ein Verleger, so gilt die Ermächtigungsvermutung – immer bis zum Beweis des Gegenteils – für diesen (§ 10 UrhG).

Inhalt des Urheberschutzes

„Das Urheberrecht schützt den Urheber in seinen geistigen und persönlichen Beziehungen zum Werk und in der Nutzung des Werkes.“ Mit diesem Kernsatz betont das Gesetz (§ 11 Satz 1 UrhG) die untrennbare Einheit des Urheberpersönlichkeitsrechts und der Verwertungsrechte. Es bedeutet keine Verminderung dieser Aussage, daß der neue Satz 2 des § 11 UrhG noch klarstellen will, das Urheberrecht diene zugleich der Sicherung einer angemessenen Vergütung für die Nutzung des Werkes, wie wir schon gehört haben.

Allein dem Urheber ist es vorbehalten, seiner geistigen Schöpfung den Weg in die Öffentlichkeit freizugeben oder zu versperren, ihr seinen Namen zu verleihen oder sich hinter der Anonymität oder einem Pseudonym zu verstecken. Er allein darf und soll darüber bestimmen, ob das geschaffene Werk in dieser oder anderer Form, gekürzt oder erweitert, in abgemilderter oder verschärfter Fassung, verändert oder unverändert dem Publikum überantwortet wird. Der

Ehrenschutz der Persönlichkeit des Urhebers gilt auch dessen Werk; wir sprachen oben S. 35 bereits davon.

Je nach der bestehenden Rechtsordnung gilt diese Art von Urheberschutz eigentlich immer schon, solange es Urheber gibt. Die Römer wandten bei entstellender Wiedergabe von Schrift- und Sprachwerken die actio injuria, die Beleidigungsklage, an. Es ist daher nicht ganz richtig, für Antike und Mittelalter die Existenz eines Urheberschutzes zu leugnen. Auch damals wurde dem Urheber im Rahmen seines Rechtsschutzbedürfnisses und nach dem damaligen Stand des Individualitätsschutzes ein Urheberpersönlichkeits-Recht zugebilligt, um das herum erst dann die Verwertungsrechte entstehen konnten, als Technik und Wirtschaft diese Verwertungsarten lukrativ gestalteten. So war also stets schon das *Urheberpersönlichkeitsrecht* der zentrale Mittelpunkt des Urheberrechts, um den sich eine dem jeweiligen Stande der Wiedergabetechnik entsprechende Anzahl verschiedener Verwertungsrechte gruppierte.

Dies nämlich ist die zweite Seite des Urheberinteresses: Das Ergebnis seiner geistigen Schöpfung soll und darf er allein nutzbringend verwenden und die dem Urheberrecht innewohnenden *Verwertungsrechte* auswerten, sei es, daß er einem Verleger das Verlagsrecht verschafft und auf diese Weise das Vervielfältigungs- und Verbreitungsrecht nutzt, sei es, daß er sein Werk öffentlich vorträgt und von seinen Zuhörern ein Eintrittsgeld verlangt, sei es, daß er anderen ein Bearbeitungsrecht, z. B. das Übersetzungsrecht für eine bestimmte Fremdsprache, entgeltlich einräumt, einen Verfilmungs- oder Senderechtsvertrag mit entsprechenden Firmen und Anstalten abschließt oder sein Literatur-, Bild- oder Musikwerk gegen entsprechende Vergütung zur Herstellung von Bild- oder Tonträgern (Filmen, Fernsehaufzeichnungen, Tonbändern, CDs, DVDs, Videos usw.) oder auch im Internet freigibt. Besser als eine detaillierte Aufzählung der verschiedenen Befugnisse des Urhebers ist die generelle Feststellung, die vor vielen Jahrzehnten das Reichsgericht traf und die, wie wir schon wiederholt gesehen haben, heute noch uneingeschränkt gilt, daß nämlich der Urheber grundsätzlich an jeder wie immer gearteten Verwertung seines Werkes zu beteiligen ist; soweit durch die technische Entwicklung neue Verwertungsarten und -formen bekannt werden, sollen diese allein dem Urheber vorbehalten sein.

Während das Urheberpersönlichkeitsrecht seiner Rechtsnatur nach rechtsgeschäftlichen Verfügungen entzogen ist – man kann allenfalls auf dessen Wahrnehmung im Einzelfall verzichten – können die verschiedenartigen Nutzungsrechte einzeln Dritten eingeräumt werden. Die üblichen Verfügungen eines Autors zugunsten eines Verlegers haben wir im ersten Teil unseres Büchleins eingehend kennengelernt.

Das Urheberpersönlichkeitsrecht und die Verwertungsrechte haben schon im Gesetz von 1965 Geschwister bekommen, die – etwas farblos – *„Sonstige Rechte des Urhebers"* genannt werden (§§ 25 ff. UrhG).

Einmal gehört hierher das Recht des Urhebers, von dem Besitzer des Werkoriginals, z. B. eines Gemäldes des Urhebers, jederzeit verlangen zu können, es zur Herstellung von Vervielfältigungsstücken oder zu Bearbeitungen aufzusuchen, etwa um eine Reproduktion hiervon zu fertigen. Voraussetzung ist dabei allerdings, daß dem Verlangen des Urhebers nicht berechtigte Interessen des Besitzers entgegenstehen. Herauszugeben braucht der Besitzer das Original aber nicht. Es genügt, daß der Urheber Zugang hat. Wie unter diesen Verhältnissen der Urheber vervielfältigungsfähige Vorlagen erlangen soll, verrät der Gesetzgeber allerdings nicht. Hier muß die Spruchpraxis der Gerichte im Notfall Ausgleich schaffen. Übrigens gilt dieses *Zugangsrecht* auch für Vervielfältigungsstücke eines Werkes, also z. B. für jedes Buch, das wir in unser Bücherregal stellen. Wenn der Schein nicht trügt, müssen wir alle dann und wann einmal mit dem Besuch unserer Lieblings- und sonstigen Autoren in unserer Privatbibliothek rechnen. Dieses „sonstige Recht des Urhebers" fördert also zweifelsohne zugleich auch den gesellschaftlichen Kontakt mit unseren Künstlern, Schriftstellern und Wissenschaftlern – wenn § 25 UrhG, um den es sich hier handelt, allzuwörtlich verstanden werden würde.

Von größerer Bedeutung ist das in § 26 UrhG verankerte *Folgerecht* für die Urheber von Werken der bildenden Künste, die sich immer schon recht darüber ärgerten, daß ihre Werke zunächst für ein Butterbrot losgeschlagen wurden und dann allmählich im Kunsthandel Kurswert erhielten, natürlich mit steigender Tendenz.

Wird nun das Original eines Werkes der bildenden Künste weiterveräußert und ist hieran ein Kunsthändler oder Versteigerer als Erwerber, Veräußerer oder Vermittler beteiligt, so hat der Veräußerer dem Urheber einen Anteil in Höhe von 5% des Veräußerungserlöses zu entrichten, es sei denn, der Erlös beträgt weniger als € 50,-. Dem Urheber steht ein Auskunftsrecht gegenüber dem Kunsthändler oder Versteigerer zu, welche Originale seiner Werke innerhalb des letzten vor dem Auskunftsersuchen abgelaufenen Kalenderjahres unter Beteiligung des Kunsthändlers oder Versteigerers weiterveräußert wurden, eventuell auch, was Name und Anschrift des Veräußerers sowie die Höhe des Veräußerungserlöses waren. Entrichtet der Kunsthändler oder Versteigerer selbst den Urheberanteil, braucht er Name und Anschrift des Veräußerers nicht mitzuteilen.

Ein Verzicht des Urhebers auf seinen Anteil im voraus ist unwirksam; der Urheber kann auch nicht über die Anwartschaft auf diesen Anteil verfügen. Um die Auskunftsansprüche gegenüber Kunsthändlern oder Versteigerern zu kanalisieren, können diese nur durch eine Verwertungsgesellschaft geltend gemacht werden. Diese hat dann auch die Möglichkeit, bei begründeten Zweifeln an der Richtigkeit oder Vollständigkeit einer solchen Auskunft Einsicht in die Geschäftsbücher oder sonstigen Urkunden, eventuell durch einen Wirtschaftsprüfer oder Buchprüfer, zu nehmen, wie dies zur Feststellung der Richtigkeit oder Vollständigkeit der Auskunft erforderlich ist. Ausgenommen vom Folgerecht sind Werke der Baukunst und der angewandten Kunst.

Diese sehr detaillierte Regelung des Gesetzes scheitert natürlich dann, wenn das Kunstwerk im Ausland verkauft wird, wo es an der Gegenseitigkeit des Folgerechts gegenüber der Bundesrepublik Deutschland fehlt. Die EU ist um Harmonisierung auch der Folgerechtsbedingungen bemüht, um solche Tricks zur Umgehung der Verpflichtungen gegenüber dem Urheber abzustellen.

Als drittes und letztes „sonstiges Recht" bleibt die *Bibliothekstantieme* zu erwähnen. Früher war das gewerbliche oder private, entgeltliche oder unentgeltliche Verleihen (das entgeltliche bezeichnet § 535 BGB als „Vermieten") von Werkexemplaren frei. Leihbüchereien, die der rechtlich Orientierte also Mietbüchereien nennen müßte, und öffentliche Bibliotheken zahlten demnach nichts an den Urheber. Nachdem Autorenvertretungen dagegen Sturm gelaufen sind, ist das Vermieten und Verleihen von Vervielfältigungsstücken gemäß § 27 UrhG tantiemepflichtig geworden.

Das Gesetz bestimmt nun, daß das Verleihen von Originalen oder Vervielfältigungsstücken eines Werkes als zeitlich begrenzte, weder unmittelbar noch mittelbar Erwerbszwecken dienende Gebrauchsüberlassung tantiemepflichtig ist (§ 27 Abs. 2 UrhG). Gleiches gilt für das Vermieten als zeitlich begrenzte, unmittelbar oder mittelbar Erwerbszwecken dienende Gebrauchsüberlassung (§§ 17 Abs. 3 Satz 1, 27 Abs. 1 UrhG). Als (tantiemepflichtige) Vermietung gilt jedoch nicht die Überlassung von Originalen oder Vervielfältigungsstücken von Bauwerken und Werken der angewandten Kunst oder im Rahmen eines Arbeits- oder Dienstverhältnisses zu dem ausschließlichen Zweck, bei der Erfüllung von Verpflichtungen aus dem Arbeits- oder Dienstverhältnis benutzt zu werden (§ 17 Abs. 3 Satz 2 UrhG).

Hat nun der Urheber das Vermietrecht an einem Bild- oder Tonträger dem Tonträger- oder Filmhersteller eingeräumt, so hat der Vermieter gleichwohl dem Urheber eine angemessene Vergütung für die Vermietung zu zahlen. Dem Urheber ist ebenfalls eine angemessene Vergütung für das Verleihen von Originalen oder Vervielfältigungsstücken zu zahlen, wenn die Originale oder Vervielfältigungsstücke durch eine der Öffentlichkeit zugängliche Einrichtung (Bücherei, Sammlung von Bild- oder Tonträgern oder anderer Originale oder Vervielfältigungsstücke) verliehen werden. Diese Vergütungsansprüche können nur durch eine Verwertungsgesellschaft, im Zweifel durch die VG WORT, geltend gemacht werden (§ 27 Abs. 3 UrhG).

Das Gesetz begnügt sich mit der Feststellung, daß die Vergütung „angemessen" sein müsse. Darüber hat die VG WORT eindeutige Tarife veröffentlicht und damit Meinungsverschiedenheiten ausgeräumt, was als „angemessen" zu verstehen ist. Das Vermieten und Verleihen von Vervielfältigungsstücken im Sinne des § 27 UrhG ist inzwischen zu einer durchaus interessanten Nebenerwerbsquelle der Urheber geworden.

Allen Teilen des Urheberrechts gemeinsam ist die *Ausschließlichkeit des Rechts* zu den verschiedenen Nutzungen und damit die Befugnis zur Ausschließung jedes Dritten von dieser Nutzung. Will ein Dritter gleichwohl das Werk in der einen oder anderen Form verwerten, so bedarf er hierzu der Einwilligung des Urhebers, also des Abschlusses eines entsprechenden Verwertungsvertrags oder, in den bestimmten, gesetzlich gesondert geregelten Fällen, der Meldung an die zuständige Verwertungsgesellschaft, falls er sich nicht auf die genehmigungsfreie Benutzung (vgl. S. 134 ff.) berufen kann.

Jede andere Handlungsweise wäre eine

Urheberrechtsverletzung

die zivilrechtlich und strafrechtlich geahndet werden kann.

Sozusagen die populärste Form der Urheberrechtsverletzung ist das *Plagiat*. Gemeinhin versteht man darunter die getarnte Kopie eines fremden, urheberrechtlich geschützten Werks, das Ersetzen der eigenen Schöpfung durch eine mehr oder minder geschickt variierte fremde geistige Leistung, wobei die Identität des Originalwerks in den wesentlichen Zügen sichtbar bleibt. Der Plagiator hat sich nicht von der Individualität seines Vorbildes freigemacht, sich nicht auf eigene Füße gestellt; er hat nicht etwas Selbständiges, wesentlich Unterschiedliches geschaffen, sondern nichts anderes zustande gebracht, als eine vom Vorbild abhängige Bearbeitung oder gar nur eine Reproduktion, wobei er diese der Wahrheit zuwider als sein eigenes geistiges Erzeugnis ausgibt und die eigentliche Urheberschaft seines Vorbildes verschweigt. Statt dessen hätte der Plagiator die Einwilligung des Originalautors für die von ihm geplante Publikation einholen und, hätte er sie erhalten, diese als solche unter Nennung des Originalautors deklarieren müssen.

So einfach in Plagiatsfällen die Rechtslage zu sein scheint, so schwierig ist aber bei Hartnäckigkeit des Plagiators die Rechtsverfolgung. Der verletzte Urheber muß nämlich den Tatbestand der unerlaubten Bearbeitung seines Werkes Stelle für Stelle genau beweisen. Nicht immer kann er dem häufigen Einwand eines Plagiators begegnen, diese und jene ähnlich erscheinende Stelle ergäbe sich aus dem typischen Handlungsablauf der Schilderung, sei fester Bestandteil der Umgangs- oder Fachsprache und habe sich daher bei der Darstellung ohne das Vorbild des Verletzten selbst ergeben. Fast regelmäßig kommt auch der Einwand des Plagiators, er habe das Werk des Originalautors jedenfalls während der eigenen Konzeption gar nicht gekannt. Dann steht dem Autor die Berufung auf die gegebenenfalls zu seinen Gunsten sprechende Urhebervermutung zur Seite (vgl. S. 124), sollten die Voraussetzungen dafür gegeben sein. Sonst ist die letzte Rettung für den verletzten Originalautor dann meist das Gutachten eines Sachverständigen, der neben seinen Feststellungen über Parallelen und Übereinstimmungen in den beiderseitigen Darstellungen nicht unkomplizierte Untersuchungen über Konzeptionsstile und etwaige Stilbrüche anstellen muß.

Gegen den Plagiator wie auch gegen jeden anderen Verletzter des Urheberrechts ist unabhängig davon, ob er die Urheberrechtsverletzung verschuldet hat oder nicht, der *Anspruch auf Unterlassung* der weiteren Vervielfältigung und Verbreitung der verletzenden Stellen gegeben. Daneben schuldet der Verletzer dem Verletzten bei vorsätzlichem oder fahrlässigem Verstoß gegen das Urheberrecht den *Ersatz des aus der Verletzung entstandenen Schadens* (§ 97 UrhG). An Stelle des Schadenersatzes kann der Verletzte die *Herausgabe des Gewinns* und Rechnungslegung darüber verlangen, was der Verletzer durch die Rechtsverletzung erzielt hat.

Bemerkenswert ist, daß Urheber, Verfasser wissenschaftlicher Ausgaben, Lichtbildner und ausübende Künstler beim Verschulden des Verletzers *Ersatz auch des immateriellen Schadens* verlangen können, wenn und soweit das der Billigkeit entspricht (§ 97 Abs. 2 UrhG). Ein billiger Ausgleich kann nur bei schwerwiegenden Verletzungshandlungen gefordert werden. Dabei kommt es ebenso auf die Gewichtigkeit der Verletzung an wie auf das Ausmaß des dem Verletzten zugefügten Nachteils, nicht zuletzt auch darauf, ob (eventuell nur) durch Zubilligung des immateriellen Schadenersatzes dem Verletzten Genugtuung verschafft werden kann. Die Rechtsprechung zum immateriellen Schadenersatz bei Urheberrechtsverletzung ist deutlich restriktiv; möglicherweise gelingt es dem verletzten Urheber nicht immer, das Ausmaß seiner durch die Verletzungshandlung entstandenen seelischen Bedrängnis dem Gericht nahezubringen.

§ 96 UrhG verbietet jegliche Verbreitung und öffentliche Wiedergabe rechtswidrig hergestellter Vervielfältigungsstücke; entsprechend dürfen rechtswidrig veranstaltete Funksendungen nicht auf Bild- oder Tonträger aufgenommen oder öffentlich wiedergegeben werden. Dieses absolute Verdikt ist gleichzeitig Grundlage für den Anspruch des Verletzten, alle rechtswidrig hergestellten, verbreiteten oder zur rechtswidrigen Verbreitung bestimmten Vervielfältigungsstücke im Machtbereich des Verletzters zu *vernichten* oder auch *gegen eine angemessene Vergütung*, die die Herstellungskosten nicht übersteigen darf, *zu übernehmen*

(§ 98 UrhG); allerdings dürfen solche Maßnahmen nicht exzessiv betrieben werden: Kann der durch die Rechtsverletzung verursachte Zustand auch auf andere Weise beseitigt werden und wären die Maßnahmen der Vernichtung oder der Überlassung unverhältnismäßig, so muß sich der Verletzte mit entsprechenden milderen Ersatzmaßnahmen zufrieden geben. Entsprechendes gilt auch für die ausschließlich oder nahezu ausschließlich zur rechtswidrigen Herstellung von Vervielfältigungsstücken benutzten oder bestimmten *Vorrichtungen* (§ 99 UrhG).

Vom Vernichtungs- oder Übernahmeanspruch ausgenommen sind *ausscheidbare Teile* von Vervielfältigungsstücken und Vorrichtungen, deren Herstellung oder Verbreitung nicht rechtswidrig ist, ferner ganze Bauwerke (aber kein Zubehör, Entwurf, Plan o. ä.). Kann einem Verletzer weder Vorsatz noch Fahrlässigkeit zur Last gelegt werden und würde durch die vorgenannten Ansprüche ein verhältnismäßig großer Schaden entstehen, so wird dem Verletzten die *Abfindung in Geld* zugesprochen. Dabei richtet sich die Entschädigung nach der Angemessenheit einer Vergütung, wie wenn das verletzte Recht durch Vertrag eingeräumt worden wäre; mit einer solchen Zahlung gilt die Einwilligung des Verletzten zur Verwertung im üblichen Umfang als erteilt (§ 101 UrhG).

Wer ein Urheberrecht oder Leistungsschutzrecht verletzt, ist gegenüber dem Verletzten zur *Auskunft über Herkunft und Vertriebsweg* der Vervielfältigungsstücke verpflichtet, wenn dies im Einzelfall nicht unverhältnismäßig ist. Dabei muß der Verletzer auch Angaben über Namen und Anschriften des Herstellers, des Lieferanten und anderer Vorbesitzer der Vervielfältigungsstücke, des gewerblichen Abnehmers oder Auftraggebers sowie über die Menge der hergestellten, ausgelieferten, erhaltenen oder bestellten Vervielfältigungsstücke erteilen. Derartige Auskünfte sind unverzüglich, d. h. ohne schuldhaftes Zögern, zu erteilen; bei Offensichtlichkeit kann auch eine einstweilige Verfügung zur Auskunft verpflichten (§ 101a UrhG).

Ansprüche wegen Verletzung des Urheberrechts oder Leistungsschutzrechts *verjähren in drei Jahren* von dem Zeitpunkt an, in dem der Verletzte von der Verletzung und der Person des Verletzers Kenntnis erlangt, sonst *in 30 Jahren* von der Verletzungshandlung an. Unberührt von der Verjährung bleibt die *Verpflichtung des Verletzers* alles, was er durch die Verletzung auf Kosten des Verletzten erlangt hat, *herauszuge-*

ben, sofern er im Zeitpunkt des Herausgabeverlangens noch hierum bereichert ist.

Wer in einem solchen Verletzungsprozeß obsiegt, kann bei berechtigtem Interesse das ergangene *Urteil öffentlich bekanntmachen*, meist allerdings erst nach Rechtskraft (§ 103 UrhG). Zuständig für solche Rechtsstreitigkeiten sind die ordentlichen Gerichte; die Gerichte für Arbeitssachen oder Verwaltungsgerichte sind dann zuständig, wenn es sich um Urheberrechtsstreitsachen aus einschlägigen Arbeits- oder Dienstverhältnissen handelt, die sich ausschließlich mit Ansprüchen auf Leistung einer vereinbarten Vergütung befassen (§ 104 UrhG).

Für strafbar erklärt wurden durch die Novelle 2003 (ab 1. 9. 2004) unerlaubte Eingriffe in technische Schutzmaßnahmen und in zur Rechtewahrnehmung erforderliche Informationen, wie sie durch die neuen Paragraphen 95a und 95d als ergänzende Schutzbestimmungen in das Gesetz eingeführt worden sind. Die unerlaubten Eingriffe nur zum eigenen privaten Gebrauch des Täters werden noch verhältnismäßig milde bestraft, nämlich mit Freiheitsstrafe bis zu einem Jahr oder mit Geldstrafe; eine gewerbsmäßige Handlung kann allerdings bereits Freiheitsstrafe bis zu drei Jahren oder erheblich höhere Geldstrafe einbringen. Zusätzlich werden die Paragraphen 95a und 95d UrhG noch durch Bußgeldvorschriften gesichert. Verstöße dieser Art sind keine Kriminaldelikte, werden aber als Ordnungswidrigkeit mit Geldbußen bis zu € 100 000,- belegt, je nach Folgenschwere der ordnungswidrigen Handlung.

Seltener strapaziert bei Urheberrechtsverletzungen werden die *Straf- und Bußgeld-Vorschriften* (§§ 106 bis 111 UrhG), schon deswegen, weil bis auf die gewerbsmäßige unerlaubte Verwertung (§ 108a UrhG) eine strafrechtliche Verfolgung nur auf Antrag einsetzt, es sei denn, daß die Strafverfolgungsbehörde wegen des besonderen öffentlichen Interesses an der Strafverfolgung ein Einschreiten von Amtswegen für geboten hält (§ 107 UrhG).

Genehmigungsfreie Benutzung des Werkes

Die genehmigungsfreie Benutzung des Werkes ist nachgerade sein Zweck. Die Aussage eines Urhebers bliebe stumm, wenn sein Buch nicht gelesen, über seine Gestaltung nicht diskutiert, die erzielten Ergebnisse nicht verwendet und weiterentwickelt werden dürften. Die Benutzung eines urheberrechtlich geschützten Werkes ist also stets für jedermann erlaubt, wenn nur nicht das Urheberpersönlichkeitsrecht oder eines der Verwertungsrechte verletzt wird.

Vom Plagiat zur „freien Benutzung"

Kein Schriftsteller, kein Künstler arbeitet im luftleeren Raum. Das Schaffen des Urhebers ist das Ergebnis der geistigen Strömungen seiner Zeit, wie diese der Urheber sieht. Sein Schaffen ist also das Ergebnis der inneren Auseinandersetzung mit dem Schaffen anderer. In aller Regel bliebe ein urheberrechtlich geschütztes Werk unergiebig, wenn es nicht unter Einbeziehung anderer Werke zum gleichen Thema entstanden wäre und deren Erkenntnisse der Unterbau für die eigenen demonstrierten Überlegungen wären. Vom urheberrechtlichen Standpunkt aus ist eine derartige Benutzung fremder urheberrechtlicher Werke bei der Schaffung des eigenen Werkes selbstverständlich erlaubt, wenn nur die Benutzung eine hinreichend freie ist und wenn durch diese freie Benutzung eine neue, eigentümliche und nicht von der Quelle abhängige Schöpfung hervorgebracht wird (§ 24 UrhG).

Die zulässige freie Benutzung eines Werkes endet dort, wo das Plagiat (siehe Seite 130) anfängt, allmählich erlaubt zu werden. Wo genau die Nahtstelle liegt, ist eine reine Wertungsfrage, die mit allen Irrtumsvorbehalten nur im Einzelfall zu bestimmen versucht werden kann. Wer sich genügend selbständiges Denken zutraut, wird bei einer freien Benutzung eines anderen urheberrechtlich geschützten Werkes diese Nahtstelle wenn schon nicht finden, so doch auf jeden

Fall zu meiden wissen, eingedenk dessen, daß die Gerichte wie auch das einschlägige Fachschrifttum immer mehr einen strengen Maßstab anlegen.

Beispiele für eine erlaubte freie Benutzung zu geben, ist wegen der Gefahr der Verallgemeinerung und Mißverständnisse problematisch; nur unter diesen Vorbehalten seien folgende, von der Praxis als freie Benutzung bezeichneten Fälle benannt: Darstellung eines von dritter Seite erfundenen und beschriebenen Systems der Stenographie in einem selbständig abgefaßten Lehrbuch; Anführung veröffentlichter wissenschaftlicher Arbeitsergebnisse in einer eigenen, selbständigen Arbeit zur Vervollständigung; Berichte über öffentliche Vorträge, die den Vortrag als solchen nicht wiedergeben, auch zusammengefaßte Inhaltsangaben in Besprechungen; Verwendung der einer lyrischen Dichtung zugrunde liegenden Idee zu einer Prosadichtung ohne Wiedergabe der Darstellung im einzelnen (bedenklich! – der im Gedicht verkörperten Idee kann eine derartige Eigentümlichkeit für den Erstverfasser zukommen, daß deren Übernahme in ein Prosastück das benutzte Werk immer noch durchschillern läßt, so daß eine freie Benutzung ausscheidet); die Benutzung eines Werkes in einer Satire oder Parodie (eventuelle Grenzen wären hier durch die denkbare Verletzung des Urheberpersönlichkeitsrechts gezogen oder auch dadurch, daß es sich bei näherer Betrachtung nicht um ein wirklich in sich selbständiges Parodie-Werk handelt); Wiedergabe des gleichen Gegenstandes in einem Werk der bildenden Künste oder einem Lichtbildwerk mit wesentlich anderen künstlerischen Mitteln; mitunter auch die Schaffung eines Werkes der bildenden Künste an Hand eines Lichtbildwerkes; kritische Auseinandersetzung im Rahmen einer Parodie mittels geschützter Laufbilder oder durch die Wiedergabe eines älteren Werks in einem deutlichen inneren Abstand; Zusammenfassung zu Informations- und Dokumentationszwecken, die die Lektüre des Ausgangswerkes nicht ersetzt; Übernahme der Figur einer Persönlichkeit ohne Darstellung von deren Strukturen und Charaktereigenschaften in der Gesamtschau.

Für *Werke der Musik* besteht die noch strengere Vorschrift, daß *jede Benutzung unzulässig* ist, durch die eine Melodie erkennbar dem Originalwerk entnommen und dem neuen Werk zugrunde gelegt wird (§ 24 Abs. 2 UrhG). Diese Bestimmung tut so, als sei die Melodie, das musikalische Motiv, bei einem Musikwerk das allein ausschlaggebende, besonders schützenswerte Element, eine Auffassung, die schon seit Erlaß des alten Urhebergesetzes im Jahre 1901 hinreichenden Anlaß für kritische Bemerkungen bot. In den Entwürfen zur Urheberrechtsreform kam zwar diese Sonderstellung für den Melodienschutz nicht mehr vor; das UrhG hat ihn trotzdem zur Vermeidung einer für den Urheber nachteiligen Rechtsunsicherheit, insbesondere einer Ausbeutung von Melodien unter dem Deckmantel der freien Benutzung, wieder übernommen.

Privater Gebrauch und der nervus rerum des Urheberrechts

Ebenso wie die Benutzung eines fremden urheberrechtlich geschützten Werkes der Benutzungsart nach zulässig sein kann, ebenso kann auch der Zweck der Benutzung diese rechtfertigen. So ist der ausschließlich private Gebrauch eines fremden Werkes immer zulässig, unabhängig davon, in welcher Weise dieser Gebrauch erfolgt. Lesen, Vorlesen, Nachspielen eines Musikstücks, Aufstellen eines Kunstwerks, Nutzung von Rundfunksendungen, von Internet-Darbietungen, von Ton- oder Bildträgern im privaten Bereich sind Handlungen, die geradenwegs die unmittelbare und gewollte Folge der Werkschöpfung sind. Nicht anders ist es mit dem Anfertigen von Notizen während des Lesens, der Nachskizzierung eines betrachteten Kunstwerks, der Fertigung einer Fotokopie eines Zeitschriftenaufsatzes oder der Herstellung einer Tonbandaufnahme des selbst gespielten, urheberrechtlich geschützten Musikwerks, jedenfalls wenn diese Tätigkeit, um es nochmals zu betonen, nur zum privaten Gebrauch erfolgt (§ 53 UrhG).

Diese Freigabe der Geistesschöpfung innerhalb der privaten Sphäre ist an sich aus zweierlei Gründen selbstverständlich: Zum einen ermöglicht erst diese Freigabe die Werknutzung in der vom Urheber gewünschten, aber auch im Interesse von Wissenschaft und Kunst liegenden intensiven Weise; zum anderen wird damit etwas freigegeben, was ohnehin dem Auge des Gesetzes entzogen ist, was also (mit oder ohne Gesetz) jedermann tun kann, ohne tatsächlich daran gehindert zu werden. Hier, in der persönlichen Sphäre des Werknutzers, konzentriert sich das aus vielen Einzelrechten bestehende Urheberrecht auf seinen Kern, das Urheberpersönlichkeitsrecht, das auch im privaten Kreise seine Beachtung fordert; hier, wo die wirtschaftliche Verwertung des Urheberrechts nicht zur Debatte steht, in ähnlicher Weise etwa wie in der Antike, begegnet uns das Urheberrecht in seiner eigentlich reinen Gestalt, während die Verwertungsrechte, diese monopolistischen Gebilde aus Angebot und Nachfrage, vor der Türe zum privaten Bereich stehengeblieben sind.

Mindestens so viel ist für die Struktur unseres Urheberrechts aus dieser Situation zu entnehmen, daß bei Veränderung der technischen Vervielfältigungsmöglichkeiten die Verwertungsrechte einer wesentlichen Veränderung unterliegen: Würde es durch „books on demand" möglich werden, daß jedermann ein irgendwo vorhandenes Werk ganz billig für seinen eigenen Bedarf herstellt, dann wäre das Nutzungsrecht der Vervielfältigung und Verbreitung genauso illusorisch, wie wenn aus irgendeinem Grunde die Vervielfältigungstechnik der letzten sechshundert Jahre in Vergessenheit geriete, so daß eine Buchproduktion im modernen Sinne unmöglich würde. Im letzteren Falle bestünde ebensowenig Veranlassung zur Entwicklung eigener Verwertungsrechte wie bis zur Erfindung der Buchdruckerkunst hierzu Veranlassung bestand, während im ersteren Falle die Unmöglichkeit des Ausschlusses den ausschließlichen Charakter der Verwertungsrechte annullieren und eine andere Honorierungsweise für den Urheber notwendig machen würde. Da sich der Urheber des 21. Jahrhunderts zweifellos auf dem Wege der Entpersönlichung seines Rechts, der Vergesellschaftung, vielleicht sogar der Sozialisierung befindet, wird es gut sein, sich diese zwangsläufige, allein schon von der Technik aufgedrängte Konsequenz vor Augen zu führen.

Von dieser Warte her betrachtet, können die beiden grundlegenden BGH-Urteile vom 18. Mai 1955 (Grundig-Entscheidung) und vom 24. Juni 1955 (Photokopie-Entscheidung) nur als der Versuch angesehen werden, der eben skizzierten Entwicklung solange wie möglich wenigstens halbwegs wirksame Bremsen anzulegen, da die Erreichung des Endzustandes rechtspolitisch unerwünscht wäre. Im Sinne solcher Überlegungen über die Zukunft eines Urheberrechts interessant ist aber, daß in beiden BGH-Urteilen Gelegenheit genommen wurde, zu betonen, daß man weder die Tonbandaufnahme noch die Photokopie an sich verbieten wolle; es gehe vielmehr allein darum „durch geeignete Vorkehrungen und Absprachen die Abgeltung der Ansprüche der Urheber in einer Weise sicherzustellen, die besondere Kontrollmaßnahmen im privaten Bereich entbehrlich macht". Damit aber ist wiederum die Entpersönlichung des Urheberrechts, der Zwang, jedermann eine Lizenz („Zwangslizenz" oder „gesetzliche Lizenz") zu erteilen, herbeigeführt, allein aus dem einzigen Grunde des technischen Fortschritts. So ist also tatsächlich das Problem des privaten Gebrauchs der nervus rerum unseres Urheberrechts.

In diesem Sinne war schon das Urheberrechtsgesetz von 1965 bemüht, die Freistellung zum eigenen Gebrauch einzugrenzen. Änderungsgesetze von 1985, 1990, 1994, 1997, 2003 und das neue Änderungsgesetz gingen weiter ins Detail und schrieben im Interesse der Urheber und der ihre Rechte wahrnehmenden Verwertungsgesellschaften besondere und reichlich komplizierte Regelungen fest.

Zunächst der *private Gebrauch* (§ 53 UrhG): Er ist grundsätzlich auf die Person des Benutzers beschränkt und z. B. Firmen, Behörden, juristischen Personen, außer zu Ausbildungszwecken, verwehrt. In diesem Bereich und zu diesem Zweck dürfen einzelne wenige Vervielfältigungsstücke eines geschützten Werkes hergestellt werden, gleichgültig mit welcher Technik, also ebenso durch Abschreiben wie durch Photokopie oder durch Überspielung auf Ton- oder Bildträger, wenn die Herstellung nur durch den Benutzer selbst erfolgt. Besorgt ein anderer für den Benutzer die Herstellung, so ist auch das erlaubt; die Herstellung von Bild- oder Tonträgern und die Wiedergabe von Werken der bildenden Künste für den Benutzer müßte aber unentgeltlich erfolgen. Generell untersagt ist die Bild- oder Tonträgeraufnahme von öffentlichen Vorträgen, Aufführungen oder Vorführungen sowie die Ausführung (Vollendung) von Plänen oder Entwürfen zu Werken der bildenden Künste und das Nachbauen eines Werkes der Baukunst, auch wenn dies nur zum persönlichen Gebrauch geschehen sollte; hierzu ist die Einwilligung des Berechtigten erforderlich. Von selbst versteht es sich, daß die zum persönlichen Gebrauch hergestellten Vervielfältigungsstücke den persönlichen Bereich später nicht verlassen dürfen: Die Verbreitung oder Verwendung zu öffentlichen Wiedergaben ist verboten. Im übrigen also ist die private Tonbandaufnahme und die private Photokopie in einzelnen wenigen Vervielfältigungsstücken, im Zweifel von kleinen Teilen erschienener

Werke, frei. Daß der Käufer derartiger Aufnahmegeräte mit dem Erwerbspreis eine Urhebergebühr mitentrichtet, die der Hersteller an die zuständige Verwertungsgesellschaft zur Verteilung an diejenige Urhebergruppe weiterleitet, die nach der Art ihrer Werke mehr oder weniger durch den persönlichen Gebrauch betroffen sein könnte (§§ 53 bis 54g UrhG), interessiert urheberrechtlich nur noch am Rande. Denn unverkennbar drängt die Technik den individuellen Urheberschutz weiter zurück. Deswegen können wir hier die Details der Vergütungs-, Auskunfts- und Meldepflicht für solche Vervielfältigungen im Wege der Bild- und Tonaufzeichnung oder der Ablichtung überblättern.

Der Eigengebrauch durch Benutzer öffentlicher Bibliotheken wird nun insoweit zulässig als veröffentlichte Werke aus Bibliotheksbeständen ausschließlich in den Räumen öffentlich zugänglicher Bibliotheken an eigens dafür eingerichteten *elektronischen Leseplätzen* zur Forschung und für private Studien zugänglich sind, soweit dem keine vertraglichen Regelungen entgegenstehen. Allerdings dürfen nicht mehr Exemplare eines Werkes an den eingerichteten elektronischen Leseplätzen gleichzeitig zugänglich gemacht werden, als der Bestand der Bibliothek umfaßt. Für die Zugänglichmachung ist eine angemessene Vergütung zu zahlen. Der Anspruch kann nur durch eine Verwertungsgesellschaft geltend gemacht werden.

Als Äquivalent dazu können auf Einzelbestellung Kopien von Beiträgen aus Zeitungen und Zeitschriften oder kleinen Teilen eines erschienenen Werkes versendet werden. Allerdings geriete das ausgewogene Verhältnis zwischen den berechtigten Interessen der Urheber und Rechtsinhaber und denen der Allgemeinheit für das digitale Umfeld in Gefahr, wenn den Bibliotheken eine Versendung in sonstiger elektronischer Form ohne jede Beschränkung gestattet würde. Jedoch soll dann den öffentlichen Bibliotheken eine Übermittlung in sonstiger elektronischer Form gestattet sein, wenn die betreffenden einzelnen Beiträge sowie kleinen Teile eines erschienenen Werkes nicht zu jeder Zeit von jedem Ort aus dem Nutzer im vom Besteller gewünschten Umfang zugänglich sind. Jedenfalls sollen im Interesse der Urheber mit der elektronischen Übermittlung im wesentlichen keine zusätzlichen, die Belange des Urhebers beeinträchtigenden Nutzungs- und Mißbrauchmöglichkeiten verbunden sein. Deshalb will das Gesetz die Erlaubnis zur Übermittlung auf graphische Dateien bzw. auf solche beschränken, in die das entsprechende Werk als Faksimile eingebunden ist.

Ausdrücklich soll jetzt die Vervielfältigung und Verbreitung einzelner in Zeitungen und Zeitschriften erschienener Beiträge sowie kleiner Teile eines erschienenen Werkes im Wege des Post- oder Faxversandes durch öffentliche Bibliotheken auf Einzelbestellung zulässig sein, sofern sich der Besteller auf den privaten bzw. sonstigen eigenen Gebrauch berufen kann. Der Urheber soll dafür eine angemessene Vergütung über eine Verwertungsgesellschaft erhalten, wie der BGH am 25. 2. 1999 unter Berücksichtigung des Gesetzeszweckes entschieden hatte. Die Vervielfältigung und Verbreitung in sonstiger elektronischer Form soll ausschließlich als graphische Datei und nur dann zulässig sein, wenn die Beiträge oder kleinen Teile eines Werkes von Mitgliedern der Öffentlichkeit nicht von Orten und zu Zeiten ihrer Wahl mittels einer vertraglichen Vereinbarung erworben werden können. Somit wird eine Regelung eingeführt, die das für den Post- und Faxversand ausgewogene Verhältnis zwischen den berechtigten Interessen der Urheber und der Allgemeinheit nachzeichnet und in das digitale Umfeld überträgt.

Daß damit Hand in Hand ein Umbruch der kulturwirtschaftlichen Funktionen einhergeht, weil Nutzungsmöglichkeiten beschränkt, aber auch neu eröffnet werden, ist die natürliche Folge einer Entwicklung, die sich seit Jahrzehnten immer deutlicher an dem Rechtsproblem der Benutzung zum eigenen Gebrauch abzeichnet. Der Hinweis, hier sei der nervus rerum des Urheberrechts zu erblicken, bedarf nun sicher keiner weiteren Begründung. Und es lohnt sich bestimmt, diesen Gedanken weiter nachzugehen.

Denn die Fixierung urheberrechtlich geschützten Gedankengutes auf Schrift-, Bild- oder Tonträgern ist doch schon längst nichts Neues mehr. Die Zukunft gehört der elektronischen Datenspeicherung und -wiedergabe, auch über Draht und Funk, und nicht zuletzt dem Internet und der digitalen Technik.

Anderweitiger „Eigengebrauch“

Damit aber ist der Katalog der Freistellungen alles andere als erschöpft. Die von der Technik ausgehende Kapitulation des monopolistischen Urheberrechts vor dem Eigengebrauch einzelner Personen, Stellen und Personengruppen spiegelt sich in zahlreichen weiteren Bestimmungen des gegenwärtigen Urheberrechtsgesetzes deutlich wider.

Das Gesetz zur Regelung des Urheberrechts in der Informationsgesellschaft von 2003 versucht, wie schon erwähnt, den Neuerungen in nicht weniger als 53 Gesetzesänderungen Rechnung zu tragen: Die *„öffentliche Zugänglichmachung“* regelt die drahtgebundene oder drahtlose öffentliche Übermittlung eines Werkes, ähnlich dem *Recht der Wiedergabe von Funksendungen* (§§ 19a, 22 UrhG). *Vorübergehende Vervielfältigungshandlungen* (§ 44a UrhG) werden für zulässig erklärt, wenn sie einen integralen und wesentlichen Teil eines technischen Verfahrens darstellen, um eine Übertragung in einem Netz zwischen Dritten durch einen Vermittler oder eine rechtmäßige Nutzung eines Werkes oder sonstigen Schutzgegenstandes zu ermöglichen, die sonst keine eigenständige wirtschaftliche Bedeutung haben. Sehr umstritten ist und bleibt die sehr zum Mißvergnügen der Schulbuchverlage neu eingeführte *öffentliche Zugänglichmachung für Unterricht und Forschung* (§ 52a UrhG).

Nicht nur dem Unterricht, auch der Wissenschaft wird mit dem neu eingeführten Paragraphen 52a ein bedeutendes Entgegenkommen erwiesen. Bescheiden meint hierzu die amtliche Begründung, man könne *Unterricht und Wissenschaft* „eine schrankengeschützte Nutzung moderner Kommunikationsformen nicht grundsätzlich und umfassend in allen Fällen“ verwehren, in denen das neue Recht der öffentlichen Zugänglichmachung als eine Form öffentlicher Wiedergabe berührt ist. So dürfen nun veröffentlichte Werke zur Veranschaulichung im Unterricht gegenüber einem bestimmt abgegrenzten Kreis von Unterrichtsteilnehmern oder ausschließlich einem bestimmt abgegrenzten Kreis von Personen für deren eigene wissenschaftliche Forschung öffentlich zugänglich gemacht werden, soweit dies zu dem jeweiligen Zweck geboten und zur Verfolgung nichtkommerzieller Zwecke gerechtfertigt ist. Hierzu benötigte Vervielfältigungen sind ebenfalls zulässig. Allerdings muß für die von der wissenschaftlichen Forschung in Anspruch genommenen Werke eine angemessene Vergütung an eine Verwertungsgesellschaft (im Zweifel VG WORT) bezahlt werden.

Auch dürfen Schulen, Einrichtungen der Lehrerbildung und der Lehrerfortbildung sowie Heime der Jugendhilfe und staatliche Landesbildstellen oder vergleichbare Einrichtungen in öffentlicher Trägerschaft *Schulfunksendungen* mitschneiden und für den Unterricht verwenden. Die an den Sendungen beteiligten Urheber haben keine weiteren Ansprüche, auch dann nicht, wenn die Überspielungen mehrfach innerhalb eines Schuljahres im Unterricht herangezogen werden. Allerdings müssen solche Bild- oder Tonaufzeichnungen von Schulfunksendungen am Ende des auf die Übertragung der Schulfunksendung folgenden Schuljahres gelöscht werden, es sei denn, daß dem Urheber dann eine angemessene Vergütung gezahlt wird (§ 47 UrhG).

Was den Schulen zur besseren Gestaltung des Unterrichtsplanes recht ist, mußte den Rundfunkanstalten billig sein, die aus programmtechnischen Gründen auf *Sendekonserven* angewiesen sind. § 55 UrhG erlaubt es den Sendeunternehmen, ein zur Funksendung angenommenes Werk mit der eigenen Apparatur auf Bild- oder Tonträger zu überspielen, um hieraus die künftige Ausstrahlung des Werkes zu bestreiten. Eine solche Bandaufzeichnung darf aber nur je einmal von jedem Sender oder Richtstrahler der Rundfunkanstalt verwendet werden und ist spätestens einen Monat nach der ersten Funksendung zu löschen oder – bei Aufnahmen von außergewöhnlichem dokumentarischem Wert – unter alsbaldiger Verständigung des Urhebers amtlich, z. B. durch die öffentlich-rechtliche Rundfunkanstalt selbst, zu archivieren.

Auch für *Datenbankwerke* gibt es seit dem Gesetz von 1997 eine Ausnahme: Die Bearbeitung sowie die Vervielfältigung eines Datenbankwerkes durch den Eigentümer eines zulässig in den Verkehr gebrachten Vervielfältigungsstücks des Datenbankwerkes ist erlaubt, wenn und soweit die Bearbeitung oder Vervielfältigung für den Zugang zu den Elementen des Datenbankwerkes und für dessen übliche Benutzung erforderlich ist. Neben dem Eigentümer soll dieses Recht auch dem in sonstiger Weise Berechtigten oder demjenigen zustehen, dem ein Datenbankwerk aufgrund eines mit dem Urheber oder eines mit dessen Zustimmung mit einem Dritten geschlossenen Vertrags zugänglich gemacht wird. Wird aufgrund eines Vertrages nur ein Teil des Datenbankwerkes zugänglich gemacht, so ist nur die Bearbeitung sowie die Vervielfältigung dieses Teils zulässig. Vereinbarungen anderen Inhalts sind nichtig (§ 55a UrhG). Hier wird also den Notwendigkeiten der Weiterverwendung eines Datenbankwerkes Tribut gezollt, wenn auch mit reichlich unübersichtlichen Regelungen.

Eine Art von Eigengebrauch liegt auch vor, wenn in Geschäftsbetrieben, in denen Geräte zur Herstellung oder zur Wiedergabe von Bild- oder Tonträgern, zum Empfang von Funksendungen oder zur elektronischen Datenverarbeitung vertrieben oder instandgesetzt werden, Aufzeichnungen auf Bild-, Ton- oder Datenträger, die öffentliche Wahrnehmbarmachung von Werken mittels Bild-, Ton- oder Datenträger sowie die öffentliche Wahrnehmbarmachung von Funksendungen und öffentliche Zugänglichmachung von Werken notwendig wird, um diese Geräte Kunden vorzuführen oder instandzusetzen. Kurzum: Die Geräte dürfen in einem solchen Betrieb ausprobiert und Kunden vorgeführt werden. Selbstverständlich müssen die dabei hergestellten Bild-, Ton- oder Datenträger unverzüglich wieder gelöscht werden (§ 56 UrhG).

Zulässig ist ferner die Vervielfältigung, Verbreitung und öffentliche Zugänglichmachung von öffentlich ausgestellten oder zur öffentlichen Ausstellung oder zum öffentlichen Verkauf bestimmten Werken der bildenden Künste und Lichtbildwerken durch den Veranstalter zur Werbung, soweit dies zur Förderung der Veranstaltung erforderlich ist. Ebenso zulässig ist die Vervielfältigung und Verbreitung solcher Werke in Verzeichnissen, die von öffentlich zugänglichen Bibliotheken, Bildungseinrichtungen oder Museen in inhaltlichem und zeitlichem Zusammenhang mit einer Ausstellung oder zur Dokumentation von Beständen herausgegeben werden und mit denen kein eigenständiger Erwerbszweck verfolgt wird (§ 58 UrhG).

Gestattet ist auch die Vervielfältigung sowie die unentgeltliche und nicht zu gewerblichen Zwecken vorgenommene Verbreitung eines Bildnisses durch den Auftraggeber des Bildnisses oder seinen Rechtsnachfolger oder bei einem auf Bestellung geschaffenen Bildnis durch den Abgebildeten oder nach dessen Tod durch seine Angehörigen oder durch einen im Auftrag einer dieser Personen handelnden Dritten. Bei einem Werk der bildenden Künste darf die Verwertung allerdings nur durch Lichtbild erfolgen. Als Angehörige gelten der Ehegatte, der Lebensgefährte und die Kinder oder, wenn diese nicht mehr vorhanden sind, die Eltern des Auftraggebers (§ 60 UrhG). Abweichende Vereinbarungen zwischen Auftraggeber, Abgebildetem und dem beauftragten Künstler sind möglich, je nach den Zwecken, die mit dem Bildnis verfolgt werden; sie sollten schriftlich fixiert werden.

Handelt es sich um ein Werk, das neben dem eigentlichen Gegenstand der Vervielfältigung, Verbreitung oder öffentlichen Wiedergabe nur *unwesentliches Beiwerk* ist, steht der Benutzung durch Dritte nichts im Wege (s. S. 144)(§ 57 UrhG). Aus gleichen Praktikabilitätsgründen dürfen *Werke*, die sich bleibend *an öffentlichen Wegen, Straßen oder Plätzen* befinden, mit Mitteln der Malerei oder Graphik, durch Lichtbild oder durch Film vervielfältigt, verbreitet und öffentlich wiedergegeben werden, wobei sich bei Bauwerken diese Befugnisse nur auf die äußere Ansicht erstrecken. Die Vervielfältigungen dürfen auch nicht an einem Bauwerk vorgenommen werden. So kann jedermann den Berliner Reichstag von außen fotografieren; denn er befindet sich ja „bleibend" in der Öffentlichkeit; als er von Christo verhüllt war, wurde das gleiche Fotografieren als unzulässig angesehen, weil die Verhüllung nur vorübergehend angebracht war (§ 59 UrhG).

Das Zweite Gesetz zur Regelung des Urheberrechts in der Informationsgesellschaft bringt gut zwei Dutzend Änderungen (s. o. S. 20). Die Einbeziehung der Rechte für unbekannte Nutzungsarten und für Privatkopien haben wir bereits besprochen (S. 137 f.). Wichtige Änderungen finden sich auch in sonstigen Bestimmungen über die Schranken des Urheberrechts (§§ 44a ff. UrhG).

Zitat und Anführung

spielen im Zusammenhang mit der genehmigungsfreien Benutzung eines urheberrechtlich geschützten Werkes eine wesentliche Rolle. Selbstverständlich ist es erlaubt, ein veröffentlichtes Werk zum Zwecke des Zitats zu vervielfältigen, zu verbreiten und öffentlich wiederzugeben, sofern der Umfang des Zitats durch den besonderen Zweck gerechtfertigt ist. Insbesondere dürfen einzelne Werke nach dem Erscheinen in ein selbständiges wissenschaftliches Werk zur Erläuterung des Inhalts aufgenommen werden. Auch dürfen Stellen eines Werkes nach der Veröffentlichung in einem selbständigen Sprachwerk angeführt werden. Entsprechendes gilt für einzelne Stellen eines erschienenen Werkes der Musik, die in einem selbständigen Werk der Musik angeführt werden (§ 51 UrhG n. F.). Welche Werkart zum

Zitat herangezogen wird, ist gleichgültig. Es kann sich hierbei ebenso um Sprachwerke (Texte) wie um Werke der bildenden Künste, um Lichtbildwerke (Abbildungen) oder Musikwerke (Notenzitat), aber auch um Filmzitate und Zitate von Multimediawerken handeln.

Es sollte selbstverständlich sein, daß ein Zitat die angeführte Quelle zutreffend wiedergibt, also Änderungen an dem Werk unterläßt (§§ 62, 39 UrhG), aber auch, daß die Quelle richtig wiedergegeben wird, wie es § 63 UrhG vorschreibt; wer eine solche Quellenangabe unterläßt oder verfälscht, verletzt das Urheberrecht des zitierten Urhebers. Näheres kann auf S. 165 nachgelesen werden.

Wiedergabefreiheit zur Informationsförderung

Das Urheberrecht ist ein sozial gebundenes Recht. Überwiegende öffentliche Interessen haben daher den Vorrang vor dem Individualschutz des Urhebers. Dies gilt besonders dort, wo das Werk selbst, seiner besonderen Art wegen, zur beschleunigten Unterrichtung der Öffentlichkeit herangezogen werden soll, aber auch dort, wo ein andersartiges Werk im Rahmen einer Berichterstattung oder sonstigen Wiedergabe mehr oder weniger zwangsläufig mit in Erscheinung tritt.

In solchen Fällen stellt der Gesetzgeber Werke von der Genehmigungspflicht bzw. vom Urheberrechtsschutz frei. In § 5 UrhG wird erklärt, daß *Gesetze, Verordnungen, amtliche Erlasse und Bekanntmachungen sowie Entscheidungen und amtlich verfaßte Leitsätze zu Entscheidungen* keinen Urheberrechtsschutz genießen. Diesen Werken gleichgestellt sind solche amtlichen Werke, die im amtlichen Interesse zur allgemeinen Kenntnisnahme veröffentlicht worden sind; beim Nachdruck solcher Werke muß aber die Quelle deutlich angegeben und jede Änderung unterlassen werden. Werke zum inneramtlichen Gebrauch sind jedoch urheberrechtlich geschützt, also der freien Wiedergabe entzogen.

Zur Verwendung in Verfahren *vor einem Gericht, Schiedsgericht oder einer Behörde* dürfen einzelne Vervielfältigungsstücke hergestellt, verbreitet, öffentlich ausgestellt oder öffentlich wiedergegeben werden. Dies gilt auch für Bildnisse, deren Verbreitung der Rechtspflege und der öffentlichen Sicherheit dient, z. B. in Fahndungsanzeigen, sog. Verbrecheralben, Suchanzeigen usw. (§ 45 UrhG).

Reden über Tagesfragen, die *bei öffentlichen Versammlungen oder durch öffentliche Wiedergabe* (§§ 19a, 20 UrhG) veröffentlicht worden sind, dürfen in Zeitungen, Zeitschriften und anderen Druckschriften oder sonstigen Datenträgern, die im wesentlichen Tagesinteressen Rechnung tragen, vervielfältigt und verbreitet oder auch anderweitig öffentlich wiedergegeben werden. Bei öffentlichen Verhandlungen vor staatlichen, kommunalen oder kirchlichen Organen gehaltene Reden und Vorträge sind auch sonst wiedergabefrei. Nur darf in dem einen wie dem anderen Falle die Vervielfältigung und Verbreitung nicht in einer Sammlung erfolgen, die überwiegend Reden desselben Urhebers enthält (§ 48 UrhG).

Nach § 49 UrhG dürfen *Nachrichten tatsächlichen Inhalts*, die *durch Presse oder Funk* veröffentlicht worden sind, unbeschränkt, wenn auch in den Grenzen sonstiger gesetzlicher Zulässigkeit vervielfältigt, verbreitet und öffentlich wiedergegeben werden.

Rundfunkkommentare und einzelne Artikel aus Zeitungen, anderen Blättern oder sonstigen Datenträgern über politische, wirtschaftliche oder religiöse Tagesfragen, die nicht mit einem Rechtsvorbehalt des Urhebers (z. B. „Nachdruck verboten") versehen sind, dürfen in anderen Zeitungen, anderen Druckschriften oder sonstigen Datenträgern für Tagesinteressen vervielfältigt, verbreitet bzw. in gesetzlichen Grenzen öffentlich wiedergegeben werden, wenn der Urheber hierfür eine angemessene Vergütung erhält, die allerdings nur durch eine Verwertungsgesellschaft geltend gemacht werden kann. Damit wurden die „Presseübersichten" legalisiert, wie sie bei Tageszeitungen üblich sind (§ 49 Abs. 1 UrhG).

Bei der *Bild- und Tonberichterstattung über Tagesereignisse durch Funk oder ähnliche technische Mittel*, die im wesentlichen Tagesinteressen Rechnung tragen, sowie im Film, ferner in Zeitungen und anderen Blättern oder sonstigen Datenträgern) ist es oft unvermeidlich, fremde urheberrechtlich geschützte Werke mit zu erfassen, die im Verlauf der Vorgänge, über die berichtet wird, wahrzunehmen sind (z. B. Vorträge, Musikstücke, Gemälde usw.). Es würde die Berichterstattung erheblich erschweren, müßte der Reporter jeweils erst die Wiedergabeerlaubnis von den betreffenden Urhebern einholen. § 50 UrhG stellt daher die Vervielfältigung, Verbreitung und öffentliche Wiedergabe solcher Werke von der Genehmigungspflicht frei, soweit dies durch den

Zweck der einzelnen Berichterstattung geboten ist. Denn im Falle solcher Reportagen ist das Werk des Urhebers nicht der eigentliche Gegenstand der Wiedergabe; es ist mehr oder weniger nur Beiwerk.

Dieser Grundsatz gilt allgemein für die Vervielfältigung, Verbreitung und öffentliche Wiedergabe solcher Werke, die nur als *unwesentliches Beiwerk* neben dem eigentlichen Gegenstand der Verwertungshandlung erscheinen. Allerdings darf hier – im Gegensatz zur Reportage – das mitverwendete Werk keinesfalls tragendes Element der gesamten Wiedergabe sein. Es muß daher hinweggedacht werden können, ohne daß der Inhalt der Wiedergabe sich wesentlich verändert (§ 57 UrhG).

Sonstige Freistellungen

Dem Gesetzgeber schien es weiter wichtig zu sein, teils aus sozialen, teils aus literarischen Gesichtspunkten die genehmigungsfreie Benutzung urheberrechtlich geschützter Werke zuzulassen.

Da ist z. B. die *öffentliche Wiedergabe eines veröffentlichten Werkes* in gewissen Grenzen erlaubt, wenn die Wiedergabe keinem Erwerbszweck des Veranstalters dient, die Teilnehmer ohne Entgelt zugelassen werden und im Falle des Vortrags oder der Aufführung des Werkes den Mitwirkenden keine besondere Vergütung gezahlt wird, oder auch wenn bei einem Gottesdienst, einer kirchlichen Feier oder einer anderen *kirchlichen Veranstaltung* (auch wenn Eintritt erhoben wird und etwaige Mitwirkende Vergütungen erhalten) solche Werke öffentlich wiedergegeben werden; in letzterem Falle erhält aber der Urheber eines solchen Werkes eine angemessene Vergütung ebenso wie im ersteren Falle, wenn dort die Veranstaltung dem Erwerbszweck eines Dritten (z. B. eines Gastwirts) dient. Die Vergütungspflicht entfällt bei bestimmten Sozialveranstaltungen. Um Erlaubnis gefragt werden muß aber der Urheber hier keineswegs, es sei denn, es handelt sich um große, aufwendige Veranstaltungen, also um öffentliche bühnenmäßige Darstellungen, öffentliche Zugänglichmachungen oder um Funksendungen des Werkes oder gar um die öffentliche Vorführung eines Filmwerkes; solche Vorgänge bedürfen stets der Einwilligung des Berechtigten (§ 52 UrhG).

Erlaubt ist auch die Vervielfältigung, Verbreitung und öffentliche Zugänglichmachung von Teilen eines Werkes, von Sprachwerden oder von Werken der Musik von geringem Umfang, von einzelnen Werken der bildenden Künste oder einzelnen Lichtbildwerken als Element einer Sammlung, die Werke einer größeren Anzahl von Urhebern vereinigt und die nach ihrer Beschaffenheit nur für den Unterrichtsgebrauch in Schulen, in nichtgewerblichen Einrichtungen der Aus- und Weiterbildung oder in Einrichtungen der Berufsbildung oder für den Kirchengebrauch bestimmt ist; Voraussetzung ist die Veröffentlichung des betreffenden Werkes. Dabei muß in den Vervielfältigungsstücken wie auch bei der öffentlichen Zugänglichmachung deutlich angegeben werden, wozu die Sammlung bestimmt ist. Für Werke der Musik gilt dies nur, wenn sie Elemente einer Sammlung sind, die für den Gebrauch im Musikunterricht in Schulen mit Ausnahme der Musikschulen bestimmt ist und der Berechtigte zustimmt, dass das Werk für den Unterrichtsgebrauch an Schulen öffentlich zugänglich gemacht wird (§ 46 UrhG n. F.). Der Urheber muß vor Beginn der Vervielfältigung durch eingeschriebenen Brief jedenfalls verständigt werden. Notfalls genügt auch die Verständigung des Inhabers des ausschließlichen Nutzungsrechts, in der Regel also des Verlegers des Originalwerkes, oder eine Veröffentlichung im Bundesanzeiger. Zwischen der Absendung des Briefes und dem Beginn der Vervielfältigung muß eine Zeitspanne von zwei Wochen verstrichen sein. Der Urheber muß aber in jedem Falle die Verwendung des Werkes oder Werkteiles zu den genannten Zwecken hinnehmen, es sei denn, daß er die Rechte wegen gewandelter Überzeugung (s. o. S. 109) zurückgerufen hat; er kann eine angemessene Vergütung für die Verwendung verlangen.

Schon seit geraumer Zeit gab es generelle Genehmigungen zur Herstellung von Blindenhörbüchern. Die Gesetzesreform 2003 gab nun Anlaß, generell behinderte Menschen zu begünstigen. Es geht um die nicht Erwerbszwecken dienende Vervielfältigung eines Werkes für und deren Verbreitung ausschließlich an Menschen, soweit diesen der Zugang zu dem Werk in einer bereits verfügbaren Art der sinnlichen Wahrnehmung aufgrund einer Behinderung nicht möglich oder erheblich erschwert ist. Solche Vervielfältigungen und Verbreitungen sind zulässig, soweit sie zur Ermöglichung des Zugangs erforderlich sind. Dafür ist dem Urheber eine angemessene Vergütung zu zahlen, die allerdings nur durch eine Verwertungsgesellschaft geltend gemacht werden kann (§ 45a UrhG).

Ob und wann diese vom Gesetz normierten Freistellungen vorliegen, kann stets nur an Hand des Einzelfalles geprüft und entschieden werden; daher beschränke ich mich zu diesem Thema im wesentlichen auf die Wiedergabe der Grundnormen. Ich fürchte ohnehin, daß der geneigte Leser, so er der Darstellung bisher gefolgt sein sollte, nur in innerer Abwehrstellung das letzte Kapitel in sich aufzunehmen bereit war. Zu meiner Rechtfertigung sei aber verraten, daß in Wirklichkeit die Materie noch um einiges komplizierter liegt, ich also bemüht war, manches vereinfachend zu schildern. Daher soll jedem nahegelegt werden, der von einer der gesetzlichen Freistellungen Gebrauch zu machen beabsichtigt, den Gesetzestext und nach Möglichkeit auch einen Kommentar hierzu zur Hand zu nehmen, damit er sich auch wirklich in den zahlreichen Regeln wie „Zulässig ist ... es sei denn ...“ zurechtfindet.

Bleibt noch, zur Vervollständigung des Gesagten, kurz zu referieren über

Zwangslizenzen und gesetzliche Lizenzen

Hatte der Urheberberechtigte an einem Werk der Musik das Nutzungsrecht *zur gewerblichen Übertragung auf Tonträger* und zu deren Vervielfältigung und Verbreitung einem Hersteller von Tonträgern eingeräumt, so mußte er jedem anderen inländischen Hersteller von Tonträgern nach Erscheinen des Werkes ebenfalls ein Nutzungsrecht dieser Art zu angemessenen Bedingungen einräumen (§ 61 UrhG). Mit anderen Worten: Hatte ein Tonträgerproduzent das Recht zur Wiedergabe eines geschützten Musikwerkes erworben, dann konnte jede andere im Inland ansässige Tonträgerfirma gegen Vergütung das gleiche Recht verlangen, notfalls sogar im Klagewege. Der Urheber konnte dagegen nichts unternehmen, es sei denn, das Recht wurde erlaubterweise von einer Verwertungsgesellschaft wahrgenommen, oder der Autor stand nicht mehr zu seinem Werk und hatte die Rechte hieran wegen gewandelter Überzeugung zurückgerufen (vgl. oben S. 109). Ein Ausschließlichkeitsrecht gab es also bei dieser Verwertung von Musikwerken nicht. Mit rechtlichen Argumenten war dies nicht zu begründen. Die Tonträgerhersteller hatten es schon während der Gültigkeit des alten Literaturschutzgesetzes einfach so verlangt. Da die gleichen Kreise dies weiterhin forderten, fand die Bestimmung mit einigen ergänzenden Modifizierungen Eingang in das heutige Urheberrechtsgesetz. So wurde die Regelung z. B. auch auf solche Sprachwerke ausgedehnt, die als Text mit einem Werk der Musik verbunden sind. Dagegen sagt aber das Gesetz ausdrücklich, daß die Aufnahme eines Werkes auf Tonträger zur Herstellung eines Filmes die *Zwangslizenz* zugunsten anderer Tonträgerhersteller nicht auslöse. Mit Verkündung des Änderungsgesetzes 2002 wurde § 61 UrhG ersatzlos gestrichen, aber schon mit der Änderung 2003 als neuer Paragraph 42a wieder unverändert aufgenommen, weil damit „der eigentliche Regelungsgehalt nunmehr auch durch die richtige systematische Zuordnung verdeutlicht" werde. § 63 UrhG ist entsprechend anzuwenden.

Gesetzliche Lizenzen haben wir in diesem Kapitel über die Freistellungen schon verschiedentlich kennengelernt. Überall dort, wo der Benutzer eines fremden geschützten Werkes nur eine Urhebervergütung – an den Autor oder an eine Verwertungsgesellschaft – zu entrichten hat, um damit das Benutzungsrecht zu erlangen, handelt es sich um eine solche vom Gesetz gewährte Lizenz, an die der Urheber nolens volens gebunden ist:

Beispiele sind die Weiterverwendung von Schulfunksendungen nach Ablauf des Schuljahres (§ 47 Abs. 2 UrhG), die Wiedergabe von Zeitungsartikeln und Rundfunkkommentaren (§ 49 Abs. 1 UrhG), bestimmte Formen der öffentlichen Werkwiedergabe bei Veranstaltungen (§ 52 Abs. 1 UrhG), Sonderformen bei der Vervielfältigung zum persönlichen oder eigenen Gebrauch (§§ 53 ff. UrhG).

Änderungen; Quellenangabe

Nach unseren Betrachtungen ist es fast überflüssig, noch einmal besonders darauf hinzuweisen, daß auch im Falle der genehmigungsfreien Benutzung eines urheberrechtlich geschützten Werkes jede Verunstaltung (Änderung, Ergänzung, Kürzung usw.) wie auch jedes Verschweigen des Urhebers (Unterlassung der Quellenangabe) untersagt ist.

Erlaubt wären nur solche *Änderungen,* die für den Benutzungszweck unumgänglich sind: Übersetzungen und solche Änderungen, die nur Auszüge oder Übertragungen in eine andere Tonart oder Stimmlage darstellen. Bei Werken der bildenden Künste und bei Lichtbildwerken sind Übertragungen des Werkes in eine andere Größe und solche Änderungen zulässig, die das technische Vervielfältigungsverfahren mit sich bringt. Sprachwerke dürfen zur Verwendung in Sammlungen für den Kirchen-, Schul- oder Unterrichtsgebrauch dem Zweck der Sammlung entsprechend geändert werden, jedoch nur mit Einwilligung des Urhebers oder, nach dessen Tode, seiner Testamentserben (§ 62 UrhG) bzw. seiner Angehörigen (z. B. Ehefrau, Kinder, Eltern) als Rechtsnachfolger (§§ 63, 60 Abs. 2, 39 UrhG). Die Einwilligung gilt als erteilt, wenn der Urheber oder der Rechtsnachfolger nicht innerhalb eines Monats nach der Mitteilung der beabsichtigten Änderung widerspricht; das gilt aber wiederum nur, wenn er bei der Mitteilung auf diese Rechtsfolge hingewiesen worden ist.

Wenn ganze Sprachwerke oder Musikwerke zulässigerweise gekürzt oder sonst geändert vervielfältigt werden, so müssen in der Vervielfältigung diese Kürzungen und anderen Änderungen kenntlich gemacht werden. Denn die Vervielfältigung soll nicht zu Verwechslungen mit dem Originalwerk führen (§ 63 Abs. 1 Satz 2 UrhG).

Die *Quelle* ist stets deutlich *anzugeben.* Werden ganze Sprach- oder Musikwerke vervielfältigt, muß neben dem Urheber auch der Verlag genannt und kenntlich gemacht werden, ob an dem Werk Kürzungen oder andere Änderungen vorgenommen worden sind. Die Zeitung oder das entsprechende Informationsblatt bzw. die Rundfunkanstalt ist neben dem Urheber zu nennen, wenn Zeitungsartikel oder Rundfunkkommentare im Sinne des § 49 Abs. 1 UrhG wiedergegeben werden. Auch generell gilt, daß bei der öffentlichen Wiedergabe eines Werkes nach den Bestimmungen über die Schranken des Urheberrechts ebenfalls die Quelle deutlich anzugeben ist, wenn und soweit die Verkehrssitte es erfordert, es also nach der üblichen, von der Mehrheit gebilligten Auffassung für richtig angesehen wird. Nur dann, wenn die Quelle auf dem benutzten Werkstück nicht angegeben und dem Benutzer auch nicht anderweitig bekannt ist, darf auf eine Quellenangabe verzichtet werden (§ 63 UrhG).

Computerprogramme

Wir sahen es schon einleitend: Eine gesetzestechnische Verlegenheitslösung wurde den *„Besonderen Bestimmungen für Computerprogramme“* am Ende des Ersten Teils unseres Urheberrechtsgesetzes im Achten Abschnitt zuteil. Das kommt auch in der Bezifferung der §§ 69a bis 69g zum Ausdruck.

Zunächst, und durchaus in Übereinstimmung mit den bisherigen urheberrechtlichen Grundsätzen, wird klargestellt, daß Ideen und Grundsätze, die einem Element eines Computerprogramms zugrundeliegen, ebensowenig urheberrechtlich geschützt sind wie die den Schnittstellen zugrundeliegenden Ideen und Grundsätze. Geschützt ist also immer nur die besondere

Ausdrucksform

eines Computerprogramms, und das nur dann, wenn es ein individuelles Werk in dem Sinne darstellt, daß es das Ergebnis der eigenen geistigen Schöpfung seines Urhebers ist. Nicht weniger wird verlangt, aber auch nicht mehr. Zur Bestimmung der Schutzfähigkeit sind keine anderen Kriterien anzuwenden, insbesondere keine qualitativen oder ästhetischen. Den Computerprogrammen gleichgestellt sind auch die das verwendbare Material vorbereitenden Entwurfsmaterialien. Computerprogramme sind urheberrechtlich wie Sprachwerke zu behandeln (§ 2 Abs. 1 Ziff. 1 UrhG), soweit in den §§ 69a ff. UrhG nichts anderes bestimmt ist.

Danach ist also der Urheber eines Computerprogramms in jedem Fall Inhaber des

Urheberpersönlichkeitsrechts

wie jeder andere Urheber auch. Er kann allein darüber befinden, ob und wie sein Computerprogramm veröffentlicht wird und unter welcher Urheberbezeichnung dies geschieht. Auch er kann davon ausgehen, daß das von ihm geschaffene Computerprogramm ihm zu einer angemessenen Nutzungsvergütung verhilft (§ 11 Satz 2 UrhG). Ebenso kann er sich auch gegen Entstellungen und andere Beeinträchtigungen seines Programms verwahren, soweit seine berechtigten geistigen oder persönlichen Interessen an dem Werk gefährdet sein können (§§ 12 bis 14 UrhG). Entsprechend stehen ihm auch die Verwertungsrechte zu (§§ 15 ff. UrhG).

Wird ein Computerprogramm von einem *Arbeitnehmer* in Wahrnehmung seiner Aufgaben oder nach den Anweisungen seines Arbeitgebers oder im Rahmen eines sonstigen Dienstverhältnisses geschaffen, so ist ausschließlich der Dienstherr zur Ausübung der vermögensrechtlichen Befugnisse an dem Computerprogramm berechtigt, sofern nichts anderes vereinbart ist. Will der Dienstleistende eigene Vermögensrechte an dem von ihm entwickelten Computerprogramm ausüben, müßte er also eine von der gesetzlichen Regelung abweichende Absprache nachweisen. Anderenfalls „gehört" das dienstlich geschaffene Programm dem Dienstherrn (§ 69b UrhG).

Entsprechend der sonstigen urheberrechtlichen Handhabung, allerdings abgestimmt auf die besonderen technischen und begrifflichen Besonderheiten der Computertechnik, sind Vervielfältigung, Übersetzung, Bearbeitung, Umarbeitung und Verbreitung eines Computerprogramms oder hiervon hergestellter Vervielfältigungsstücke ausschließliches Recht des

Programmurhebers

oder dessen Dienstherrn. Einzelheiten sollte der speziell Interessierte in §§ 69c bis 69e UrhG nachlesen, wenn es sich um das Laden, Anzeigen, Ablaufen, Übertragen oder Speichern des Computerprogramms, um die Erstellung einer Sicherungskopie, um die Vervielfältigung des Codes oder die Übersetzung der Codeform handelt, um die erforderlichen Informationen zur Herstellung der Interoperabilität eines unabhängig geschaffenen Computerprogramms mit anderen Programmen zu erhalten, wenn es also z. B. um die Dekompilierung geht.

Die schon häufig bemühte Zweckübertragungstheorie erlaubt natürlich die

bestimmungsgemäße Benutzung

des Computerprogramms einschließlich der Fehlerberichtigung durch jeden zur Verwendung eines Vervielfältigungsstücks des Programms Berechtigten, ebenso die Beobachtung, das Untersuchen oder Testen des Programms, auch zu dem Zweck, die einem Programmelement zugrundeliegenden Ideen und Grundsätze zu ermitteln, wenn dies durch die üblichen Maßnahmen geschieht, zu denen der Benutzer berechtigt ist (§ 69d UrhG).

Bei

Rechtsverletzungen

kann der Rechtsinhaber vom Eigentümer oder Besitzer der Programmaufzeichnung die Vernichtung rechtswidrig hergestellter, verbreiteter oder zur rechtswidrigen Verbreitung bestimmter Vervielfältigungsstücke verlangen, aber auch solcher Mittel, die allein dazu bestimmt sind, die unerlaubte Beseitigung oder Umgehung technischer Programmschutzmechanismen zu erleichtern (§ 69f. UrhG).

Wichtig zu wissen ist noch, daß §§ 69d Abs. 2 und 3 sowie 69e UrhG nicht wirksam durch Verträge abgedungen werden können; solche gleichwohl getroffenen Absprachen wären nichtig (§ 69g Abs. 2 UrhG).

Die „Besonderen Bestimmungen für Computerprogramme" sind ein weiterer Beitrag zur Technisierung und Materialisierung des Rechts am geistigen Schaffen. Auch wenn Individualität und das Resultat eigener geistiger Schöpfung Voraussetzungen für den Urheberschutz von Computerprogrammen sind, bleibt doch das Hauptkriterium traditioneller Schutzfähigkeit, die Gestaltungshöhe des Werkes, auf der Strecke. Aber letztlich hatte der Gesetzgeber keine andere Wahl; er mußte die Richtlinie der EG-Kommission in innerstaatliches Recht umsetzen.

Vergleichbares vollzog sich bereits bei der Verkündung des Urheberrechtsgesetzes von 1965, als dem Teil „Urheberrecht" ein zweiter Teil mit der Verlegenheitsbezeichnung „*Verwandte Schutzrechte*" angefügt worden war, über die noch einiges zu sagen ist.

Verwandte Schutzrechte

Mit §§ 70 ff. UrhG zog der Gesetzgeber die Grenze zwischen der originär schöpferischen und der reproduzierenden Leistung.

Wissenschaftliche Ausgaben und nachgelassene Werke

Die (angeblich dem Urheberrecht) verwandten Schutzrechte entstehen einmal an den durch wissenschaftlich sichtende Tätigkeit entstehenden Ausgaben *urheberrechtlich nicht geschützter Werke* und zugunsten deren Herausgeber oder Verfasser. Wer also ein altes, nicht mehr geschütztes Werk nach wissenschaftlichen Grundsätzen kritisch sichtet und damit gegenüber bereits bekannten Ausgaben des alten Werkes eine wesentlich neue Fassung hervorbringt, soll wie ein Urheber Ausschließlichkeitsrechte haben, grundsätzlich aber nur fünfundzwanzig Jahre lang nach dem Erscheinen bzw. nach der Herstellung, beginnend mit dem Ablauf des Kalenderjahres des Erscheinungs- bzw. Herstellungszeitraums (§ 70 UrhG). In dieser Zeit kann, so meint der Gesetzgeber, die neue Fassung hinreichend wirtschaftlich genutzt werden. Nach Ablauf dieser Schutzfrist soll aber jedermann auch die so edierte Fassung selbst vervielfältigen, verbreiten oder sonstwie nutzen können.

Hierzu gehört auch der Schutz der *editio princeps,* also der Erstausgabe oder Erst-Wiedergabe eines nachgelassenen, vor Ablauf der Urheberschutzfrist noch nicht erschienenen Werkes. Wer die Ausgabe erscheinen läßt oder öffentlich wiedergibt, hat ebenfalls ein fünfundzwanzigjähriges Ausschlußrecht (§ 71 UrhG).

Lichtbilderschutz

Die Gesetzessprache unterscheidet „Lichtbildwerke“ als originär-schöpferische und damit urheberrechtlich geschützte Werke von *„Lichtbildern“* und „ähnlich wie Lichtbilder hergestellten Erzeugnissen", bei denen im wesentlichen nur eine gewisse technische, aber insoweit durchaus auch schutzwürdige Leistung erbracht wird. Der Hersteller von Lichtbildern hat also Anspruch auf Leistungsschutz, sein schöpferischer Kollege, der Lichtbildwerke schuf, genießt den Urheberrechtsschutz. In der Theorie ist das sonnenklar. Weiter wußte der Gesetzgeber aber nicht mehr. Er meinte schließlich, daß man eine saubere Trennung der schöpferischen von der unschöpferischen Photographie doch nicht ziehen könne und bot daher mit § 72 UrhG dem Lichtbildner Rechte wie dem Lichtbildwerker, wenn auch nur „in entsprechender Anwendung". Der Unterschied zeigt sich bei der Schutzdauer: Ein urheberrechtlich geschütztes Lichtbildwerk genießt die übliche Schutzfrist von 70 Jahren nach dem Tod des Urhebers (§ 64 UrhG) oder die spezifizierten Fristen nach §§ 65 bis 67 UrhG. Der schlichte Lichtbildner kann grundsätzlich nur eine Frist von 50 Jahren nach dem Erscheinen des Lichtbildes oder 50 Jahre nach der Herstellung, wenn das Lichtbild innerhalb dieser Frist nicht erschienen ist, in Anspruch nehmen.

Im Rahmen der verwandten Schutzrechte stärkte der Gesetzgeber mit der Novelle 2003 den

Schutz des ausübenden Künstlers

besonders, also die Rechtsposition der Vortragenden, Schauspieler, Sänger, Musiker, Choristen und der sonstwie im künstlerischen Wirken Tätigen einschließlich des Veranstalters entsprechender Darbietungen.

Jeder ist „ausübender Künstler", wer ein Werk oder eine Ausdrucksform der Volkskunst aufführt, singt, spielt oder auf andere Weise darbietet oder an einer solchen Darbietung künstlerisch mitwirkt (§ 73 UrhG). Ausdrücklich verleiht das neue Recht dem ausübenden Künstler das Anerkenntnis seiner Darbietung als solcher, die ihn befugt, dabei zu bestimmen, ob und mit welchem Namen er genannt wird. Lediglich als Künstlergruppe zu nennen sind mehrere ausübende Künstler, die gemeinsam eine Darbietung erbringen und bei denen die Nennung jedes einzelnen von ihnen einen unverhältnismäßigen Aufwand bedeuten würde. Ein solches gemeinsames Recht kann nur mit Zustimmung der Mehrheit der beteiligten ausübenden Künstler durch einen von ihnen gewählten Vertreter geltend gemacht werden. Besteht aber an der persönlichen Benennung ein besonderes Interesse eines beteiligten ausübenden Künstlers, so bleibt dessen besonderes Benennungsrecht unberührt (§ 74 UrhG),

Haben wir soeben Parallelen zur Anerkennung der Urheberschaft und zum Veröffentlichungsrecht des Urhebers (§§ 12, 13 UrhG) kennengelernt, so begegnet uns in § 75 eine dem § 14 ähnlich gestaltete Regelung: Auch der ausübende Künstler hat das Recht, eine Entstellung oder eine andere Beeinträchtigung seiner Darbietung zu verbieten, die geeignet ist, sein Ansehen oder seinen Ruf als ausübender Künstler zu gefährden. Bei mehreren Künstlern muß bei der Ausübung dieses Rechts auf die übrigen Mitglieder der Künstlergruppe angemessen Rücksicht genommen werden (§ 75 UrhG). Ausübende Künstler, die in einem Arbeits- oder Dienstverhältnis stehen, werden wie Urheber nach § 43 UrhG behandelt.

Kein Recht kann ewig währen. Die Befugnisse der § 74, 75 UrhG aber sollen dem ausübenden Künstler jedenfalls bis zu seinem Lebensende zustehen; sie sollen jedoch erst 50 Jahre nach der Darbietung erlöschen, wenn der ausübende Künstler vor Ablauf dieser Frist verstorben ist. Bei gemeinsamen Darbietungen durch mehrere ausübende Künstler ist der Tod des letzten der Beteiligten maßgebend. Stirbt ein ausübender Künstler, gehen die Rechte auf seine Angehörigen über, also wiederum auf den Ehegatten oder Lebenspartner und die Kinder oder, wenn keiner dieser Personen vorhanden ist, auf die Eltern.

Eine Besonderheit gilt für den Fall, daß die Darbietung des ausübenden Künstlers auf einem

Bild- oder Tonträger

aufgenommen worden ist; dann erlöschen die erwähnten Rechte 50 Jahre nach dem Erscheinen des Bild- oder Tonträgers oder, wenn dessen erste erlaubte Benutzung zur öffentlichen Wiedergabe früher erfolgt ist, nach dieser. Das Erlöschen erfolgt bereits 50 Jahre nach der Darbietung, wenn der Bild- oder Tonträger innerhalb dieser Frist nicht erschienen oder erlaubterweise zur öffentlichen Wiedergabe benutzt worden ist.

Für die Aufnahmen auf Bild- oder Tonträger gilt ohnehin besonders: Das Gesetz billigt zunächst dem ausübenden Künstler das ausschließliche Recht zu, seine Darbietung auf Bild- oder Tonträger aufzunehmen. Er darf solche Bild- oder Tonträger auch vervielfältigen und verbreiten. Die Bestimmungen für Vermietung und Verleihen (§ 27 UrhG) gelten dann entsprechend.

Das ausschließliche Recht des ausübenden Künstlers erstreckt sich auch darauf, seine Darbietung öffentlich zugänglich zu machen, zur

Ton- und Fernseh-Sendung

zu verwenden, wenn nicht Bild- oder Tonträger zulässigerweise existieren. In gleicher Weise kann er ausschließlich darüber bestimmen, ob außerhalb des Raumes, in dem seine Darbietung stattfindet, diese durch Bildschirm, Lautsprecher oder ähnliche technische Einrichtungen öffentlich wahrnehmbar gemacht wird (§ 78 Abs. 1 UrhG).

Für die Funksendung, das öffentliche Wahrnehmbarmachen der Darbietung mittels Bild- oder Tonträger oder der Funksendung oder für eine Wiedergabe durch öffentliches Zugänglichmachen ist eine angemessene *Vergütung* zu zahlen. Der Verzicht auf diese Vergütungsansprüche ist ebenso unwirksam wie die Vorausabtretung, soweit diese nicht an eine Verwertungsgesellschaft erfolgt. Für die Kabelweitersendung soll dann § 20b UrhG entsprechend gelten.

Entsprechend der Regelung in § 32 bis 43 UrhG kann auch der ausübende Künstler *über* die ihm nun durch Gesetz eingeräumten Rechte auf einzelne oder alle ihm vorbehaltenen *Nutzungsarten verfügen* (§§ 79, 31, 32–32b, 33–43 UrhG).

Für eine *gemeinsame Darbietung* mehrerer ausübender Künstler nennt § 80 UrhG eine Regelung ähnlich den Miturheberschaftsbestimmungen in § 8 UrhG. Ein von der Künstlergruppe gewählter Vertreter (Vorstand) soll gegenüber Dritten Rechte und Ansprüche der Gruppe vertreten.

Daneben gibt es, wie bisher, das besondere *Recht des Veranstalters* zur Aufnahme der Darbietung auf Bild- oder Tonträger, diese zu vervielfältigen und zu verbreiten, die Darbietung öffentlich zugänglich zu machen, zu senden und sonstwie öffentlich wahrnehmbar zu machen, und zwar neben dem ausübenden Künstler (§ 81 UrhG). Diese Rechte erlöschen 25 Jahre nach dem Erscheinen des Bild- oder Tonträgers oder, wenn die erste erlaubte Benutzung früher erfolgt ist, nach dieser. Sie erlöschen 25 Jahre nach der Darbietung, wenn der Bild- oder Tonträger innerhalb dieser Frist nicht erschienen oder erlaubterweise zur öffentlichen Wiedergabe benutzt wird (§ 82 UrhG).

Alles, was wir oben über die *Schranken* des Urheberrechts im Interesse des gemeinen Nutzens gesagt haben, gilt auch im Verhältnis zu den Rechten des ausübenden Künstlers (§ 83, §§ 44a bis 63a UrhG).

Das *Recht des Tonträger-Herstellers* und des *Sendeunternehmens* blieb von den weitgehenden Gesetzesänderungen nicht ausgeschlossen. Dem Verbreiten wird die (digitale) öffentliche Zugänglichmachung hinzugefügt.

Im Rahmen unseres kleinen Praktikums mögen diese kurzen Hinweise genügen. Ohnehin ist die Gestaltung des Rechts des ausübenden Künstlers, den Neuerungen des Gesetzes folgend, recht kompliziert geworden.

Seit dem Gesetz vom 22. Juli 1997 verfügt auch der

Datenbankhersteller

über urheberrechtlichen Leistungsschutz. Damit wird das ausschließliche Recht begründet, die Datenbank insgesamt oder einen nach Art oder Umfang wesentlichen Teil der Datenbank zu vervielfältigen, zu verbreiten und öffentlich wiederzugeben. Der Vervielfältigung, Verbreitung oder öffentlichen Wiedergabe eines nach Art oder Umfang wesentlichen Teils der Datenbank steht die wiederholte und systematische Vervielfältigung, Verbreitung oder öffentliche Wiedergabe von nach Art und Umfang unwesentlichen Teilen der Datenbank gleich, sofern diese Handlungen einer normalen Auswertung der Datenbank zuwiderlaufen oder die berechtigten Interessen des Datenbankherstellers unzumutbar beeinträchtigen. Ist einmal eine solche Datenbank oder sind nach ihr hergestellte Vervielfältigungsstücke im Gebiet der Europäischen Union oder eines anderen Vertragsstaates des Abkommens über den Europäischen Wirtschaftsraum im Wege der Veräußerung in Verkehr gebracht worden, so ist die Weiterverbreitung, nicht jedoch die Vermietung, zulässig. Für das Verleihen erhält auch der Datenbankhersteller eine angemessene Vergütung (§ 87b UrhG). Die Rechte des Datenbankherstellers erlöschen 15 Jahre nach der Veröffentlichung der Datenbank, jedoch bereits 15 Jahre nach der

Herstellung, wenn die Datenbank innerhalb dieser Frist nicht veröffentlicht worden ist (§ 87d UrhG). Einschränkende Verträge über die Benutzung einer Datenbank können unwirksam sein, wenn die im Vertrag geregelten Handlungen weder einer normalen Auswertung der Datenbank zuwiderlaufen noch die berechtigten Interessen des Datenbankherstellers unzumutbar beeinträchtigen (§ 87e UrhG).

Was eine Datenbank und ein Datenbankhersteller ist, wissen inzwischen die meisten; der Gesetzgeber hat dazu noch eine eigene Definition in § 87a UrhG gegeben.

Besondere Bestimmungen für Filme

Entsprechend der Unterscheidung zwischen Lichtbildwerken und Lichtbildern trennt das Gesetz in seinem Dritten Teil

Filmwerke und Laufbilder.

Was Laufbilder sind, sei mit der Definition des Gesetzes verraten: Es handelt sich um „Bildfolgen" sowie um „Bild- und Tonfolgen", „die nicht als Filmwerke geschützt sind", aber rechtlich im wesentlichen den Filmwerken gleichstehen (§ 95 UrhG).

Das

Recht zur Verfilmung

gilt infolgedessen für beide Gruppen: es umschließt das ausschließliche Nutzungsrecht, das Originalwerk unverändert oder verändert zu verfilmen, den Film zu vervielfältigen und zu verbreiten, öffentlich, je nach Zweckbestimmung, im Kino oder im Fernsehen vorzuführen und Übersetzungen oder sonstige filmische Bearbeitungen hiervon zu verwerten. Die Wiederverfilmung gehört nicht dazu. Auch kann grundsätzlich der Urheber 10 Jahre nach Vertragsabschluß anderweitig neue Verfilmungsverträge über das Werk abschließen und damit die Ausschließlichkeit der Rechte des Erstverfilmers aufheben (§ 88 UrhG). Ob es aber dem Urheber gelingt, einen Zweitverfilmer zu finden, der den neuen Film neben dem weiterlaufenden ersten Film herausbringt, ist ebenso fraglich wie die Chance, eine vom Gesetzestext abweichende Vereinbarung zu verhindern. Denn nicht selten werden die Vertragsbedingungen vom Filmproduzenten oder vom Verleiher vorgezeichnet sein.

Nicht einmal die *Rückrufsrechte,* die wir oben S. 109 ff. kennengelernt haben, sind unserem Werkurheber bei der Verfilmung vergönnt. § 90 UrhG schließt sie ausdrücklich für den Verfilmungsvertrag aus, ebenso wie der *Schutz gegen Entstellungen* des Werkes, der persönlichkeitsrechtliche Kernsatz unseres modernen Urheberrechts, nach § 93

UrhG nur bei gröblichen Beeinträchtigungen gewährt wird. Bei all dem ging man davon aus, daß die hohen Herstellungskosten einer Verfilmung schwerer wiegen als die Interessen des Schöpfers eines verfilmten Stoffes.

Dies zeigt auch § 94 UrhG mit der glasklaren Definition der

Rechte des Filmherstellers

selbst: Er hat 50 Jahre lang das ausschließliche Recht zur Vervielfältigung und Verbreitung, zur öffentlichen Vorführung und zur Funksendung des hergestellten Streifens, auch durch Rechtseinräumung an Dritte, und kann jede wie immer geartete Entstellung oder Kürzung verbieten, die geeignet ist, seine berechtigten Interessen an dem Film zu gefährden. Auch kann der Filmhersteller einem anderen das Recht einräumen, den Bildträger oder Bild- und Tonträger auf einzelne oder alle der ihm vorbehaltenen Nutzungsarten zu nutzen.

Der rechtsdogmatische Stilbruch ist evident, und man sieht auch hier wieder, wie die technische Perfektionierung der Werkverwertung den Individualschutz des Urhebers verdrängt.

Ergänzende Schutzbestimmungen

Das Änderungsgesetz von 2003 will einen möglichst effizienten Einsatz der neuen Medien-Technologien zulassen. Dabei soll der Schutz der Rechtsinhaber auch auf dem digitalen Umfeld gewährleistet sein. Ebenso soll den Verwertern und Nutzern ein angemessener Rechtsrahmen vorgegeben werden.

Mit ergänzenden Schutzbestimmungen werden wirksame technische Maßnahmen gegen Umgehung und auch gegen bestimmte Vorbereitungshandlungen abgesichert.

So enthält § 95a ein

Umgehungsverbot

gegenüber wirksamen technischen Maßnahmen zum Schutz eines durch Urheberrecht oder Leistungsschutz gesicherten Werkes. Allerdings muß dem Handelnden entweder effektiv bekannt oder den Umständen nach bekannt sein, daß er eine Umgehung begeht, um den Zugang zu einem solchen Werk oder Schutzgegenstand oder deren Nutzung zu ermöglichen. Zu solchen Maßnahmen gehören Technologien, Vorrichtungen und Bestandteile, die den Zugang zu einem geschützten Werk verhindern oder wenigstens einschränken, wie z. B. eine Zugangskontrolle, ein Schutzmechanismus (Verschlüsselung, Verzerrung o. ä.), Mechanismus zur Vervielfältigungskontrolle o. ä. Derlei Gegenstände dürfen von Dritten weder hergestellt noch verbreitet, vermietet oder beworben werden. Ausgenommen sind solche Gegenstände, die dem Schutz der öffentlichen Sicherheit oder der Strafrechtspflege dienen.

Wer nun solche Schutzmaßnahmen anwendet, muß gleichzeitig die notwendigen Mittel zur Verfügung stellen, um die übrigen Freistellungen des UrhG zu ermöglichen (§§ 45 bis 47, 52a bis 55 UrhG).

Verbot der Informationsentfernung

In gleicher Weise ist es verboten, von Rechtsinhabern stammende Informationen für die Rechtewahrnehmung vom betreffenden Objekt zu entfernen oder zu verändern. Allerdings muß die Entfernung oder Veränderung wissentlich unbefugt erfolgen; er muß dem Handelnden bekannt oder den Umständen nach bekannt sein, daß er in irgendeiner Weise geschützte Rechte verletzt. Dazu gehören elektronische Informationen zur Werkidentifizierung, Gebrauchsanweisungen oder Zahlen und Codes. Wer so verletzte Werke wissentlich unbefugt verbreitet, sendet, öffentlich wiedergibt oder öffentlich zugänglich macht, verstößt gegen das Gesetz, es sei denn, er kann sich darauf berufen, daß ihm Anhaltspunkte für eine Urheberrechtsverletzung nicht zur Verfügung standen (§ 95c UrhG).

Hinweispflicht

Auf solche technischen Maßnahmen ist auf den Werken deutlich sichtbar hinzuweisen, und zwar unter Angabe von Namen, Firma und zustellungsfähiger Anschrift des Anspruchsträgers eines solchen Schutzes (§ 95d UrhG).

Rechtsverletzungen

Nach all dem Gesagten ist es klar: Weder dürfen rechtswidrig hergestellte Vervielfältigungsstücke verbreitet oder zu öffentlichen Wiedergaben benutzt werden, noch dürfen rechtswidrig veranstaltete Funksendungen auf Bild- oder Tonträger aufgenommen oder öffentlich wiedergegeben werden (§ 96 UrhG).

§§ 97 bis 105 UrhG nennen die

zivilrechtlichen Ansprüche

gegen Verletzungen von Urheber- und Leistungsschutzrechten. § 97 regelt den Anspruch auf Unterlassung und Schadenersatz, wobei dem schuldhaften Verletzer auch der Ausgleich eines Schadens obliegen kann, der nicht Vermögensschaden ist, wenn und soweit das der Billigkeit entspricht. § 98 f. gewährt den Vernichtungs- und Überlassungsanspruch auf Vervielfältigungsstücke und Herstellungsvorrichtungen. Nach § 100 UrhG haftet der Unternehmensinhaber für die in seinem Betrieb vorkommenden Verletzungshandlungen, allerdings nicht auf Schadenersatz. Der Verletzer ist auch verpflichtet, auf Verlangen Auskunft über Herkunft, Vertriebsweg, Namen und Anschriften beteiligter Dritter usw. zu erteilen (§ 101a UrhG). Bei einem besonders nachzuweisenden berechtigten Interesse kann der obsiegende Teil in einem Urheberrechtsprozeß auch das Recht bekommen, das rechtskräftige Urteil auf Kosten der anderen Seite öffentlich bekanntzumachen (§ 103 UrhG).

Die Gesetzesnovelle von 2003 hat die

strafrechtlichen Bestimmungen

um die Ahndung unerlaubter Eingriffe in technische Schutzmaßnahmen und in zur Rechtewahrnehmung erforderlichen Informationen (§ 108b UrhG) erweitert und, als Neuerung, in § 111a UrhG *Bußgeldvorschriften* eingeführt. Damit soll ein besseres Instrument zum Schutz des Urhebers und des ausübenden Künstlers entstehen.

Es wäre erwünscht, würden dadurch gedankenlose oder gar vorsätzliche Verletzungen fremden Geistesgutes, die in jüngerer Zeit eher zum Kavaliersdelikt avanciert sind, eine wirksame Bremse angelegt.

Altes und Neues Recht

Damit haben wir zunächst einmal die Betrachtung des Urheberrechtsgesetzes von 1965 und seiner zwischenzeitlichen Änderungen absolviert. Sein Umfang hat sich gegenüber den beiden damals außer Kraft getretenen Gesetzen erheblich vermehrt und allein schon dadurch die Verständlichkeit nicht erleichtert. Der gewissenhafte Leser wird nun sein Studium des geltenden Rechts unter Zuhilfenahme der 1. Auflage dieses Buches fortsetzen. Denn nach § 132 UrhG ist, alles das, was ich hier über das jetzige Urheberrechtsgesetz gesagt habe, nicht anwendbar auf die *Verträge, die vor dem 1. Januar 1966 abgeschlossen* worden waren; für diese gelten die Bestimmungen des LUG und KUG weiter, mit gewissen Ausnahmen für die Bestimmungen über das Rückrufsrecht wegen gewandelter Überzeugung (s. o. S. 109) und wegen Nichtausübung (S. 111), ausgenommen auch § 40 UrhG, soweit dort die Kündbarkeit von Verträgen über künftige Werke geregelt ist (vgl. auch S. 107).

Im Prinzip gilt gleiches für ausübende Künstler: Auch hier bleiben alle vor dem 1. Januar 1966 getroffenen Verfügungen weiterhin wirksam.

Der Leser, der meiner Schilderung bis hierher aufmerksam gefolgt ist, wird sicher den großer Wurf vermissen, mit dem Vergangenheit und Gegenwart des Urheberrechts miteinander harmonisch verknüpft werden sollen. Aber auch der Blick in die Zukunft verrät nicht weniger Probleme. Wir werden mit weiteren Änderungen des Urheberrechtsgesetzes rechnen müssen. Die ohnehin schon vielseitigen Reformen unseres Urheberrechtsgesetzes ließen zahlreiche Überlegungen zur Verbesserung der Lage der Urheber und der Verwerter unbeantwortet. Es wurde ja nur „ein erster Korb" gefüllt, ein „zweiter Korb" nachgereicht und dabei sogar offengelassen, ob nicht noch weitere „Körbe" nötig wären, um das bundesdeutsche Urheberrechtsgesetz allen Vorstellungen der Medienwelt gerecht werden zu lassen.

Es geht immer wieder um die Sicherung einer möglichst angemessenen Vergütung des Urhebers. Probleme lässt auch der Konflikt zwischen geistigem Eigentum, den Interessen der Verbraucherschützer und der Informationsfreiheit erkennen. Gelöst werden sollten ebenso Fragen der Wiederverwendung von Rundfunk-Archiven und deren Auswertung sowie einer vernünftigen Regelung für elektronische Pressespiegel, soweit die einschlägige Rechtsprechung noch nichts Zufriedenstellendes bereitstellt.

Den Praktiker, der sich im Urheber- und Verlagsrecht trotz zunehmender Komplizierung zurechtfinden möchte, wird die Entwicklung sorgfältig beobachten, nicht zuletzt die weiteren Maßnahmen der Europäischen Union, die mit neuen Richtlinien-Entwürfen eine innereuropäische Vereinheitlichung des Urheberrechts anstrebt. Darüber wird im nächsten Abschnitt berichtet.

Der Schutz des Werkes im Ausland

Unser Urheberschutz wäre unvollkommen, wenn er zwar einem nichtautorisierten Inländer die Vervielfältigung und Verbreitung eines Werkes verbieten, aber keine hinreichende Handhabe gegenüber dem nichtautorisierten Ausländer schaffen würde.

Natürlich kann z. B. das deutsche Gesetz einem Ausländer außerhalb der deutschen Grenzen keine Vorschriften machen. Es ist also nur im diplomatischen Wege möglich, einheitliche Rechtsprinzipien in verschiedenen Ländern einzuführen. Wie weit dies bisher gelungen ist, soll unsere abschließende Betrachtung zeigen.

Die Berner Übereinkunft

Es darf als das Verdienst Deutschlands und hier insbesondere des ‚Börsenvereins der Deutschen Buchhändler zu Leipzig' angesehen werden, daß schon sehr frühzeitig ein umfassender völkerrechtlicher Vertrag über den gegenseitigen Schutz der Urheber in der zweiten Hälfte des 19. Jahrhunderts zustande kam. Am 9. September 1886 wurde in Bern die internationale ‚Berner Übereinkunft zum Schutze von Werken der Literatur und der Kunst' abgeschlossen, und zwar von den Vertretern der Länder Belgien, Deutschland, Frankreich, Großbritannien, Italien, Luxemburg, Monaco, Schweiz, Spanien und Tunesien. Am 4. Mai 1896 fand in Paris eine Ergänzungskonferenz statt; eine Revisionskonferenz folgte am 13. November 1908 in Berlin, während eine neuerliche Zusammenkunft in Bern am 20. März 1914 die Fassung der Übereinkunft vervollständigte. In Rom wurde am 2. Juni 1928 eine weitgehende Modernisierung der Übereinkunft beschlossen; eine Revisionskonferenz fand am 26. Juni 1948 in Brüssel statt und erbrachte abermals wesentliche Änderungen der Übereinkunft. Weitere Revisionskonferenzen schlossen sich an in Stockholm am 14. Juli 1967 und in Paris am 24. Juli 1971. Der letzte Fundstellennachweis zum Bundesgesetzblatt nannte mehr als 140 selbständige Staaten, die, z. T. mit ihren abhängigen Gebieten, den Beitritt zur Berner Übereinkunft erklärt hatten. Ein erheblicher Teil der Welt ist damit in dieser Urheberrechtskonvention zusammengeschlossen.

Der Grundgedanke der Berner Übereinkunft war von Anfang an, die Mitgliedsländer zu verpflichten, einerseits für eine ausreichende interne Urheberrechtsgesetzgebung zu sorgen und andererseits jeden Angehörigen eines anderen Mitgliederlandes so zu schützen wie den eigenen Staatsangehörigen, wenn auch nicht besser als in seinem Heimatland *(Prinzip der Inländerbehandlung)*. Der französische Autor wird also in Deutschland wie ein deutscher, ein deutscher Urheber in der Schweiz wie ein schweizer Autor geschützt. Da sich die nationale Urheberrechtsgesetzgebung häufig nicht unwesentlich unterscheidet, ist der internationale Urheberschutz eines Autors recht unterschiedlich.

Um dem abzuhelfen, wirkt die *EG-Richtlinie zur Harmonisierung des Urheberrechts* jedenfalls innerhalb der Mitgliedsländer der Europäischen Gemeinschaft ausgleichend. Als Norm wurde hier der Urheberschutz mit 70 Jahren nach dem Tod des Autors zum Grundsatz erhoben und damit ein Maßstab angelegt, der für das deutsche Urheberrecht schon seit 1965 gilt. Etliche Länder sind diesem Beispiel bereits gefolgt und haben ebenfalls die 70jährige Schutzfrist eingeführt.

Trotzdem wird es innerhalb der Europäischen Gemeinschaft, erst recht aber im übrigen Ausland nicht zu entbehren sein, die Grundzüge der jeweiligen nationalen Urheberrechtsgesetzgebung, besonders die dortige Schutzfristregelung, zu beachten.

Das kommt der Versammlung der Mitgliedsländer der Berner Übereinkunft sehr entgegen, die sich bereits seit vielen Jahrzehnten darum bemühte, einheitliche Grundzüge für die jeweilige Urheberrechtsgesetzgebung der Mitgliedsstaaten auszuarbeiten. Bereits in der Romfassung wurde der Programmsatz festgelegt, daß die Dauer des durch die Berner Übereinkunft gewährten Schutzes das Leben des Urhebers und 50 Jahre nach seinem Tode umfasse; mit Rücksicht auf einige Mitgliedsstaaten wurde jedoch damals noch der innerstaatlichen Gesetzgebung das Recht vorbehalten, auch eine kürzere als 50jährige Schutzfrist zu gewähren. Die Brüsseler Fassung beseitigte diese Möglichkeit und läßt als Ausnahmen nur noch *längere* als

50jährige Schutzfristen im Rahmen der innerstaatlichen Urhebergesetzgebung zu. Wer also die Brüsseler Fassung der Berner Übereinkunft ratifizieren wollte, mußte zuvor die Voraussetzung hierzu schaffen und in seinem innerstaatlichen Urheberrechtsgesetz erforderlichenfalls die Schutzfrist verlängern. Mit der internationalen Akzeptanz einer 70jährigen Schutzfrist wird es wohl noch etwas dauern. Aber der Trend besteht.

Die Übereinkunft von Montevideo

Die mittel- und südamerikanischen Staaten traten z. T. nicht der Berner Übereinkunft bei, sondern schlossen am 11. Januar 1889 die ‚Übereinkunft von Montevideo betreffend den Schutz von Werken der Literatur und Kunst', die ebenfalls das Prinzip der Inländerbehandlung, also der Gleichstellung des Staatsangehörigen eines Mitgliedslandes mit dem Inländer, festschreibt. Diesem Abkommen sind auswärtige Mächte insoweit beigetreten, als diese ihren eigenen Urhebern in den Mitgliedsländern der Übereinkunft von Montevideo die Urheberrechte sichern wollten (allerdings gilt der Beitritt nur im Verhältnis zu dem Konventionsmitglied, das dem Beitritt ausdrücklich zugestimmt hat). So trat Deutschland mit Wirkung vom 27. März 1927 auch der Übereinkunft von Montevideo bei (die Bundesrepublik Deutschland erkannte mit Erklärung vom 7. Februar 1950 die weitere Gültigkeit der Übereinkunft an).

Das Welturheberrechtsabkommen

Alle Bemühungen um eine echte Vereinheitlichung des Urheberrechts in der Welt scheiterten aber zunächst noch daran, daß die USA an ihren merkantilistischen Formalprinzipien eines Urheberschutzes festhalten wollten. War es doch noch vor einigen Jahrzehnten so, daß ein ausländisches Werk in den USA erst dann überhaupt urheberrechtlich geschützt wurde, wenn es in das Copyright-Register des Copyright-Office, Washington, nach Absolvierung eines besonderen Antragsverfahrens eingetragen war. Besondere Unzuträglichkeiten mußten z. B. dann entstehen, wenn es aus Gründen der Zeitumstände unmöglich war, Anträge nach Washington zu senden und diese dort bearbeiten zu lassen. Auch widersprach es den führend gewordenen Grundprinzipien des Schutzes einer geistigen Schöpfung, diese so lange vogelfrei zu belassen, bis sozusagen im Verwaltungswege der Rechtsschutz diesem Werke zugebilligt wurde.

Dieser untragbar gewordene Zustand war nicht zuletzt eine der Ursachen, welche die UNESCO zu dem Vorhaben, ein umfassendes ‚Welturheberrechtsabkommen' zustande zu bringen, aufrufen ließ. Nach unvorstellbar hartnäckigen Verhandlungen wurde tatsächlich am 6. September 1952 dieses Abkommen in Genf von 36 Staaten unterzeichnet, zu denen u. a. auch die Bundesrepublik Deutschland und die USA gehörten; für das Gebiet der Bundesrepublik trat es durch das Gesetz vom 24. Februar 1955 in Kraft. Nun zählen über 90 Länder zu den Mitgliedern.

Das Welturheberrechtsabkommen sollte keineswegs die bestehenden internationalen Urheberrechtsverträge ersetzen, sondern lediglich einen überkonventionalen Urheberrechtsverband schaffen, der für alle Mitglieder unterste Mindestbedingungen festlegte. Auch hier ist wieder das mehrfach beschriebene *Prinzip der Inländerbehandlung* verankert worden. Die weitere tragende Säule des Welturheberrechtsabkommens ist die Klausel, daß *kein Mitgliedsland* zur Erlangung des Urheberschutzes irgendwelche *Anmeldeformalitäten verlangen darf,* wenn nur von der ersten Veröffentlichung des Werkes an das Kennzeichen © in Verbindung mit dem Namen des Inhabers des Urheberrechts und der Jahreszahl der ersten Veröffentlichung an deutlich sichtbarer Stelle im Werk als Vorbehalt des Urheberrechts angebracht ist.

Wer nun glaubte, mit dieser Bestimmung des Welturheberrechtsabkommens des umständlichen Antragsverfahrens zur Erlangung des Urheberrechtsschutzes in USA enthoben worden zu sein, sah sich zunächst enttäuscht: Die USA stellten sich zwar durchaus auf den Boden des Abkommens: Weder die Hinterlegung der Werkexemplare noch die Eintragung des Anspruchs auf Urheberrecht in das Copyright-Register seien konstitutiv für das Urheberrecht. Die Registrierung sei allerdings Voraussetzung für die Realisierung des Schutzes: Eine Klage wegen Verletzung des Urheberrechts konnte erst erhoben werden, wenn die Eintragung des Urheberrechtsanspruchs erfolgt ist (§ 411a des Copyright Act von 1976 in der Fassung vom 18. 10. 1994).

Wurde der Eintragungsantrag vom Copyright-Register zurückgewiesen, konnte zwar trotzdem geklagt werden; allerdings mußte das Copyright-Register hierüber unterrichtet und veranlaßt werden, in das Verfahren wegen der Eintragbarkeit einzutreten. Es war also bis auf weiteres wenn nicht notwendig, so doch recht ratsam, die amerikanischen Copyright-Vorschriften zu beachten und den Copyright-Schutz in der alten Weise beim Copyright-Office zu beantragen, wenn man drüben einen Urheberrechtsprozeß führen wollte (Einzelheiten haben wir oben, S. 69 ff., bereits erörtert).

Fast war insoweit das Welturheberrechtsabkommen zunächst ein Schlag ins Wasser. Allerdings: man hatte endlich die konservativen USA an den Verhandlungstisch gebracht. Man hatte sogar „Zugeständnisse" der USA errungen und damit eine kleine Bresche für den echten internationalen Urheberschutz erzielt. Der Übergang der USA zu der uns geläufigen Urheberschutzfrist für die Lebenszeit und für zunächst 50 Jahre nach dem Tode des Urhebers wird die erwünschte Einigung weiter begünstigen.

Die *Mindestschutzfrist* nach dem Welturheberrechtsabkommen soll 25 Jahre nach dem Tode des Urhebers umfassen, jedoch wurde Ländern mit kürzerer oder anders berechneter Schutzfrist das Beibehalten der bisherigen Regelung gestattet.

In ähnlicher Weise, wie früher zwischen den Mitgliedsländern der Berner Übereinkunft, ist es jetzt noch zwischen den Mitgliedsstaaten des Welturheberrechtsabkommens, soweit diese anderweitig nicht gebunden sind, erlaubt, nach dem Ablauf von sieben Jahren seit der ersten Veröffentlichung eines Schriftwerkes eine *Übersetzung* in die eigene Landessprache zu veröffentlichen, wenn ein hierauf abzielender Antrag an die eigene Staatsbehörde positiv verbeschieden wurde und eine angemessene, der zwischenstaatlichen Übung entsprechende Vergütung zugunsten des Urheberberechtigten bereitgestellt wird. Diese unseren modernen Gesichtspunkten eines Urheberschutzes nicht entsprechende Klausel gilt aber selbstverständlich nur zwischen denjenigen Mitgliedsstaaten des Welturheberrechtsabkommens, denen eine derartige Handlung nicht etwa durch anderweitige Urheberrechtsabkommen verboten wäre, praktisch also nur zwischen den bisher „nicht organisierten" Staaten, die vor ihrem Beitritt zum Welturheberrechtsabkommen, ohne zu fragen, honorarfrei nachdrucken und übersetzen konnten; insofern also liegt trotz der an sich merkwürdigen Regelung ein Fortschritt in der Festlegung dieser begrenzten Übersetzungsfreiheit im Rahmen einer von jedermann zu erwerbenden Staatslizenz.

Urheberschutz für Flüchtlinge und Staatenlose

Sodann muß § 14 des *‚Abkommens über die Rechtsstellung der Flüchtlinge'* vom 28. Juli 1951 erwähnt werden, das demjenigen, der den internationalen Status eines Flüchtlings erfüllt, den Schutz seiner sämtlichen geistigen Schöpfungen gewährt, wie er den Staatsangehörigen seines nunmehrigen Aufenthaltslandes kraft Gesetzes zusteht. Im Gebiet jedes anderen vertragschließenden Staates genießt der Flüchtling den Schutz, der in diesem Gebiet den Staatsangehörigen des Landes gewährt wird, in dem er seinen gewöhnlichen Aufenthalt genommen hat. Der Flüchtling wird also dem Inländer seines Aufenthaltslandes praktisch in jeder Hinsicht gleichgestellt und auch im internationalen Urheberrechtsverkehr wie ein Inländer seines Aufenthaltslandes behandelt. Bis 2003 waren mehr als 140 Staaten dem Flüchtlingsabkommen beigetreten.

Nach § 123 UrhG werden Flüchtlinge im übrigen nach dem Rechtsstatus für Staatenlose behandelt. § 122 UrhG stellt *Staatenlose* mit dem Sitz im Inland den deutschen Urhebern gleich; ist der gewöhnliche Aufenthalt des Staatenlosen hingegen im Ausland, so richtet sich sein inländischer Urheberrechtsschutz nach den Regeln, nach denen der Urheber des Aufenthaltslandes innerhalb Deutschlands geschützt wird.

Diese Regelung beruht auf dem *Abkommen über die Rechtsstellung der Staatenlosen* vom 28. September 1954. Art. 14 bestimmt, wie im Flüchtlingsabkommen, die Inländerbehandlung staatenloser Urheber. Die Bundesrepublik ist durch Gesetz vom 12. April 1976 mit Wirkung vom 24. Januar 1977 beigetreten und somit eines von derzeit 53 Mitgliedern des Übereinkommens.

WIPO/OMPI

Die „World Intellectual Property Organization" entstand während der Revisionskonferenz zur Berner Übereinkunft in Stockholm am 14. Juli 1967 und wurde für die Bundesrepublik am 19. 9. 1970 verbindlich. Ihre Aufgabe ist es, den *Schutz des geistigen Eigentums* durch Zusammenarbeit der Staaten weltweit zu fördern, gegebenenfalls im Zusammenwirken mit anderen internationalen Organisationen. Auch soll die verwaltungsmäßige Zusammenarbeit zwischen den Verbänden gewährleistet werden.

Was diese Organisation unter „geistigem Eigentum" versteht, geht weit über die Werke der Literatur, Kunst und Wissenschaft hinaus und schließt auch den gewerblichen Rechtsschutz ein. Haupttätigkeitsgebiet der WIPO ist die Verwaltung des Büros der Berner Übereinkunft und die Zusammenarbeit mit der UNESCO, die das Welturheberrechtsabkommen betreut. Erwähnenswert sind auch Initiativen zur Verbesserung des Schutzes von Computerprogrammen, Datenbanken sowie Film- und Tonaufzeichnungen, ferner die Beiträge zur Lösung der Reprographiefrage und der Verwertung urheberrechtlich geschützter Werke zum privaten Gebrauch. Derzeit wurde das Übereinkommen von rund 180 Staaten ratifiziert.

Auf der unter Schirmherrschaft der WIPO veranstalteten Diplomatischen Konferenz über urheber- und leistungsschutzrechtliche Fragen in Genf entstand der *WIPO-Urheberrechtsvertrag (WCT)* vom 20. 12. 1996. Dieser Vertrag versteht sich als Sonderabkommen gemäß Art. 20 der Berner Übereinkunft und versichert in Art. 1, daß die zwischen den Vertragsparteien bestehenden Pflichten aus der Berner Übereinkunft durch den neuen Vertrag nicht beeinträchtigt werden. Art. 2 stellt klar, daß sich der Urheberrechtsschutz auf Ausdrucksformen und nicht auf Gedanken, Verfahren, Methoden oder mathematische Konzepte als solche erstreckt. Bahnbrechend wirkte der Vertrag für den Urheberrechtsschutz der Computerprogramme (§§ 69a ff. UrhG) und für Datenbanken (§§ 87a ff. UrhG). Während Bestimmungen des WIPO-Vertrags zum Verbreitungsrecht, Vermietrecht, zum Recht der öffentlichen Wiedergabe und zur Schutzdauer für Werke der Fotografie im Einklag mit dem deutschen Urheberrechtsgesetz standen, regelte Art. 11, 12 bereits Pflichten in bezug auf technische Vorkehrungen und auf Informationen für die Wahrnehmung von Urheberrechten. Dieser Urheberrechtsvertrag schuf also wesentliche Voraussetzungen für die Änderungen des Urheberrechtsgesetzes.

Gleichzeitig wurde der *WIPO-Vertrag über Darbietungen und Tonträger* vom 20. 12. 1996 abgeschlossen, der insbesondere den ausübenden Künstlern und Herstellern von Tonträgern, die Angehörige anderer Vertragsparteien sind, besonderen Schutz gewährt. Mit diesem Vertrag wurden ausdrücklich die Persönlichkeitsrechte der ausübenden Künstler und deren wirtschaftliche Befugnisse in bezug auf ihre Darbietungen geregelt. Sie sollten ein ausschließliches Vervielfältigungs-, Verbreitungs- und Vermietrecht haben und das Recht auf Zugänglichmachung festgelegter Darbietungen verwerten. Den Tonträgerherstellern wurden mit diesem Vertrag entsprechende Rechte in bezug auf die von ihnen erstellten Tonträger eingeräumt. Dieses Abkommen wurde bisher von mehr als 110 Staaten ratifiziert.

TRIPS

Im Rahmen des Übereinkommens vom 15. 4. 1994 zur Errichtung der Welthandelsorganisation entstand auch das *Übereinkommen über handelsbezogene Aspekte der Rechte des geistigen Eigentums* („Agreement on Trade-Related Aspects of Intellectual Property Rights – TRIPS"). Inzwischen ist es für mehr als 110 Staaten in Kraft getreten, für Deutschland am 1. 1. 1995. Unter Ausschluß der Rechte und Pflichten nach Art. 6bis (Schutz des Urheberpersönlichkeitsrechts!) werden die Art. 1 bis 21 der Berner Übereinkunft für anwendbar erklärt. Das TRIPS-Übereinkommen verankert die altbekannte Inländerbehandlung neben der Meistbegünstigung, behandelt im übrigen auch den Rechtsschutz von Computerprogrammen, Datenbanken und Filmwerken und proklamiert ebenfalls eine Mindestschutzfrist von 50 Jahren post mortem. Das Abkommen festigt auch den Schutz der ausübenden Künstler, der Hersteller von Tonträgern und von Sendeunternehmen. Schließlich widmet es sich ausführlich den prozessualen Maßnahmen zur Durchsetzung der Rechte.

Sonstige Abkommen

Wiederholt wurden die *Richtlinien der EG-Kommissionen* erwähnt, die aufgrund des EG-Vertrages nationales Recht sind bzw. in nationales Recht umgesetzt werden müssen. U. a. befassen sie sich mit dem Rechtsschutz von Computerprogrammen, dem Vermiet- und Verleihrecht, den Verwandten Schutzrechten, mit Fragen des Satellitenrundfunks und der Kabelweiterverbreitung, insbesondere der Harmonisierung der Schutzdauer des Urheberrechts und der Verwandten Schutzrechte; der Rechtsschutz von Datenbanken wird nochmals verdeutlicht. Die Richtlinie 2001/29/EG (umgesetzt in der vielfältig erwähnten Gesetzesnovelle 2003) strebt die Harmonisierung bestimmter Aspekte des Urheberrechts und der verwandten Schutzrechte in der Informationsgesellschaft an. Weitere Richtlinien-Themen sind das Folgerecht des Urhebers, Fragen des Zugangs zu elektronischen Kommunikationsnetzen und zugehörigen Einrichtungen sowie deren Zusammenschaltung, die Genehmigung elektronischer Kommunikationsnetze und -dienste und ein gemeinsamer Rechtsrahmen für elektronische Kommunikationsnetze und -dienste. In diesem Thema bleibt auch die Richtlinie 2002/22/EG über Universaldienste und Nutzerrechte bei elektronischen Kommunikationsnetzen und -diensten. Beachtlich ist ein neuer Vorschlag der Kommission der Europäischen Gemeinschaften für eine Richtlinie über die Maßnahmen und Verfahren zum Schutz der Rechte am geistigen Eigentum vom 23. 1. 2003 nebst einer sorgfältigen Stellungnahme hierzu durch die Deutsche Vereinigung für gewerblichen Rechtsschutz und Urheberrecht e. V.

Damit befinden wir uns bereits im Bereich der künftigen Richtlinien-Kompetenz der Europäischen Union. Jedenfalls ist auch die weitere Einflußnahme auf das Urheberrechtsgesetz der Bundesrepublik heute schon abzusehen.

Am 26. Oktober 1961 kam das *Internationale Abkommen über den Schutz der ausübenden Künstler, der Hersteller von Tonträgern und der Sendeunternehmen* zustande. Durch das Gesetz vom 15. September 1965 trat es am 21. Oktober 1966 für die Bundesrepublik in Kraft. Fast 60 Mitgliedsstaaten haben inzwischen das Vertragswerk ratifiziert, das sich mit der Regelung des internationalen Leistungsschutzrechts befaßt.

Eine vergleichbare Wirkung entfaltet das *Europäische Übereinkommen zur Verhütung von Rundfunksendungen, die von Sendestellen außerhalb der staatlichen Hoheitsgebiete gesendet werden,* das am 22. Januar 1965 zustandekam und für die Bundesrepublik Deutschland am 28. Februar 1970 aufgrund des Gesetzes vom 26. September 1969 in Kraft trat. Ein Mitgliederstand von rund 20 Staaten zeigt, daß die

Bekämpfung von Piratensendern noch nicht international durchgesetzt werden konnte.

Etwa 60 Mitgliedsländer gehören inzwischen dem *Übereinkommen zum Schutz der Hersteller von Tonträgern gegen die unerlaubte Vervielfältigung ihrer Tonträger* vom 29. Oktober 1971 an, die Bundesrepublik Deutschland aufgrund des Gesetzes vom 10. Dezember 1973 seit dem 18. Mai 1974.

Ziemlich allein steht die Bundesrepublik gegenüber dem *Wiener Abkommen über den Schutz typographischer Schriftzeichen und ihrer internationalen Hinterlegung* vom 12. Juni 1973. Sie ratifizierte es auch erst mit Gesetz vom 6. Juli 1981.

Vor allem in der Gegenwart spielt das *Allgemeine Zoll- und Handelsabkommen (GATT)* vom 30. Juli 1947 auch für das Urheberrecht eine zunehmend bedeutende Rolle. Dem ursprünglichen Abkommen trat die Bundesrepublik schon mit Gesetz vom 10. August 1951 bei und setzte es ab 1. Oktober 1951 in Kraft. Art. 20 behandelte den Immaterialgüterrechtsschutz, der auch den Schutz von Urheberrechten einschließt. Auf der Grundlage des GATT entstand das schon besprochene TRIPS-Übereinkommen (vgl. S. 175).

Bilaterale Verträge

Im Rahmen unseres „Kleinen Praktikum" müssen diese kurzen Andeutungen der wichtigsten Regelungen für den internationalen Urheberrechtsverkehr genügen. Deshalb reicht auch ein knapper Hinweis auf zusätzlich zu beachtende *bilaterale Verträge.* Hierbei handelt es sich um zweiseitige völkerrechtliche Abkommen, welche die Beziehungen zwischen dem ausländischen Staat und Deutschland auf dem Gebiet des Urheberschutzes der beiderseitigen Staatsangehörigen regeln. Solche zweiseitigen völkerrechtlichen Urheberrechtsabkommen finden sich oft versteckt in Handelsverträgen oder in Abkommen über formelle gewerbliche Schutzrechte (Patent-, Markenzeichen- oder Musterschutzrechte). Entweder schaffen sie mangels anderweitiger mehrseitiger Abkommen überhaupt erst die Basis eines gegenseitigen Urheberschutzes oder sie verweisen bestätigend auf das jeweilige mehrseitige Urheberrechtsabkommen, an dem beide Vertragspartner von früher her beteiligt sind. Die zweiseitigen Urheberrechtsabkommen beruhen meist, wie die mehrseitigen Übereinkünfte, auf dem *Prinzip der Inländerbehandlung,* stellen also – von Ausnahmen abgesehen – den Angehörigen des fremden Landes urheberrechtlich dem eigenen Staatsangehörigen gleich. Einzelheiten der zwischen Deutschland und zahlreichen fremden Mächten abgeschlossenen bilateralen Verträge hier anzuführen, würde Zweck und Rahmen unserer kursorischen Betrachtungen sprengen.

Eine Übersicht als Nachwort

Wir haben gesehen, daß die Beantwortung der Frage, wie ein Werk im Ausland urheberrechtlich geschützt ist, zwei Überlegungen erfordert: Zunächst muß geprüft werden, ob zwischen dem ausländischen Staatsgebiet, in dem der Urheberschutz beansprucht wird, und dem eigenen Land ein mehrseitiges oder wenigstens zweiseitiges Abkommen über den gegenseitigen Urheberschutz besteht. Ist die Frage zu verneinen, dann ist grundsätzlich das Werk des einen Urhebers im anderen Lande schutzfrei, kann dort also beliebig vervielfältigt und verbreitet, übersetzt, bearbeitet, dramatisiert oder sonstwie verwertet werden. Besteht ein solches urheberrechtliches Abkommen mit dem betreffenden Staat, dann muß man das Urhebergesetz dieses Staates zu Rate ziehen, um den Rahmen des erreichbaren Urheberschutzes zu erfahren. Dankenswerterweise gibt die UNESCO in Paris eine umfassende Textausgabe sämtlicher Urheberrechtsgesetze der Welt in englischer Sprache heraus, die durch ein Loseblattsystem jeweils auf dem laufenden gehalten wird, während schon seit Jahren eine lexikographische Berichterstattung über das Urheberrecht in allen Ländern von Pinner unter dem Titel „World Copyright“ vorliegt. Für uns zugänglicher sind die „Quellen des Urheberrechts“, eine Loseblatt-Sammlung, von Möhring/Schulze/Ulmer/Zweigert begründet, die seit 1961 erscheint; dieses Werk bringt zur Urheberrechtslage jedes einzelnen Landes eine Einführung, die Gesetzestexte in der Originalsprache und in deutscher Übersetzung, berichtet über die internationalen Verträge, in die das Land eingebunden ist, schließlich über die in diesem Land bestehenden Verwertungsgesellschaften. Diese Informationsfülle ist für den Leser unseres „Kleinen Praktikum“ sicher allenthalben zugänglich, falls im einen oder anderen Fall ein

Nachschlagebedarf auch über die zweite notwendige Frage nach der Eigenschaft des in einem Land gewährten Urheberschutzes besteht.

Noch aus einem anderen Grunde ist die möglichst genaue Kenntnis der Urheberrechtsgesetze der Welt wichtig: Eine größere Zahl von Staaten, darunter auch Deutschland (§ 121 UrhG), gewährt ohne internationale Abkommen oder zweiseitige Urheberrechtsverträge dann einem Ausländer Urheberschutz, wenn das betreffende Werk erstmalig im Inland oder nicht früher als 30 Tage vor dem Erscheinen bei uns im Ausland erschienen ist. Der Zweck dieser Bestimmung ist klar: Man will gerade den Urhebern desjenigen ausländischen Staates, mit dem noch keine Gegenseitigkeit vereinbart ist, eine literarische Heimstatt geben und damit einen gelinden kulturpolitischen Druck auf das Heimatland des Urhebers dahin ausüben, nun doch endlich auch einen wenigstens zweiseitigen Urheberrechtsvertrag anzustreben. Freilich handelt es sich bei dieser Art von „internationalem" Urheberschutz stets um Sonderfälle.

Im Normalfalle muß, wie oben geschildert, vorgegangen werden. Ein erster Wegweiser in die Welt des Urheberrechts können dabei die nachstehenden Übersichten sein, die aber zugleich zeigen, daß noch manche Gebiete unseres Erdballs dem Geistesgut anderer Völker nicht die gebührende Reverenz zu erweisen bereit sind und bisher sich einem international garantierten Urheberschutz fernhalten. Wenn die Kulturwelt stolz darauf sein darf, schon seit der Frühzeit weltumspannender Verträge die geistige Schöpfung auf internationaler Ebene wirksam zu schützen, so muß es in der Gegenwart ihre Aufgabe bleiben, immer wieder an die Vernunft zu appellieren, um vielleicht doch einmal den einheitlichen Schutz des Urheberrechts in der ganzen Welt zu erzielen, wie er allein der Achtung angemessen wäre, die ein schöpferisches Werk als großer oder kleiner Baustein dieser Welt verlangt.

Unser Urheberrecht ist komplizierter geworden. Belehrendes und Unterhaltsames über dieses Thema erleben eine nie gekannte Vielfalt. Berufene und Unberufene veranstalten mehr oder weniger teuer zu honorierende Urheberrechts-Seminare und -Tagungen über das „Neue Urheberrecht", das in seinem Kern um die Jahrhundertwende vom 19. zum 20. Jahrhundert bahnbrechend begründet wurde. Die „rasante technische, wirtschaftliche und soziale Entwicklung der

Informations- und Mediengesellschaft“ wird dafür verantwortlich gemacht, daß es sich „von einem Spezialrecht der ‚schönen Künste‘ zu einer zentralen Rechtsmaterie an der Schnittstelle des Informations-, Medien- und Kommunikationsrechts entwickelt“ hat. Denn es wurde „in besonderer Weise von der Herausbildung neuer Verwertungstechniken geprägt und damit stärker als andere Rechtsgebiete ständigen Anpassungszwängen ausgesetzt“. So jedenfalls beantwortet die Ankündigung namhafter Referenten die Fragen nach „wesentlichen Änderungen für die Informationsgesellschaft“. Der Spannungsbogen vom Individualschutz zur weltweiten Medienpolitik kommt, wie das Kleine Praktikum zeigen sollte, nicht von ungefähr. Bei allen imponierenden Verwertungstechniken bleibt zum Abschluß unserer Betrachtung doch immer wieder die altmodische Frage, was wäre die Welt ohne ihre Urheber von Literatur, Kunst und Wissenschaft?

Die Mitgliedsländer der wichtigsten Urheberrechtskonventionen

Alljährlich veröffentlicht Teil II des Bundesgesetzblattes in dem Sonderband „Fundstellennachweis B" die in Kraft befindlichen völkerrechtlichen Vereinbarungen. Den Übersichten vorausgestellt sind genaue Angaben über die Quellen der Erstveröffentlichung, die Zeitpunkte des Inkrafttretens, der zu den Abkommen ergangenen Gesetze und Verordnungen usw. Es gibt keine genaueren Aufzeichnungen, so daß es sinnvoll ist, die wichtigsten Urheberrechtskonventionen in ihrer Akzeptanz durch die jeweiligen Mitgliedsländer aufgrund solcher Angaben zu dokumentieren.

Mit der Anführung der Mitgliedsländer der Berner Übereinkunft, des Welturheberrechtsabkommens und der anderen wichtigen internationalen Abkommen über die Rechtsstellung der Urheber dürften dem Leser hinreichende Orientierungshilfen zur Verfügung stehen. Zugrunde gelegt wurden die Angaben im Fundstellennachweis B vom 22. Januar 2004; die nach den Bekanntmachungsdaten genannten Ziffern nennen Jahreszahl, Teil und Seite des Verkündungsblattes.

Berner Übereinkunft zum Schutz von Werken der Literatur und Kunst vom 9. 9. 1886

– 1887 S. 493
vervollständigt in Paris am 4. 5. 1896
– 1897 S. 759

a) revidiert in Berlin am 13. 11. 1908
in Kraft für das Deutsche Reich am 9. 6. 1910
– 1910 S. 965, 987

b) vervollständigt in Bern am 20. 3. 1914
in Kraft für das Deutsche Reich am 10. 1. 1920
(Bek. 11. 1. 20) – 1920 S. 31, 137

c) revidiert in Rom am 2. 6. 1928
in Kraft für das Deutsche Reich am 21. 10. 1933
(Bek. 31. 10. 33) – 1933 II 889

d) revidiert in Brüssel am 26. 6. 1948
Gesetz vom 15. 9. 1965 – 1965 II 1213
BT-Drucksachen IV/277, 3405
in Kraft für die Bundesrepublik Deutschland am 10. 10. 1966
(Bek. 1. 12. 66) – 1966 II 1565

e) revidiert in Stockholm am 14. 7. 1967
Gesetz vom 5. 6. 1970 – 1970 II 293, 348
BT-Drucksachen VI/401, 520
in Kraft für die Bundesrepublik Deutschland (ausgenommen Artikel 1 bis 21 und Protokoll betr. die Entwicklungsländer) am 19. 9. 1970 (Bek. 16. 11. 70) – 1970 II 1314
Artikel 2 des Gesetzes vom 5. 6. 1970 geändert durch Artikel 16 des Gesetzes vom 25. 10. 1994 – 1994 I 3082

f) revidiert in Paris am 24. 7. 1971
Gesetz vom 17. 8. 1973 – 1973 II 1069
BT-Drucksachen 7/274, 715
in Kraft für die Bundesrepublik Deutschland (ausgenommen Artikel 1 bis 21 und Anhang) am 22. 1. 1974 (Bek. 5. 2. 74) – 1974 II 165
Artikel 1 bis 21 und Anhang in Kraft am 10. 10. 1974 (Bek. 15. 7. 74) – 1974 II 1079
Erklärung nach Artikel VI Abs. 1 Ziff. ii
wirksam am 18. 10. 1973 – 1974 II 165

Änderungen vom 2. 10. 1979
in Kraft am 19. 11. 1984 (Bek. 13. 12. 84) – 1985 II 81
Notenwechsel vom 7. 2./23. 6. 1950 über die Weiteranwendung im Gebiet der Bundesrepublik Deutschland
- BAnz. Nr. 144/50
Gesetz vom 4. 4. 1888 betreffend die Ausführung der am 9. 9. 1886 zu Bern abgeschlossenen Übereinkunft
- 1888 S. 139 – FN A 440-9
Verordnung vom 29. 11. 1897 betreffend die Ausführung der am 9. 9. 1886 zu Bern abgeschlossenen Übereinkunft – 1897 S. 787 – FN A 440-9-1
Verordnung vom 12. 7. 1910 zur Ausführung der am 13. 11. 1908 zu Berlin abgeschlossenen revidierten Berner Übereinkunft – 1910 S. 989 – FN A 440-10-1
Gesetz vom 9. 9. 1965 über Urheberrecht und verwandte Schutzrechte (Urheberrechtsgesetz) – 1965 I 1273
– FN 440-1
Veröffentlichungen in
UNTS Bd. 123 S. 233 (Fass. vom 2. 6. 28)
UNTS Bd. 331 S. 217 (Fass. vom 26. 6. 48)
UNTS Bd. 828 S. 221 (Fass. vom 14. 7. 67)
Veröffentlichungen in Vertragsslg. AA
Bd. 28 A 357 (Fass. vom 13. 11. 08 u. Prot vom 20. 3. 14)
Bd. 30 A 408 (Fass. vom 2. 6. 28)
Bd. 25 A 296 (Fass. vom 26. 6. 48)
Bd. 37 A 500 (Fass. vom 14. 7. 67)
Bd. 45 A 619 (Fass. vom 24. 7. 71)

Vertragsparteien	zu c) in Kraft am	BGBl./BGBl. Jg.	S.	zu d) in Kraft am	BGBl. Jg.	S.	zu e) in Kraft am	BGBl. Jg.	S.	zu f) in Kraft am	BGBl. Jg.	S.
Ägypten										7. 6.77	77 II	1140[25]
Albanien										6. 3.94	94 II	3536
Argentinien				10. 6.67	67 II	2049				8.10.80	80 II	1342[18]
Australien	18. 1.35	35 II	58[3]	1. 6.69	69 II	1928	25. 8.72	72 II	842	1. 3.78	78 II	486
Bahamas				10. 7.73	76 II	1847[2]				8. 1.77	77 II	18
Barbados										30. 7.83	83 II	549
Belgien	7.10.34	34 II	846	1. 8.51	56 II	932	12. 2.75	75 II	229			
Benin				1. 8.60	61 II	1107[2]				12. 3.75	75 II	352
Bolivien										4. 7.93	94 II	277
Bosnien-Herzegowina										6. 3.93	94 II	3536[2]
Brasilien	1. 6.33	33 II	9081	9. 6.52	56 II	932				20. 4.75	75 II	352
Bulgarien	1. 8.31	33 II	908							4.12.74	74 II	139[5]
Burkina Faso										24. 1.76	75 II	2233
Chile				5. 6.70	70 II	743				10. 7.75	75 II	923
China										15.10.92	93 II	922
Costa Rica										10. 6.78	78 II	886
Côte d'Ivoire				7. 8.60	62 II	45[2]				4. 5.74	74 II	311[18]
										10.10.74	74 II	1079[19]
Dänemark	16. 9.33	33 II	9081	19. 2.62	62 II	138	4. 5.70	70 II	1314	30. 6.79	79 II	574
Ecuador										9.10.91	91 II	1027
El Salvador										19. 2.94	94 II	3536
Estland										26.10.94	94 II	3536
Fidschi				10.10.70	72 II	14672	15. 3.72	72 II	1467			
Finnland	1. 8.31	33 II	908	28. 1.63	63 II	154	15. 9.70	70 II	1314	1.11.86	86 II	960
Frankreich	22.12.33	33 II	1072[4]	1. 8.51	56 II	932[15]				15.12.72	74 II	165[18]
										10.10.74	74 II	1079[19]
Gabun				26. 3.62	62 II	809				10. 6.75	75 II	642
Gambia										7. 3.93	93 II	922
Ghana										11.10.91	91 II	1147
Griechenland	25. 2.32	33 II	9081	6. 1.57	58 II	227				8. 3.76	76 II	404
Guinea										20.11.80	80 II	1407
Guinea-Bissau										22. 7.91	91 II	1027
Guyana										25.10.94	94 II	3536

Vertragsparteien	zu c) in Kraft am	BGBl./BGBl. Jg.	S.	zu d) in Kraft am	BGBl. Jg.	S.	zu e) in Kraft am	BGBl. Jg.	S.	zu f) in Kraft am	BGBl. Jg.	S.
Heiliger Stuhl	12. 9.35	35 II	742	1. 8.51	56 II	932				24. 4.75	75 II	352
Honduras										25. 1.90	90 II	7
Indien	1. 8.31	33 II	908	21.10.58	58 II	571				10. 1.75	75 II	244[18,22]
										6. 5.84	84 II	49319
Irland	11. 6.35	35 II	460	5. 7.59	59 II	1267	21.12.70	71 II	112			
Island	7. 9.47	56 II	932							28.12.84	88 II	358[18]
Israel	24. 3.50	56 II	932	1. 8.51	56 II	932	26. 2.70	70 II	1314			
Italien	1. 8.31	33 II	908	12. 7.53	56 II	932				14.11.79	79 II	1071
Jamaika										1. 1.94	94 II	3536
Japan	1. 8.31	33 II	908[14]	12. 7.74	74 II	1163	24. 4.75	75 II	642			
Jugoslawien, ehemaliges	1. 8.31	33 II	908[1]	1. 8.51	56 II	932				2. 9.75	75 II	1119
Kamerun				1. 1.60	66 II	1932				10.11.73	74 II	165[18]
										10.10.74	74 II	1079[19]
Kanada	1. 8.31	33 II	908[7]				7. 7.70	70 II	1314			
Kenia										11. 6.93	93 II	922
Kolumbien										7. 3.88	88 II	358
Kongo				15. 8.60	62 II	891[2]				5.12.75	75 II	1494
Kroatien										8.10.91	93 II	26[2]
Lesotho										28. 9.89	89 II	774
Libanon	30. 9.47	33 II	1072[1]									
Liberia										8. 3.89	89 II	401
Libyen										28. 9.76	76 II	1695
Liechtenstein	30. 8.31	33 II	908[1]	1. 8.51	56 II	932	25. 5.72	72 II	307			
Luxemburg	4. 2.32	33 II	908[1]	1. 8.51	56 II	932				20. 4.75	75 II	352
Madagaskar				26. 6.60	66 II	319[2]						
Malawi										12.10.91	91 II	1147
Malaysia										1.10.90	90 II	1346
Mali				22. 9.60	62 II	891[2]				5.12.77	77 II	1196
Malta	21. 9.64	68 II	1041[2]							12.12.77	77 II	1196
Marokko				22. 5.52	56 II	932	6. 8.71	71 II	988	17. 5.87	88 II	358
Mauretanien				6. 2.73	73 II	54	6. 2.73	73 II	54	21. 9.76	76 II	1695
Mauritius[13]				–	71 II	230				10. 5.89	89 II	486

Vertragsparteien	zu c) in Kraft am	BGBl./BGBl. Jg.	S.	zu d) in Kraft am	BGBl. Jg.	S.	zu e) in Kraft am	BGBl. Jg.	S.	zu f) in Kraft am	BGBl. Jg.	S.
Mazedonien, ehemalige jugoslawische Republik										17. 9.91	94 II	774[2]
Mexiko				11. 6.67	67 II	2049	2328			17.12.74	74 II	1395[20]
Monaco	9. 6.33	33 II	908[1]	1. 8.51	56 II	932	23.11.74	74 II	1294			
Neuseeland	4.12.47	56 II	932[8]									
Niederlande[23]	1. 8.31	33 II	908	7. 1.73	74 II	1250				10. 1.75	75 II	244[18]
										30. 1.86	86 II	414
Niger				3. 8.60	62 II	14362				21. 5.75	75 II	642[21]
										14. 9.93	93 II	1272
Nigeria										14. 9.93	93 II	1272
Norwegen	1. 8.31	33 II	908	28. 1.63	63 II	154				13. 6.74	74 II	735+
Österreich	1. 7.36	36 II	230	14.10.53	56 II	932[16]	18. 8.73	73 II	1280	21. 8.82	82 II	763
Pakistan	5. 7.48	56 II	932				26. 2.70	70 II	1314			
Paraguay										2. 1.92	92 II	232
Peru										20. 8.88	88 II	358
Philippinen				1. 8.51	56 II	932				16. 7.80	80 II	963[18]
Polen	21.11.35	35 II	765							4. 8.90	90 II	1346[18]
Portugal	29. 7.37	37 II	524	1. 8.51	56 II	932[9]				12. 1.79	78 II	1394
Ruanda										1. 3.84	84 II	142
Rumänien	6. 8.36	36 II	288				26. 2.70	70 II	1314			
Sambia										2. 1.92	92 II	232
Schweden	1. 8.31	33 II	908	1. 7.61	61 II	1107	26. 2.70	70 II	1314	20. 9.73	74 II	165[18]
										10.10.74	74 II	1079[19]
Schweiz	1. 8.31	33 II	908	2. 1.56	56 II	932	4. 5.70	70 II	1314			
Senegal				25. 8.62	62 II	1436	26. 2.70	70 II	1314	12. 8.75	75 II	923
Simbabwe	18. 4.80	82 II	148[2]							30.12.81	82 II	148[18]
Slowakei[2]										1. 1.93	93 II	2012
Slowenien										25. 6.91	92 II	1094[2]
Spanien	23. 4.33	33 II	908[1,10]	1. 8.51	56 II	932	26. 2.70	70 II	1314	19. 2.74	74 II	165[18]
										10.10.74	74 II	1079[19]

Vertragsparteien	zu c) in Kraft am	BGBl./BGBl. Jg.	S.	zu d) in Kraft am	BGBl. Jg.	S.	zu e) in Kraft am	BGBl. Jg.	S.	zu f) in Kraft am	BGBl. Jg.	S.
Sri Lanka	4. 2.48	61 II	1107[2]							23. 9.78	78 II	1084[18]
St. Lucia										24. 8.93	93 II	1272
Südafrika[1]	27. 5.35	35 II	460	1. 8.51	56 II	932				24. 3.75	75 II	352[18]
Suriname										23. 2.77	77 II	439
Thailand[2]										29.12.80	80 II	1484[18]
Togo										30. 4.75	75 II	642
Trinidad und Tobago										16. 8.88	88 II	778
Tschad				25.11.71	71 II	1167	25.11.71	71 II	1167			
Tschechische Republik										1. 1.93	93 II	2012
Tschecho-slowakei, ehemalige	30.11.36	36 II	367							11. 4.80	80 II	211[26]
Tunesien				22. 5.52	56 II	932				16. 8.75	75 II	1119
Türkei				1. 1.52	56 II	932						
Ungarn	1. 8.31	33 II	908							15.12.72	74 II	165[18,24]
										10.10.74	74 II	1079[19]
Uruguay				10. 7.67	67 II	2328				28.12.79	79 II	1204
Venezuela										30.12.82	82 II	1086
Vereinigtes Königreich	1. 8.31	33 II	908[5]	15.12.57	58 II	227[6]	26. 2.70	70 II	1314	–	74 II	165[17]
										2. 1.90	90 II	7
Vereinigte Staaten										1. 3.89	89 II	100
Zaire	30. 6.60	64 II	982	31. 1.75	75 II	244						
Zentral-afrikanische Republik										3. 9.77	77 II	759
Zypern	16. 8.60	66 II	3192							27. 7.83	83 II	479
		68 II	1041									

[1] Der Zeitpunkt des Inkrafttretens für die im RGBl. 1933 II 908, 1072 aufgeführten Vertragsparteien ist aus der Zeitschrift „Le Droit d'auteur" entnommen. – [2] Erklärung über die Weiteranwendung. – [3] Weitere Bek. – 1936 II 288. – [4] Weitere Bek. – 1934 II 1048. – [5] Weitere Bek. – 1938 II 855. – [6] Weitere Bek. – 1963 II 154, 1538; 1965 II 15; 1966 II 193, 319; 1967 II 736; 1968 II 1041; 1973 II 350. – [7] Weitere Bek. – 1933 II 1072; 1934 II 120. – [8] Weitere Bek. – 1966 II 193. – [9] Weitere Bek. – 1958 II 227. – [10] Weitere Bek. – 1934 II 1406. – [11] Für Südwestafrika gilt ab 28.10.1931 die Berliner Fassung. – [12] Vorbehalte – 1931 II 538 – gelten weiter. – [13] Mauritius hat erklärt, daß es sich an das Übereinkommen i. d. F. von Brüssel nicht gebunden betrachtet. – [14] Weitere Bek. – 1974 II 1163. – [15] Siehe auch Notenwechsel vom 27.2./24.4.1974 nach Artikel 7 mit Frankreich – 1975 II 189. – [16] Siehe auch Notenwechsel vom 31.1./7.3.1975 nach Artikel 7 mit Österreich – 1975 II 834. – [17] Erklärung nach Artikel VI Abs. 1 Ziff.ii. – [18] Mit Ausnahme der Artikel 1 bis 21 und des Anhangs. – [19] Hinsichtlich Artikel 1 bis 21 und Anhang. – [20] Weitere Bek. – 1977 II 439; 1984 II 740. – [21] Weitere Bek. – 1978 II 886. – [22] Weitere Bek. – 1984 II 743. – [23] Weitere Bek. – 1987 II 255. – 24 Weitere Bek. – 1990 II 234. – [25] Weitere Bek. – 1990 II 865. – [26] Weitere Bek. – 1991 II 1027.

Welturheberrechtsabkommen vom 6. 9. 1952 nebst Zusatzprotokollen Nr. 1, 2 und 3

Gesetz vom 24. 2. 1955–1995 II 101

BT-Drucksachen II/757, 1032

Abkommen und Zusatzprotokolle Nr. 1 und 2 in Kraft für die Bundesrepublik Deutschland am 16. 9. 1955

Zusatzprotokoll Nr. 3 am 3. 6. 1955
(Bek. 26. 9. 55) – 1955 II 892

Gesetz vom 24. 2. 1955 geändert durch
Gesetz vom 9. 9. 1965–1965 I 1273, 1292

BT-Drucksachen V/270, 3401, 3536, 3706

Welturheberrechtsabkommen revidiert in Paris
am 24. 7. 1971 sowie Zusatzprotokolle 1 und 2

Gesetz vom 17. 8. 1973–1973 II 1069, 1111

BT-Drucksachen 7/274, 715

in Kraft für die Bundesrepublik Deutschland
am 10. 7. 1974 (Bek. 3. 10. 74) – 1974 II 1309

Gesetz vom 9. 9. 1965 über Urheberrecht und verwandte Schutzrechte (Urheberrechtsgesetz) – 1965 I 1273 – FN A 440–1

Veröffentlichungen in UNTS Bd. 216 S. 132

Veröffentlichungen in Vertragsslg. AA
Bd. 8 A 72 (Abk. und Prot. v. 6.9.52)
Bd. 45 A 620 (Fass. von Paris v. 24.7.71)

Vertragsparteien	Abkommen in Kraft am	BGBl. Jg.	S.	Zusatz-protokolle	Fass. v. Paris in Kraft am	BGBl. Jg.	S.	Zusatz-protokolle
Algerien	28. 8.1973	73 II	1519	-	10. 7.1974	74 II	1309[8]	-
Andorra	16. 9.1955	55 II	892	1, 2, 3				
Argentinien	13. 2.1958	58 II	330	1, 2				
Australien	1. 5.1969	69 II	1063		28. 2.1978	78 II	334	1, 2
		69 II	1946	3				
		70 II	12	1, 2				
Bahamas	10. 7.1973	77 II	377[4]	-	27.12.1976	77 II	377	-
Bangladesch[6]	5. 8.1975	75 II	2233	1[7]	5. 8.1975	75 II	2233[10]	1, 2
Barbados[6]	18. 6.1983	83 II	527	-	18. 6.1983	83 II	527	-
Belarus[4]	27. 8.1991	94 II	3649	-				
Belgien[2]	31. 8.1960	60 II	2122	1, 2, 3				
Bolivien[6]	22. 3.1990	90 II	1396	1, 2, 3	22. 3.1990	90 II	1396	
Brasilien	13. 1.1960	60 II	435	1, 2, 3	11.12.1975	76 II	229	1, 2
Bulgarien[6]	7. 6.1975	75 II	1120	-	7. 6.1975	75 II	1120	-
Chile	16. 9.1955	55 II	892	2				
China[6]	30.10.1992	93 II	2019	-	30.10.1992	93 II	2019	-
Costa Rica	16. 9.1955	55 II	892	1, 2, 3	7. 3.1980	80 II	616	
Dänemark	9. 2.1962	62 II	1478	1, 2, 3	11. 7.1979	79 II	897	1, 2
Dominikanische Republik[6]	8. 5.1983	83 II	356	-	8. 5.1983	83 II	356	-
Ecuador	5. 6.1957	58 II	63	1, 2	6. 9.1991	91 II	1136	1, 2
El Salvador[6]	29. 3.1979	79 II	748	1[7]	29. 3.1979	79 II	748	1, 2
Fidschi[4]	10.10.1970	72 II	841	-				
Finnland	16. 4.1963	63 II	394	1, 2, 3	1.11.1986	86 II	1131	-
Frankreich	14. 1.1956	58 II	63	1, 2, 3	10. 7.1974	74 II	1309	1, 2
Ghana	22. 8.1962	62 II	1478	1, 2, 3				
Griechenland	24. 8.1963	63 II	1453	1, 2, 3				
Guatemala	28.10.1964	64 II	1405	1, 2, 3				
Guinea[6]	13.11.1981	81 II	1183	1[7]	13.11.1981	81 II	1183	1, 2
Haiti	16. 9.1955	55 II	892	1, 2, 3				
Heiliger Stuhl	5.10.1955	55 II	892	1, 2, 3	6. 5.1980	80 II	833	1, 2
Indien	21. 1.1958	58 II	330	1, 2, 3	7. 4.1988	88 II	665	1, 2
Irland	20. 1.1959	59 II	146	1, 2, 3				
Island	18.12.1956	58 II	63	-				

Vertragsparteien	Abkommen in Kraft am	BGBl. Jg.	S.	Zusatz-protokolle	Fass. v. Paris in Kraft am	BGBl. Jg.	S.	Zusatz-protokolle
Israel	16. 9.1955	55 II	892	1, 2, 3				
Italien	24. 1.1957	58 II	63	2, 3	25. 1.1980	80 II	219	1, 2
	19.12.1966	67 II	2155	1				
Japan	28. 4.1956	58 II	63	1, 2, 3	21.10.1977	78 II	120	1, 2
Jugoslawien, ehemaliges	11. 5.1966	66 II	858	1, 2, 3	10. 7.1974	74 II	1309	-
Kambodscha	16. 9.1955	55 II	892	1, 2, 3				
Kamerun	1. 5.1973	73 II	1037	-	10. 7.1974	74 II	1309	-
Kanada	10. 8.1962	62 II	1478	3				
Kasachstan[4]	16.12.1991	93 II	2019	-				
Kenia	7. 9.1966	66 II	1601	1, 2, 3	10. 7.1974	74 II	1309	1, 2
Kolumbien[6]	18. 6.1976	76 II	1721	-	18. 6.1976	76 II	1721	-
Korea (Republik)[6]	1.10.1987	88 II	226	1[7]	1.10.1987	88 II	226[12]	1, 2
Kroatien[4]					25. 6.1991	93 II	2019	-
Kuba	18. 6.1957	58 II	63	1, 2				
Laos	16. 9.1955	55 II	892	1, 2, 3				
Libanon	17.10.1959	59 II	1258	1, 2, 3				
Liberia	27. 7.1956	58 II	63	1, 2				
Liechtenstein	22. 1.1959	59 II	146	1, 2				
Luxemburg	15.10.1955	55 II	892	1, 2, 3				
Malawi	26.10.1965	66 II	6	-				
Malta	19.11.1968	69 II	851	-				
Marokko	8. 5.1972	72 II	903	1, 2, 3	28. 1.1976	76 II	404	1, 2
Mauritius[4]	12. 3.1968	71 II	200	1, 2, 3				
Mexiko	12. 5.1957	58 II	63	2	31.10.1975	75 II	2233[5]	-
Monaco	16. 9.1955	55 II	892	1, 2	13.12.1974	75 II	299	1, 2
Neuseeland	11. 9.1964	64 II	1405	1, 2, 3				
Nicaragua	16. 8.1961	61 II	1628	1, 2, 3				
Niederlande	22. 6.1967	67 II	2155	1, 2, 3	30.11.1985	86 II	529	1, 2
Niger[6]	15. 5.1989	89 II	751	1[7]	15. 5.1989	89 II	751	1, 2
Nigeria	14. 2.1962	62 II	1478	-				
Norwegen	23. 1.1963	63 II	47	1, 2, 3	7. 8.1974	75 II	28	
					13. 8.1974	75 II	28	1, 2
Österreich	2. 7.1957	58 II	63	1, 2, 3	14. 8.1982	82 II	784	1, 2

Vertragsparteien	Abkommen in Kraft am	BGBl. Jg.	S.	Zusatz-protokolle	Fass. v. Paris in Kraft am	BGBl. Jg.	S.	Zusatz-protokolle
Pakistan	16. 9.1955	55 II	892	1, 2, 3				
Panama	17.10.1962	62 II	2168	1, 2, 3	3. 9.1980	80 II	1346	
Paraguay	11. 3.1962	62 II	1478	1, 2, 3				
Peru	16.10.1963	63 II	1453	-	22. 7.1985	85 II	1073	1, 2
Polen[6]	9. 3.1977	77 II	479	1[7]	9. 3.1977	77 II	479	1, 2
Portugal	25.12.1956	58 II	63	1, 2, 3	30. 7.1981	81 II	653	1, 2
Ruanda[6]	10.11.1989	90 II	161	1[7]	10.11.1989	90 II	161	1, 2
Russische Föderation[13]	27. 5.1973	73 II	967	-	-	78 II	13959	
Sambia	1. 6.1965	65 II	1160	-				
Saudi-Arabien[6]	13. 7.1994	94 II	3649	-	13. 7.1994	94 II	3649	-
Schweden	1. 7.1961	61 II	1628	1, 2, 3	10. 7.1974	74 II	1309	1, 2
Schweiz	30. 3.1956	58 II	63	1, 2				
Senegal	9. 7.1974	75 II	63		10. 7.1974	74 II	1309	1, 2
	10. 7.1974	75 II	63	1				
Slowakei	1. 1.1993	94 II	634	2,3	1. 1.1993	94 II	634	2
Slowenien	29. 6.1991	94 II	3649	1, 2, 3	25. 6.1991	94 II	3649	1, 2
Sowjetunion, ehemalige	27. 5.1973	73 II	967	-	-	78 II	13959	
Spanien	16. 9.1955	55 II	892	2	10. 7.1974	74 II	1309	2
				1[7]	16.10.1974	75 II	643	1
Sri Lanka[6]	25. 1.1984	84 II	208	-	25. 1.1984	84 II	208	-
				1[7]	27. 7.1988	89 II	213	1, 2
	27. 7.1988	89 II	213	2, 3				
Tadschikistan	9. 9.1991	93 II	2019	-				
Trinidad und Tobago[6]	19. 8.1988	89 II	213	-	19. 8.1988	89 II	213	-
Tschechische Republik[4]	1. 1.1993	94 II	634	2, 3	1. 1.1993	94 II	634	2
Tschechoslowakei, ehem.	6. 1.1960	60 II	435	2, 3	17. 4.1980	80 II	833	2
Tunesien	19. 6.1969	69 II	1728	1, 2, 3	10. 6.1975	75 II	1120[11]	1, 2
Ukraine[4]	24. 8.1991	94 II	3649	-				
Ungarn	23. 1.1971	71 II	231	2	10. 7.1974	74 II	1309	2
Uruguay	12. 4.1993	94 II	318	1, 2	12. 4.1993	94 II	318	-
		94 II	318	3				
Venezuela	30. 9.1966	66 II	1601	1, 2, 3				
Vereinigtes Königreich1	27. 9.1957	58 II	63	1, 2, 3	10. 7.1974	74 II	1309	1, 2

Vertragsparteien	Abkommen in Kraft am	BGBl. Jg.	S.	Zusatz-protokolle	Fass. v. Paris in Kraft am	BGBl. Jg.	S.	Zusatz-protokolle
Vereinigte Staaten[3]	16. 9.1955	55 II	892	1, 2, 3	10. 7.1974	74 II	1309	1, 2
Zypern[6]	19.12.1990	91 II	1062	17	19.12.1990	91 II	1062	1, 2

Hinweis: Die Philippinen haben die Beitrittsurkunde zum Abkommen sowie zu den Zusatzprotokollen 1 bis 3 am 19. 8. 1955 hinterlegt und am 14. 11. 1955 zurückgezogen – 1958 II 63.

[1] Weitere Bek. – 1962 II 1478; 1963 II 394, 1453; 1964 II 192, 474; 1965 II 150; 1966 II 858, 1601; 1973 II 1530. – [2] Weitere Bek. – 1961 II 1019. – [3] Weitere Bek. – 1958 II 63. – [4] Erklärung über die Weiteranwendung. – [5] Weitere Bek. – 1976 II 562; 1988 II 1177. – [6] Der Beitritt zum Abkommen von 1952 erfolgte nach Art. IX Abs. 3 des Abkommens von 1971. – [7] Zusatzprotokoll 1 in Kraft nach Nr. 2 Buchstabe c des Zusatzprotokolls von 1971. – [8] Weitere Bek. – 1976 II 1721; 1984 II 169. – [9] Notifikation nach Artikel IX Abs. 4 des Abkommens von 1971. – [10] Weitere Bek. – 1980 II 691. – [11] Weitere Bek. – 1984 II 653. – [12] Weitere Bek. – 1988 II 559. – [13] Vertragspartei war bis zu ihrer Auflösung die Sowjetunion – 1992 II 1016.

Abkommen über die Rechtsstellung der Flüchtlinge vom 28. 7. 1951

Gesetz vom 1. 9. 1953–1953 II 559

BT-Drucksachen I/3818, 4146 (neu)

innerstaatlich in Kraft am 24. 12. 1953 (Artikel 2 des Gesetzes)

in Kraft für die Bundesrepublik Deutschland am 22. 4. 1954 (Bek. vom 25. 5. 54) – 1954 II 619

Siehe auch
Protokoll vom 31. 1. 1967 über die Rechtsstellung der Flüchtlinge – 1969 II 1293
Vereinbarung vom 23. 11. 1957 über Flüchtlingsseeleute – 1961 II 828
Übereinkommen vom 28. 9. 1954 über die Rechtsstellung der Staatenlosen – 1976 II 473

Veröffentlichung in UNTS Bd. 189 S. 137

Veröffentlichung in Vertragsslg. AA Bd. 3 A 28

Vertragsparteien	in Kraft am	BGBl. Jg.	S.
Ägypten[20]	20. 8.1981	81 II	937
Albanien	16.11.1992	93 II	32
Algerien[1]	3. 7.1962	64 II	256
Angola	21. 9.1981	81 II	1060
Äquatorialguinea	8. 5.1986	86 II	672
Argentinien[23]	13. 2.1962	62 II	802
Armenien	4.10.1993	94 II	629
Aserbaidschan	13. 5.1993	93 II	2167
Äthiopien1[3]	8. 2.1970	70 II	466
Australien[10]	22. 4.1954	54 II	619
Bahamas	14.12.1993	94 II	629
Belgien	22. 4.1954	54 II	619
Belize	25. 9.1990	90 II	1406
Benin[1,21]	1. 8.1960	62 II	1522
Bolivien	10. 5.1982	82 II	528
Bosnien-Herzegowina[1]	6. 3.1992	94 II	3747
Botsuana[22]	6. 4.1969	69 II	849
Brasilien[16,24]	14. 2.1961	61 II	140
			1115
Bulgarien	10. 8.1993	94 II	629
Burkina Faso	16. 9.1980	80 II	1143
Burundi	17.10.1963	64 II	256
Chile	27. 4.1972	72 II	688
China	23.12.1982	83 II	211
Costa Rica	26. 6.1978	78 II	866
Côte d'Ivoire[1,9]	7. 8.1960	62 II	802
Dänemark[2]	22. 4.1954	54 II	619
Dominica	18. 5.1994	94 II	3535
Dominikanische Republik	4. 4.1978	78 II	395

Vertragsparteien	in Kraft am	BGBl. Jg.	S.
Dschibuti[1]	27. 6.1977	77 II	1168
Ecuador[16]	15.11.1955	57 II	506
El Salvador	27. 7.1983	83 II	592
Fidschi[1]	10.10.1970	72 II	1471
Finnland	8. 1.1969	69 II	849
Frankreich[12]	21. 9.1954	54 II	1204
Gabun	26. 7.1964	65 II	140
Gambia1	18. 2.1965	67 II	2364
Ghana	16. 6.1963	64 II	256
Griechenland[18]	4. 7.1960	61 II	140
Guatemala	21.12.1983	85 II	765
Guinea1	2.10.1958	66 II	1432
Guinea-Bissau	11. 5.1976	76 II	1066
Haiti	24.12.1984	84 II	971
Heiliger Stuhl[8]	13. 6.1956	57 II	506
Honduras	21. 6.1992	92 II	1135
Iran	26.10.1976	76 II	1908
Irland[11]	27. 2.1957	57 II	506
Island	28. 2.1956	57 II	506
Israel	30.12.1954	55 II	604
Italien[3,24]	13. 2.1955	55 II	604
Jamaika[1]	6. 8.1962	65 II	140
Japan	1. 1.1982	82 II	82
Jemen[25]	17. 4.1980	80 II	582
Jugoslawien, ehemaliges	14. 3.1960	61 II	140
Kambodscha	13. 1.1993	93 II	1199
Kamerun[1]	1. 1.1960	62 II	802
Kanada[14]	2. 9.1969	69 II	2190
Kenia	14. 8.1966	66 II	1432
Kolumbien	8. 1.1962	62 II	802
Kongo[1]	15. 8.1960	63 II	260
Korea (Republik)	3. 3.1993	93 II	1199
Kroatien[1]	8.10.1991	93 II	1199
Lesotho	12. 8.1981	81 II	626
Liberia	13. 1.1965	65 II	140
Liechtenstein	6. 6.1957	57 II	1682
Luxemburg[16]	22. 4.1954	54 II	619
Madagaskar	17. 3.1968	68 II	1094
Malawi	9. 3.1988	88 II	1141
Mali[1]	22. 9.1960	73 II	931
		74 II	1282
Malta	15. 9.1971	72 II	30
Marokko[1]	2. 3.1956	57 II	1682
Mauretanien	3. 8.1987	87 II	719
Mazedonien, ehemalige jugoslawische Republik[1]	17. 9.1991	94 II	3535
Monaco	16. 8.1954	54 II	1204
Mosambik	15. 3.1984	84 II	565
Neuseeland	28. 9.1960	61 II	140
Nicaragua	26. 6.1980	80 II	836
Niederlande[15]	1. 8.1956	57 II	506
Niger[1,7]	3. 8.1960	62 II	802
Nigeria	21. 1.1968	67 II	2612
Norwegen	22. 4.1954	54 II	619
Österreich	30. 1.1955	55 II	604
Panama	31.10.1978	78 II	1243
Papua-Neuguinea	15.10.1986	87 II	399
Paraguay[26]	30. 6.1970	70 II	1054
Peru[19]	21. 3.1965	66 II	1432
Philippinen	20.10.1981	81 II	1060

Vertragsparteien	in Kraft am	BGBl. Jg.	S.
Polen	26.12.1991	92 II	186
Portugal[17]	22. 3.1961	61 II	1115
Ruanda	2. 4.1980	80 II	582
Rumänien	5.11.1991	92 II	186
Russische Föderation	3. 5.1993	93 II	2167
Sambia[1]	24.10.1964	70 II	466
Samoa	20.12.1988	89 II	75
Sáo Tomé und Principe	2. 5.1978	78 II	786
Schweden[4]	24. 1.1955	55 II	604
Schweiz[5]	21. 4.1955	55 II	604
Senegal[1,3]	20. 8.1960	64 II	256
Seychellen	22. 7.1980	80 II	836
Sierra Leone	20. 8.1981	81 II	937
Simbabwe	23.11.1981	81 II	1060
Slowakei	1. 1.1993	93 II	2167
Slowenien[1,27]	25. 6.1991	93 II	32
Somalia	8. 1.1979	79 II	66
Spanien	12.11.1978	79 II	66
St. Vinzent und die Grenadinen	1. 2.1994	94 II	629
Sudan	23. 5.1974	74 II	1282
Suriname[1]	25.11.1975	79 II	66
Tadschikistan	7. 3.1994	94 II	629
Tansania	10. 8.1964	65 II	140
Togo[1]	27. 4.1960	63 II	260
Tschad	17.11.1981	81 II	1060
Tschechische Republik[1]	1. 1.1993	94 II	629
Tschechoslowakei, ehemalige	24. 2.1992	92 II	339
Tunesien[1]	20. 3.1956	65 II	140
Türkei	28. 6.1962	62 II	1522
Tuvalu[1]	1.10.1978	86 II	805
Uganda	26.12.1976	77 II	261
Ungarn	12. 6.1989	89 II	636
Uruguay	21.12.1970	71 II	54
Vereinigtes Königreich[6]	9. 6.1954	54 II	1204
Zaire	17.10.1965	66 II	1432
Zentralafrikanische Republik[1]	13. 8.1960	63 II	260
Zypern[1]	16. 8.1960	64 II	256

[1] Erklärung über die Weiteranwendung. – [2] Weitere Bek. – 1963 II 260; 1968 II 1094. – [3] Weitere Bek. – 1965 II 140. – [4] Weitere Bek. – 1961 II 1115; 1967 II 2364; 1970 II 1054. – [5] Weitere Bek. – 1964 II 256; 1973 II 96; 1981 II 156. – [6] Weitere Bek. – 1957 II 1682; 1961 II 140; 1969 II 849; 1970 II 1054. – [7] Weitere Bek. – 1966 II 1432. – [8] Weitere Bek. – 1962 II 802. – [9] Weitere Bek. – 1967 II 2364. – [10] Weitere Bek. – 1968 II 132; 1971 II 1096. – [11] Weitere Bek. – 1969 II 849. – [12] Weitere Bek. – 1970 II 466. – [13] Weitere Bek. – 1970 II 1054. – [14] Weitere Bek. – 1971 II 155. – [15] Weitere Bek. – 1972 II 138. – [16] Weitere Bek. – 1973 II 96. – [17] Weitere Bek. – 1976 II 1908. – [18] Weitere Bek. – 1978 II 1243. – [19] Weitere Bek. – 1981 II 93. – [20] Weitere Bek. – 1982 II 82. – [21] Weitere Bek. – 1983 II 211. – [22] Weitere Bek. – 1983 II 415. – [23] Weitere Bek. – 1985 II 765. – [24] Weitere Bek. – 1990 II 713. – [25] Vertragspartei war bis zum Zusammenschluß mit der Demokratischen Volksrepublik Jemen am 22. 5. 1990 die Jemenitische Arabische Republik. – [26] Weitere Bek. – 1991 II 739. – [27] Weitere Bek. – 1993 II 1199.

Protokoll vom 31.1.1967 über die Rechtsstellung der Flüchtlinge

Gesetz vom 11.7.1969–1969 II 1293

BT-Drucksachen V/3460, 3988

in Kraft für die Bundesrepublik Deutschland am 5.11.1969 (Bek. 14.4.70) – 1970 II 194

Siehe auch
Abkommen vom 28.7.1951 über die Rechtsstellung der Flüchtlinge – 1953 II 559
Übereinkommen vom 28.9.1954 über Rechtsstellung der Staatenlosen – 1976 II 473
Europäisches Übereinkommen vom 16.10.1980 über den Übergang der Verantwortung für Flüchtlinge – 1994 II 2645

Veröffentlichung in UNTS Bd. 606 S. 267
Veröffentlichung in Vertragsslg. AA Bd. 36 A 481

Vertragsparteien	in Kraft am	BGBl. Jg.	S.
Ägypten	22. 5.1981	81 II	937
Albanien	18. 8.1992	93 II	32
Algerien	8.11.1967	70 II	194
Angola	23. 6.1981	81 II	1060
Äquatorialguinea	7. 2.1986	86 II	672
Argentinien	6.12.1967	70 II	194
Armenien	6. 7.1993	94 II	629
Aserbaidschan	12. 2.1993	93 II	2167
Äthiopien	10.11.1969	70 II	194
Australien	13.12.1973	74 II	1282
Bahamas	15. 9.1993	94 II	629
Belgien	8. 4.1969	70 II	194
Belize	27. 6.1990	90 II	1406
Benin	6. 7.1970	70 II	1373
Bolivien	9. 2.1982	82 II	528
Bosnien-Herzegowina[1]	6. 3.1993	94 II	3747
Botsuana[4]	6. 1.1969	70 II	194
Brasilien	7. 4.1972	73 II	96
Bulgarien	12. 5.1993	94 II	629
Burkina Faso	18. 6.1980	80 II	1143
Burundi	15. 3.1971	71 II	1119
Chile	27. 4.1972	72 II	747
China	24. 9.1982	83 II	211
Costa Rica	28. 3.1978	78 II	866
Côte d'Ivoire	16. 2.1970	70 II	1044
Dänemark	29. 1.1968	70 II	194
Dominica	17. 2.1994	94 II	3535
Dominikanische Republik	4. 1.1978	78 II	395
Dschibuti[1]	27. 6.1977	77 II	1168
Ecuador	6. 3.1969	70 II	194
El Salvador	28. 4.1983	83 II	592

Vertragsparteien	in Kraft am	BGBl. Jg.	S.
Fidschi[1]	10.10.1970	72 II	1471
Finnland	10.10.1968	70 II	194
Frankreich	3. 2.1971	71 II	1119
Gabun	28. 8.1973	73 II	1568
Gambia	4.10.1967	70 II	194
Ghana	30.10.1968	70 II	194
Griechenland	7. 8.1968	70 II	194
Guatemala	22. 9.1983	85 II	765
Guinea	16. 5.1968	70 II	194
Guinea-Bissau	11. 2.1976	76 II	1066
Haiti	25. 9.1984	84 II	971
Heiliger Stuhl	4.10.1967	70 II	194
Honduras	23. 3.1992	92 II	1135
Iran	28. 7.1976	76 II	1908
Irland	6.11.1968	70 II	194
Island	26. 4.1968	70 II	194
Israel	14. 6.1968	70 II	194
Italien	26. 1.1972	72 II	612
Jamaika	30.10.1980	81 II	93
Japan	1. 1.1982	82 II	278
Jemen[5]	18. 1.1980	80 II	582
Jugoslawien, ehemaliges	15. 1.1968	70 II	194
Kambodscha	15.10.1992	93 II	1199
Kamerun	4.10.1967	70 II	194
Kanada	4. 6.1969	70 II	194
Kap Verde	9. 7.1987	88 II	156
Kenia	13.11.1981	82 II	82
Kolumbien	4. 3.1980	80 II	718
Kongo	10. 7.1970	71 II	54
Korea (Republik)	3.12.1992	93 II	1199
Kroatien[1]	8.10.1991	93 II	1199
Lesotho	14. 5.1981	81 II	626
Liberia	27. 2.1980	80 II	718
Liechtenstein	20. 5.1968	70 II	194
Luxemburg	22. 4.1971	71 II	1119
Malawi	10.12.1987	88 II	1141
Mali	2. 2.1973	73 II	931
Malta	15. 9.1971	72 II	30
Marokko	20. 4.1971	71 II	1119
Mauretanien	5. 5.1987	87 II	719
Mazedonien, ehemalige jugoslawische Republik[1]	17. 9.1991	94 II	3535
Mosambik	1. 5.1989	89 II	709
Neuseeland	6. 8.1973	73 II	1499
Nicaragua	28. 3.1980	80 II	836
Niederlande[2]	29.11.1986	70 II	194
Niger	2. 2.1970	70 II	194
Nigeria	2. 5.1968	70 II	194
Norwegen	28.11.1967	70 II	194
Österreich	5. 9.1973	73 II	1568
Panama	2. 8.1978	78 II	1243
Papua-Neuguinea	17. 7.1986	87 II	399
Paraguay	1. 4.1970	70 II	1044
Peru	15. 9.1983	83 II	783
Philippinen	22. 7.1981	81 II	1060
Polen	27. 9.1991	92 II	186
Portugal	13. 7.1976	76 II	1908
Ruanda	3. 1.1980	80 II	582
Rumänien	7. 8.1991	92 II	186
Russische Föderation	2. 2.1992	93 II	2167

Vertragsparteien	in Kraft am	BGBl. Jg.	S.
Sambia	24. 9.1969	70 II	194
Saó Tomé und Principe	1. 2.1978	78 II	786
Schweden	4.10.1967	70 II	194
Schweiz	20. 5.1968	70 II	194
Senegal	4.10.1967	70 II	194
Seychellen	23. 4.1980	80 II	836
Sierra Leone	22. 5.1981	81 II	937
Simbabwe	25. 8.1981	81 II	1060
Slowakei[1]	1. 1.1993	93 II	2167
Slowenien[1]	25. 6.1991	93 II	32
Somalia	10.10.1978	79 II	66
Spanien	14. 8.1978	79 II	66
Sudan	23. 5.1974	74 II	1282
Suriname[1]	25.11.1975	79 II	66
Swasiland	28. 1.1969	70 II	194
Tadschikistan	7.12.1993	94 II	629
Tansania	4. 9.1968	70 II	194
Togo	1.12.1969	70 II	194
Tschad	19. 8.1981	81 II	1060
Tschechische Republik[1]	1. 1.1993	94 II	629
Tschechoslowakei, ehemalige	26.11.1991	92 II	339
Tunesien	16.10.1968	70 II	194
Türkei	31. 7.1968	70 II	194
Tuvalu[1]	1.10.1978	86 II	805
Uganda	27. 9.1976	77 II	261
Ungarn	14. 3.1989	89 II	636
Uruguay	22. 9.1970	71 II	54
Venezuela	19. 9.1986	87 II	399
Vereinigtes Königreich[3]	4. 9.1968	70 II	194
Vereinigte Staaten	1.11.1968	70 II	194
Zaire	13. 1.1975	75 II	1227
Zentralafrikanische Republik	4.10.1967	70 II	194
Zypern	9. 7.1968	70 II	194

[1] Erklärung über die Weiteranwendung. – [2] Weitere Bek. – 1972 II 138; 1987 II 604. – [3] Weitere Bek. – 1970 II 1044. – [4] Weitere Bek. – 1983 II 415. – [5] Vertragspartei war bis zum Zusammenschluß mit der Demokratischen Volksrepublik Jemen am 22. 5.1990 die Jemenitische Arabische Republik.

Übereinkommen vom 28. 9. 1954 über die Rechtsstellung der Staatenlosen

Gesetz vom 12. 4. 1976–1976 II 473

BT-Drucksachen 7/4170, 4429

in Kraft für die Bundesrepublik Deutschland
am 24. 1. 1977 (Bek. vom 20. 2. 77) – 1977 II 235

Siehe auch
Übereinkommen vom 30. 8. 1961 zur Verminderung der Staatenlosigkeit – 1977 II 597
Übereinkommen vom 13. 9. 1973 zur Verringerung der Fälle von Staatenlosigkeit – 1977 II 597, 613

Veröffentlichung in UNTS Bd. 360 S. 117
Veröffentlichung in Vertragsslg. AA Bd. 53 A 701

Bek. vom 10. 2. 1977 über den Geltungsbereich – 1977 II 235

Vertragsparteien	in Kraft am	Vertragsparteien	in Kraft am
Algerien	13.10.1964	Jugoslawien, ehemaliges	6. 6.1960
Antigua und Barbuda[1,5]	1.11.1981	Kiribati[1,4]	12. 7.1979
Argentinien	30. 8.1972	Korea (Republik)	20.11.1962
Armenien[9]	16. 8.1994	Kroatien[1,7]	8.10.1991
Australien	13. 3.1974	Lesotho[1]	4.10.1966
Barbados[1]	30.11.1966	Liberia	10.12.1964
Belgien	25. 8.1960	Libyen[6]	14. 8.1989
Bolivien[3]	4. 1.1984	Luxemburg	25. 9.1960
Botsuana[1]	30. 9.1966	Mazedonien, ehemalige	
Costa Rica[2]	31. 1.1978	jugoslawische Republik[1,9]	17. 9.1991
Dänemark	6. 6.1960	Niederlande	11. 7.1962
Ecuador	31.12.1970	Norwegen	6. 6.1960
Fidschi[1]	10.10.1970	Sambia[1]	24.10.1964
Finnland	8. 1.1969	Schweden	1. 7.1965
Frankreich	6. 6.1960	Schweiz	1.10.1972
Griechenland	2. 2.1976	Slowenien[1,8]	25. 6.1991
Guinea	19. 6.1962	Trinidad und Tobago[1]	31. 8.1962
Irland	17. 3.1963	Tunesien	27.10.1969
Israel	6. 6.1960	Uganda	14. 7.1965
Italien	3. 3.1963	Vereinigtes Königreich	6. 6.1960

[1] Erklärung über die Weiteranwendung. – [2] Bek. vom 15. 1. 1982 – 1982 II 85. – [3] Bek. vom 29. 12. 1983–1984 II 12. – [4] Bek. vom 6. 4. 1984–1984 II 482. – [5] Bek. vom 26. 6. 1989–1989 II 624. – [6] Bek. vom 24. 7. 1990–1990 II 803. – [7] Bek. vom 7. 7. 1993 – 1993 II 1210. – [8] Bek. vom 9. 9. 1993–1993 II 2166.

Übereinkommen vom 15.4.1994 zur Errichtung der Welthandelsorganisation

- Schlußakte über die Ergebnisse der multilateralen Handelsverhandlungen der Uruguay-Runde – 1994 II 1624
- Übereinkommen zur Errichtung der Welthandelsorganisation (WTO) – 1994 II 1625
- Protokoll von Marrakesch zum Allgemeinen Zoll- und Handelsübereinkommen von 1994–1994 II 1631
- Allgemeines Übereinkommen über den Handel mit Dienstleistungen und diesbezügliche Ministerbeschlüsse – 1994 II 1643
- Übereinkommen über handelsbezogene Aspekte der Rechte des geistigen Eigentums – 1994 II 1730
- Vereinbarung über Regeln und Verfahren zur Beilegung von Streitigkeiten und diesbezüglicher Ministerbeschluß – 1994 II 1749

Gesetz vom 30.8.1994 – 1994 II 1438, 1625

BT-Drucksachen 12/7655 (neu), 7984, 8122

in Kraft für die Bundesrepublik Deutschland
am 1.1.1995 ferner für folgende Staaten in Kraft getreten (Bek. 18.5.95) – 1995 II 456

Antigua und Barbuda
Argentinien
Australien
Bahrain
Bangladesch
Barbados
Belgien
Belize
Botsuana
Brasilien
Brunei Darussalam
Chile
Costa Rica
Côte d'Invoire
Dänemark
Dominica
EG
Finnland
Frankreich
Gabun
Ghana
Griechenland
Guyana
Honduras
Hongkong
Indien
Indonesien
Irland
Island
Italien
Japan
Kanada
Kenia
Kolumbien
Korea (Republik)
Kuwait
Lesotho
Luxemburg
Macau
Malawi
Malaysia
Malta
Marokko
Mauretanien
Mauritius
Mexiko

Myanmar
Namibia
Neuseeland
Niederlande
Norwegen
Österreich
Pakistan
Paraguay
Peru
Philippinen
Portugal
Rumänien
Sambia
Schweden
Senegal
Singapur
Slowakei
Spanien
Sri Lanka
St. Lucia
St. Vicent und die Grenadinen
Südafrika
Suriname
Swasiland
Tansania
Thailand
Tschechische Republik
Uganda
Ungarn
Uruguay
Venezuela
Vereinigtes Königreich
Vereinigte Staaten

Weitere Vertragsparteien	Übereinkommen in Kraft am	BGBl. Jg.	S.
Ägypten	30.6.1995	95 II	765
Burkina Faso	3.6.1995	95 II	765
Burundi	23.7.1995	95 II	765
Dominikanische Republik	9.3.1995	95 II	765
Dschibuti	31.5.1995	95 II	765
El Salvador	7.5.1995	95 II	765
Guatemala	21.7.1995	95 II	765
Guinea-Bissau	31.5.1995	95 II	765
Israel	21.4.1995	95 II	765
Jamaika	9.3.1995	95 II	765
Kuba	20.4.1995	95 II	765
Malediven	31.5.1995	95 II	765
Mali	31.5.1995	95 II	765
Nigeria	1.1.1995	95 II	765
Polen	1.7.1995	95 II	765
Schweiz	1.7.1995	95 II	765
Sierra Leone	23.1.1995	95 II	765
Simbabwe	3.3.1995	95 II	765
Slowenien	30.7.1995	95 II	765
Togo	31.5.1995	95 II	765
Trinidad und Tobago	1.3.1995	95 II	765
Tunesien	26.3.1995	95 II	765
Türkei	26.3.1995	95 II	765
Zentralafrikanische Republik	31.5.1995	95 II	765
Zypern	30.7.1995	95 II	765

Viertes Protokoll vom 15.4.1997 zum Allgemeinen Übereinkommen über den Handel mit Dienstleistungen

Gesetz vom 20.11.1997 – 1997 II 1990

BT-Drucksachen 13/8215, 8727

in Kraft für die Bundesrepublik Deutschland am 5.2.1998 (Bek. 19.3.98) – 1998 II 877

Das Protokoll ist am 5.2.1998 ferner für folgende Staaten in Kraft getreten (Bek. 19.3.98) – 1998 II 877

Antigua und Barbuda
Australien
Bangladesch
Belize
Brunei Darussalam
Bulgarien
Côte d'Ivoire
Dänemark
Ecuador
El Salvador
Europäische Gemeinschaft
Finnland
Frankreich
Grenada
Griechenland
Indien
Indonesien
Irland
Island
Israel
Italien
Jamaika
Japan
Kanada
Kolumbien
Korea (Republik)
Luxemburg
Malaysia
Marokko
Mauritius
Mexiko
Neuseeland
Niederlande
Norwegen
Österreich
Pakistan
Peru
Portugal
Rumänien
Schweden
Schweiz
Senegal
Singapur
Slowakei
Spanien
Sri Lanka
Südafrika
Thailand
Trinidad und Tobago
Tschechische Republik
Tunesien
Türkei
Ungarn
Venezuela
Vereinigtes Königreich
Vereinigte Staaten

Weitere Vertragsparteien	Protokoll in Kraft am	BGBl. Jg.	S.
Belgien	26.5.1998	98 II	2948

Übereinkommen vom 14.7.1967 zur Errichtung der Weltorganisation für geistiges Eigentum

Gesetz vom 5.6.1970 – 1970 II 293

BT-Drucksachen VI/401, 520

in Kraft für die Bundesrepublik Deutschland
am 19.9.1970 (Bek. 12.10.70) – 1970 II 1070

Änderungen vom 2.10.1979
in Kraft am 1.6.1984 (Bek. 20.8.84) – 1984 II 799; 1985 II 975

Artikel 2 des Gesetzes vom 5.6.1970 geändert durch
Artikel 16 des Gesetzes vom 25.10.1994 – 1994 I 3082

Veröffentlichung in UNTS Bd. 828 S. 3
Veröffentlichung in Vertragsslg. AA Bd. 37 A 499

Vertragsparteien	in Kraft am	BGBl. Jg.	S.
Ägypten	21.4.1975	75 II	352
Albanien	30.6.1992	92 II	576
Algerien	16.4.1975	75 II	352
Andorra	28.10.1994	94 II	3124
Angola	15.4.1985	85 II	638
Äquatorialguinea	26.6.1997	97 II	1096
Argentinien	8.10.1980	80 II	1358
Armenien	22.4.1993	93 II	1096
Aserbaidschan	25.12.1995	96 II	364
Äthiopien	19.2.1998	98 II	112
Australien	10.8.1972	72 II	856
Bahamas	4.1.1977	77 II	17
Bahrain	22.6.1995	95 II	600
Bangladesch	11.5.1985	85 II	638
Barbados	5.10.1979	79 II	968
Belarus	26.4.1970	70 II	1070
Belgien	31.1.1975	75 II	228
Benin	9.3.1975	75 II	228
Bhutan	16.3.1994	94 II	3124
Bolivien	6.7.1993	93 II	1096
Bosnien-Herzegowina[1]	6.3.1992	94 II	3124
Botsuna	15.4.1998	98 II	895
Brasilien	20.3.1975	75 II	228
Brunei Darussalam	21.4.1994	94 II	3124
Bulgarien	19.5.1970	70 II	1070
Burkina Faso	23.8.1975	75 II	1119
Burundi	30.3.1977	77 II	376
Chile	25.6.1975	75 II	924
China	3.6.1980	80 II	667
Costa Rica	10.6.1981	81 II	191
Côte d'Ivoire	1.5.1974	74 II	295
Dänemark	26.4.1970	70 II	1070
Dominica	26.9.1998	98 II	2595

Vertragsparteien	in Kraft am	BGBl. Jg.	S.
Ecuador	22.5.1988	88 II	583
El Salvador	18.9.1979	79 II	968
Eritrea	20.2.1997	97 II	639
Estland	5.2.1994	94 II	3124
Fidschi	11.3.1972	72 II	77
Finnland	8.9.1970	70 II	1070
Frankreich	18.10.1974	74 II	1300
Gabun	6.6.1975	75 II	643
Gambia	10.12.1980	80 II	1449
Georgien[1]	9.4.1991	94 II	3124
Ghana	12.6.1976	76 II	562
Grenada	22.9.1998	98 II	2595
Griechenland	4.3.1976	76 II	405
Guatemala	30.4.1983	83 II	227
Guinea	13.11.1980	80 II	1358
Guinea-Bissau	28.6.1988	88 II	583
Guyana	25.10.1994	94 II	3124
Haiti	2.11.1983	83 II	653
Heiliger Stuhl	20.4.1975	75 II	352
Honduras	15.11.1983	83 II	688
Indien	1.5.1975	75 II	352
Indonesien	18.12.1979	79 II	1192
Irak	21.1.1976	75 II	2234
Irland	26.4.1970	70 II	1070
Island	13.9.1986	86 II	880
Israel	26.4.1970	70 II	1070
Italien	20.4.1977	77 II	376
Jamaika	25.12.1978	78 II	1370
Japan	20.4.1975	75 II	352
Jemen[3]			
(ehem. Arabische Rep.)	29.3.1979	79 II	329
(ehem. Demokratischer)	27.12.1989	89 II	1062
Jordanien	12.7.1972	72 II	695
Jugoslawien, ehemaliges	11.10.1973	73 II	1519
Kambodscha	25.7.1995	95 II	600
Kamerun	3.11.1973	73 II	1584
Kanada	26.6.1970	70 II	1070
Kap Verde	7.7.1997	97 II	1419
Kasachstan[1]	16.12.1991	94 II	276
Katar	3.9.1976	76 II	1461
Kenia	5.10.1971	71 II	1122
Kirgisistan[1]	31.8.1991	94 II	3124
Kolumbien	4.5.1980	80 II	577
Kongo, Demokratische Rep.	28.1.1975	75 II	228
Kongo	2.12.1975	75 II	1434
Korea			
(Demokratische Volksrep.)	17.8.1974	74 II	1046
Korea (Republik)	1.3.1979	79 II	125
Kroatien[1]	8.10.1991	93 II	26
Kuba	27.3.1975	75 II	352
Kuwait	14.7.1998	98 II	1564
Laos	17.1.1995	94 II	3838
Lesotho	18.11.1986	86 II	1013
Lettland	21.1.1993	93 II	811
Libanon	30.12.1986	87 II	50
Liberia	8.3.1989	89 II	182
Libyen	28.9.1976	76 II	1461
Liechtenstein	21.5.1972	72 II	384, 856
Litauen	30.4.1992	92 II	438
Luxemburg	19.3.1975	75 II	228

Vertragsparteien	in Kraft am	BGBl. Jg.	S.
Madagaskar	22.12.1989	89 II	1062
Malawi	11.6.1970	70 II	1070
Malaysia	1.1.1989	88 II	1167
Mali	14.8.1982	82 II	762
Malta	7.12.1977	77 II	1200
Marokko	27.7.1971	71 II	951
Mauretanien	17.9.1976	76 II	1461
Mauritius	21.9.1976	76 II	1461
Mazedonien, ehemalige jugoslawische Republik[1]	17.9.1991	94 II	774
Mexiko	14.6.1975	75 II	643
Moldau, Republik[1]	27.8.1991	93 II	1730
Monaco	3.3.1975	75 II	228
Mongolei	28.2.1979	79 II	125
Mosambik	23.12.1996	96 II	2799
Namibia	23.12.1991	92 II	51
Nepal	4.2.1997	97 II	639
Neuseeland	20.6.1984	85 II	824
Nicaragua	5.5.1985	85 II	638
Niederlande	9.1.1975	74 II	1435
Niger	18.5.1975	75 II	643
Nigeria	9.4.1995	95 II	231
Norwegen	8.6.1974	74 II	747
Oman	19.2.1997	97 II	639
Österreich	11.8.1973	73 II	930
Pakistan	6.1.1977	77 II	649
Panama	17.9.1983	83 II	589
Papua-Neuguinea	10.7.1997	97 II	1419
Paraguay	20.6.1987	87 II	305
Peru	4.9.1980	80 II	1246
Philippinen	14.7.1980	80 II	831
Polen	23.3.1975	75 II	228
Portugal	27.4.1975	75 II	352
Ruanda	3.2.1984	84 II	62
Rumänien	26.4.1970	70 II	1070
Russische Föderation[4]	26.4.1970	70 II	1070
Sambia	14.5.1977	77 II	443
Samoa	11.10.1997	97 II	1698
San Marino	26.6.1991	91 II	791
São Tomé und Principe	12.5.1998	98 II	895
Saudi-Arabien	22.5.1982	82 II	483
Schweden	26.4.1970	70 II	1070
Schweiz	26.4.1970	70 II	1070
Senegal	26.4.1970	70 II	1070
Sierra Leone	18.51986	86 II	684
Simbabwe	29.12.1981	81 II	1067
Singapur	10.12.1990	90 II	1400
Slowakei[1]	1.1.1993	93 II	2012
Slowenien[1]	25.6.1991	92 II	1094
Somalia	18.11.1982	82 II	866
Sowjetunion, ehemalige	26.4.1970	70 II	1070
Spanien	26.4.1970	70 II	1070
Sri Lanka	20.9.1978	78 II	1218
St. Kitts und Nevis	16.11.1995	96 II	364
St. Lucia	21.8.1993	93 II	1730
St.Vincent und die Grenadinen	29.8.1995	95 II	600
Südafrika	23.3.1975	75 II	228
Sudan	15.2.1974	74 II	143
Suriname[1]	25.11.1975	77 II	258
Swasiland	18.8.1988	88 II	780

Vertragsparteien	in Kraft am	BGBl. Jg.	S.
Tadschikistan[1]	9.9.1991	94 II	3124
Tansania	30.12.1983	84 II	176
Thailand	25.12.1989	89 II	1062
Togo	28.4.1975	75 II	352
Trinidad und Tobago	16.8.1988	88 II	780
Tschad	26.9.1970	70 II	1070
Tschechische Republik[1]	1.1.1993	93 II	2012
Tschechoslowakei, ehemalige	22.12.1970	71 II	110
Tunesien	28.11.1975	75 II	1434
Türkei	12.5.1976	76 II	562
Turkmenistan[1]	27.10.1991	95 II	429
Uganda	18.10.1973	73 II	1530
Ukraine	26.4.1970	70 II	1070
Ungarn	26.4.1970	70 II	1070
Uruguay	21.12.1979	79 II	1192
Usbekistan[1]	1.9.1991	93 II	1096
Venezuela	23.11.1984	84 II	950
Vereinigte Arabische Emirate	24.9.1974	74 II	1099
Vereinigtes Königreich	26.4.1970	70 II	1070
Vereinigte Staaten	25.8.1970	70 II	1070
Vietnam[2]	30.4.1975	75 II	352
Zentralafrikanische Republik	23.8.1978	78 II	1110
Zypern	26.10.1984	84 II	913

1 Erklärung über die Weiteranwendung
2 Die Frage der Weiteranwendung durch die SR Vietnam ist noch offen
3 Zusammenschluß der beiden Staaten am 22.5.1990 zur Republik Jemen
4 Vertragspartei war bis zu ihrer Auflösung die Sowjetunion – 1992 II 1016

Register
(Die Zahlen verweisen auf Seiten)

C

D

E

F

G

K

L

M

N

V